FROM CHILE TO THE WORLD
70 years of Gabriela Mistral's Nobel Prize

De Chile al Mundo
70 años del Premio Nobel de Gabriela Mistral

Editado por | *Edited by*
Marjorie Agosín & *Gloria Garafulich-Grabois*

FROM CHILE TO THE WORLD
70 years of Gabriela Mistral's Nobel Prize

De Chile al Mundo
70 años del Premio Nobel de Gabriela Mistral

Editado por | *Edited by*
Marjorie Agosín & *Gloria Garafulich-Grabois*

Introducción | *Introduction*
  © Marjorie Agosín & Gloria Garafulich-Grabois, 2015

Supervisor de Contenido | *Content Supervisor*
  Pedro Pablo Zegers Blachet

Traducciones | *Translations*
  Doris Dana, Gloria Garafulich-Grabois

Asistente editorial | *Editorial Assistant*
  Alexander P. Grabois

Diseño Gráfico | *Graphic Design*
  Elena Manríquez Dagnino

Library of Congress Control Number: 2015913417

ISBN 13: 978-0-692-497623
ISBN 10: 0692497625

En conmemoración del 70avo aniversario del Premio Nobel a Gabriela Mistral
In commemoration of the 70th anniversary of Gabriela Mistral's Nobel Prize

Edición sin fines de lucro a beneficio de *Gabriela Mistral Foundation, Inc.*
Proceeds of this edition to benefit the Gabriela Mistral Foundation, Inc.

Con el generoso apoyo de *Elqui Valley Foundation*
With generous support from the Elqui Valley Foundation

*To Mr. Luis Álvarez, my elementary school teacher who read to me
the poems of Gabriela Mistral, and to my parents who also read
them to me at home. They have transformed my life and inspired in
me a deep love of Gabriela's poetry.*

—Marjorie Agosín

*I dedicate this book to a group of women—teachers, artists,
humanitarians—who embody the values of Mistral's life: my
mother Estela Figueroa; my aunt Lily Garafulic and my friends
Nury Sáez-Díaz, Selma Kahn and María Grasso. Their lives and
values, as well as those of Gabriela have marked and inspired
my life. I also dedicate it to my son Alexander; the nobility
of his spirit inspires me each day.*

—Gloria Garafulich-Grabois

A mi profesor de preparatorias, Sr. Luis Álvarez quien me leyó los poemas de Gabriela Mistral y también a mis padres que me leyeron estos poemas en casa. Ellos han transformado mi vida y me inspiraron con un gran amor por la poesía de Gabriela.

—Marjorie Agosín

Dedico este libro a un grupo de mujeres—maestras, artistas, humanistas. Ellas representan lo mejor de los valores de Gabriela Mistral: mi madre Estela Figueroa; mi tía Lily Garafulic y mis amigas Nury Sáez-Díaz, Selma Kahn y María Grasso. Sus vidas y valores al igual que Gabriela han marcado e inspirado mi vida. Lo dedico también a mi hijo Alexander, su nobleza de espíritu me inspira cada día.

—Gloria Garafulich-Grabois

Índice | *Index*

III POEMAS | *Poems*

15 de noviembre, 1945
Petrópolis, Brasil

"Estaba sola en Petrópolis, en mi cuarto, escuchando en la radio las noticias de Palestina. Después de una breve pausa en la emisora se hizo el anunció que me aturdió y que no esperaba. Caí de rodillas frente al crucifijo que siempre me acompaña y bañada en lágrimas oré: ¡Jesucristo, haz merecedora de tan alto lauro a ésta tu humilde hija!...Matilde—Gabriela se refiere a Matilde Ladrón de Guevara*—si no fuera por la traducción maestra que hizo de mi obra el escritor sueco, puliendo mi técnica, y con ello, mejorando mis poemas, tal vez jamás me habrían favorecido con el gran premio. Créalo, hermana".

November 15ᵗʰ, 1945
Petropolis, Brazil

"I was alone in my room in Petropolis, listening to the news of Palestine on the radio. After a brief pause the station made the announcement that stunned me and that I did not expect. I fell on my knees in front of the crucifix that was always with me, and in a sea of tears I prayed: Jesus Christ, make this, your humble daughter worthy of such high honor!...Matilde—referring to Matilde Ladrón de Guevara—if it wasn't for the master translation of my work done by the Swedish editor, in which he polished my technique improving my poems, perhaps they would have never awarded this great prize to me. Believe me, sister."*

Gabriela Mistral, rebelde magnífica **

* Matilde Ladrón de Guevara—1910-2009
Poetisa, feminista y escritora chilena | *Chilean poet, feminist and writer.*
** (Editorial Losada: Buenos Aires, 1962)

14

10 de diciembre, 1945
Estocolmo, Suecia

"Por su poesía lírica la cuál, inspirada por
grandes emociones, ha hecho de su nombre
un símbolo de las aspiraciones idealistas
en todo el pueblo Latino Americano".

December 10th, 1945
Stockholm, Sweden

"For her lyric poetry which, inspired by
powerful emotions, has made her name
a symbol of the idealistic aspirations
of the entire Latin American world."

I

I

MARJORIE AGOSÍN
GLORIA GARAFULICH-GRABOIS

Introduction

The impact and importance that Gabriela Mistral continues to have in all corners of the world—for both, her literary and humanitarian work—as well as Gabriela Mistral Foundation's mission to promote her work and thought, and to continue her legacy of helping those in need, is what prompted the desire to publish this book as part of the commemorative celebrations of the 70ᵗʰ anniversary of her receiving Nobel Prize in Literature.

The book—a side-by-side bilingual edition—is published under the auspices of the Gabriela Mistral Foundation, Inc., and highlights the importance of Gabriela Mistral's Nobel Prize for Chile, for Latin America and for women writers. It allows the readers of the Spanish and English languages to meet or to rediscover Gabriela Mistral.

The book includes the following sections: Introduction; Poetry; Prose; a collection of Essays by important contributors; Afterword; References and Photographs. The selection of poetry and prose is representative of the work of Gabriela that had been published up until the

MARJORIE AGOSÍN
GLORIA GARAFULICH-GRABOIS

Introducción

El constante impacto e importancia que Gabriela Mistral continúa teniendo en todos los rincones del mundo—tanto en al ámbito literario como humanitario—y la misión de Gabriela Mistral Foundation, Inc. de promover su obra, pensamiento y su legado de ayudar a los más necesitados, fueron los factores que impulsaron la publicación de este libro en el marco de la celebración del 70ᵃᵛᵒ aniversario del Premio Nobel de Literatura otorgado a Gabriela Mistral en 1945.

El libro, una edición bilingüe—frente-a-frente—es una publicación bajo el auspicio de Gabriela Mistral Foundation, Inc., con el propósito de resaltar la importancia de su Premio Nobel para Chile, Latino América, mujeres escritoras y permitir que lectores de las lenguas española e inglesa puedan conocer y reencontrar a Gabriela Mistral.

El libro incluye las siguientes secciones: Introducción; Poesía; Prosa; colección de Ensayos de importantes contribuidores; Epílogo; Referencias y Fotografías. La selección de poemas y prosa es representativa de la obra

time of this award. We honor Doris Dana by including some of her translations of poetry and prose. Other translations have been done especially for this book.

The poems we have selected from Desolation are a moving example of the themes of "death and sorrow" that are so present in this collection. The selection from Tenderness show her great love and dedication to children and to the preservation of their innocence. We can feel the tenderness of Lucila herself. The selection from Felling is representative of her preoccupation with the world, with women and with the nostalgia she felt for her homeland.

The selection of prose reveals us her essence, from her worry about the education of women written as a seventeen year old, to her moving prayers and reflections about the death of her beloved Yin Yin.

The Afterword invites the reader to continue to know Gabriela, the post-Nobel, especially her great humanitarian work and her constant gratitude for life.

This project was born out of our love and admiration for Lucila Godoy Alcayaga, known as Gabriela Mistral. All proceeds will benefit the programs and projects of the Foundation.

We are grateful to the Gabriela Mistral Foundation, Inc., for having accepted our proposal to publish this book and to all who have participated and supported this initiative. Our deepest gratitude is to the Elqui Valley Foundation for its generous support for the publication of this book; our contributors: Doris Atkinson, Pedro Pablo Zegers,

de Mistral que había sido publicada a la fecha del Nobel. Como una manera de honrarla, hemos incluido algunas traducciones de poesía y prosa de Doris Dana. Las otras traducciones han sido hechas especialmente para este libro.

Los poemas que hemos elegido de *Desolación* son muestra latente del "dolor y muerte", que fueron un foco de esta colección. La selección de *Ternura* demuestra su gran amor y dedicación a los niños, la preservación de su inocencia y nos hacen sentir la ternura innata de la propia Lucila. La selección de *Tala* es representativa de su preocupación por el mundo, por la mujer y la nostalgia por su tierra.

La selección de prosa nos habla de su esencia, su preocupación por la educación de la mujer—un ensayo escrito cuando tenía solo diecisiete años—y nos emociona con sus profundas oraciones y reflexiones sobre la muerte de su amado Yin Yin.

El Epílogo invita al lector a seguir conociendo a Gabriela post-Nobel, en forma especial su gran labor humanitaria y constante agradecimiento a la vida.

Este proyecto nació de nuestro amor y admiración por Lucila Godoy Alcayaga, conocida como Gabriela Mistral. El libro es a beneficio de los programas y proyectos de la Fundación.

Nuestro agradecimiento a Gabriela Mistral Foundation, Inc., por haber aceptado nuestra propuesta para publicar este libro y a todos quienes participaron y han apoyado esta iniciativa. Nuestro profundo agradecimiento

Cecilia Morel Montes, Brother Jaime Campos of the Franciscan Order of Chile, Eva Zetterberg, Berita Sjöberg, David Unger, Jonathan Cohen and Theodoro Elssaca—and to our sponsors and collaborators. We thank Pedro Pablo Zegers for his continued and invaluable support; Susan Smith for her important role in bringing the Mistral Legado to Chile; Fernanda Meza for her unfailing support of this project; to Elena Manríquez, for her friendship and work in the graphic design of this book. We also thank Heraldo Muñoz Valenzuela, Founding Member and President Emeritus of the Gabriela Mistral Foundation, Inc., and to our families, who gave us encouragement and support to devote our time and attention to a book that honors this great woman from Chile, the Americas and the world.

However, our deepest gratitude is to Lucila Godoy Alcayaga. Editing this book and translating her poetry and her writings have allowed us to engage in a wonderful dialogue with Gabriela and through her, we have had the privilege of knowing Lucila's essence.

Could young Lucila, who dreamed when looking at the stars in the Elqui nights ever have imagined the impact her dreams, her writings and her love for the people around her would have in the world? The answer is probably not…but let us be grateful and celebrate what she did, what she continues to do and what she will continue to mean for generations to come!

MA & GGG

24

a Elqui Valley Foundation por su constante y generoso apoyo que ha hecho posible la publicación de este libro; a nuestros contribuidores—Doris Atkinson, Pedro Pablo Zegers, Cecilia Morel Montes, Hno. Jaime Campos de la Orden Franciscana de Chile, Eva Zetterberg, Berita Sjöberg, David Unger, Jonathan Cohen y Theodoro Elssaca—, nuestros patrocinadores y colaboradores. Reconocemos a Pedro Pablo Zegers por su gran apoyo; a Susan Smith por su amistad y su importante rol en el regreso de Mistral a Chile; a Fernanda Meza por apoyar y creer en la importancia de este proyecto; a Elena Manríquez, por su amistad y gran trabajo en la diagramación de este libro. También agradecemos a Heraldo Muñoz Valenzuela, miembro fundador y presidente emérito de Gabriela Mistral Foundation Inc., y a nuestras familias que nos brindaron su aliento y apoyo para dedicar nuestro tiempo y atención a este libro que celebra a esta gran mujer Chile, de las Américas y del mundo.

Sin embargo, nuestro mayor agradecimiento es a Lucila Godoy Alcayaga. El editar este libro y traducir su poesía y escritos nos ha permitido tener un maravilloso diálogo con Gabriela y a través de ella hemos tenido el privilegio de conocer la esencia de Lucila.

La pequeña Lucila, cuando soñaba mirando las estrellas en las noches de Elqui, ¿podría haberse imaginado el impacto que sus sueños, sus escritos y su amor por quienes la rodeaban tendría en el mundo? La respuesta es probablemente no…pero agradezcamos y celebremos que así fue, que así es y que continuará para otras generaciones!

MA & GGG

GABRIELA MISTRAL

Chronology

1889

Born on April 7th in the city of Vicuña, fourth region, on Maipú Street Nº 759—now known as Gabriela Mistral Street. Her parents were Juan Jerónimo Godoy Villanueva and Petronila Alcayaga Rojas. She is baptized at the Parish in Vicuña with the name of Lucila de María.

1891

Her father Jerónimo Godoy Villanueva, a teacher at the School in La Unión (now Pisco Elqui) since of 1887, is transferred to the village of Panulcillo, near the city of Ovalle. Emelina Molina Alcayaga, her half-sister, is appointed to be a Teacher's Aid at Girls School in Paihuano.

1892

Lucila is three years old when her father abandons the family to wander the country. Emelina Molina Alcayaga is appointed Principal at Montegrande's Primary School. Lives with her mother and Emelina at the schoolhouse.

GABRIELA MISTRAL

Cronología

1889

El 7 de abril nace en la ciudad de Vicuña, IV Región, en la calle Maipú N° 759—hoy calle Gabriela Mistral. Sus padres fueron Juan Jerónimo Godoy Villanueva y Petronila Alcayaga Rojas. Fue bautizada en la Parroquia de Vicuña con el nombre de Lucila de María.

1891

Jerónimo Godoy Villanueva, su padre, maestro de la Escuela de La Unión (hoy Pisco Elqui) desde 1887, es trasladado a Panulcillo, cerca de la ciudad de Ovalle. Emelina Molina Alcayaga, su media hermana, recibe el nombramiento de ayudante en la Escuela de Niñas de Paihuano.

1892

Lucila tiene tres años cuando su padre abandona la familia y se dedica a recorrer tierras. Emelina Molina Alcayaga es designada directora de la Escuela Primaria de Montegrande. Vive en la casa de la escuela, junto a su madre y Emelina.

1900

Emelina is transferred to the village of Diaguitas.
Lucila enters the Superior School for Girls in Vicuña.

1901

For a short period the family lives in La Serena and
Coquimbo. Later, they move to El Molle.

1903

At age fourteen, Lucila meets Romelio Ureta Carvajal,
a railroad employee.

1904-1905

Contributes to the newspapers El Coquimbo *of La*
Serena and La Voz de Elqui *of Vicuña. In the first*
publication she signs her articles using the pseudonym
"Soledad."

1905

At age fifteen, she begins to work. She is appointed to be
a Teacher's Aid at the School of la Compañía Baja
(La Serena).

1906

Contributes to the newspapers El Coquimbo *de La*
Serena and La Voz de Elqui *de Vicuña. In the latter,*
a number of her articles are published under the
pseudonym "Alguien." During this time, Lucila works as
a teacher in the school in the village of La Cantera.

1907

Is appointed Supervisor at the Girl's High School in La
Serena. Contributes to the newspapers: El Coquimbo *y*

1900

Emelina obtiene su traslado a Diaguitas.
Lucila ingresa a la Escuela Superior de Niñas de Vicuña.

1901

La familia reside un breve tiempo en La Serena y
Coquimbo. Luego se traslada a El Molle.

1903

Lucila tiene catorce años cuando conoce a Romelio
Ureta Carvajal, empleado de Ferrocarriles.

1904-1905

Colabora en el periódico *El Coquimbo*, de La Serena
y *La Voz de Elqui* de Vicuña. En el primero aparecen
dos artículos suyos publicados con el seudónimo de
"Soledad".

1905

A los quince años empieza a trabajar. Es designada
ayudante en la Escuela de la Compañía Baja
(La Serena).

1906

Colabora en los periódicos *El Coquimbo* de La Serena
y *La Voz de Elqui* de Vicuña. En este último aparecen
varios de sus artículos publicados bajo el seudónimo
"Alguien". Durante este período, Lucila sirve una plaza
de maestra en la escuela de La Cantera.

1907

Es nombrada inspectora del Liceo de Niñas de La
Serena. Colabora en los periódicos *El Coquimbo* y

La Reforma *and to* Penumbras *magazine of La Serena.*
Uses the pseudonym "Alma."

1908

Appointed as a teacher in La Cantera. Writes for the
newspapers: El Coquimbo, La Reforma, La Tribuna
and Penumbras *magazine of La Serena.*
Her writings appear in Luis Carlos Soto Ayala's
anthology in which he dedicates a brief study to Mistral,
and selects three of her poetic prose: "Daydream," "Next
to the Sea," and "Intimate Letter."
"Rimas" is published in the July 23rd edition of La
Constitución *of Ovalle. This work is signed with the*
pseudonym "Gabriela Mistral."

1909

Works as a teacher at Los Cerrillos School (near Ovalle).
Writes for the newspapers El Coquimbo y La Tribuna
and in La Idea *magazine of La Serena.*
On November 25th, at the age of twenty-six, Romelio
Ureta Carvajal commits suicide in Coquimbo. A card
with the name of Lucila Godoy was found in his pocket.
At this time, she worked as Supervisor of the Women's
High School in La Serena.

1910

Takes the entrance exam at the Normal School Nº 1
of Santiago, to obtain recognition of her studies and
knowledge acquired in the pedagogical practice. She is
awarded the degree of Primary School Teacher.
Appointed Primary School Teacher in Barrancas, to the
West of Santiago.
In El Coquimbo, *of La Serena, she publishes "Ventajoso*
Canje," an essay on the topic of mandatory primary
education.

La Reforma y en la revista *Penumbras* de La Serena. Usa el seudónimo de "Alma".

1908

Asume como maestra en La Cantera. Escribe para los periódicos: *El Coquimbo*, *La Reforma*, *La Tribuna* y en la revista *Penumbras* de La Serena.

Figura en la antología de Luis Carlos Soto Ayala, quien le dedica un breve estudio y selecciona tres prosas poéticas de la autora: "Ensoñaciones", "Junto al mar" y "Carta íntima".

El 23 de julio aparece publicada en *La Constitución* de Ovalle, "Rimas". Firma este trabajo con el seudónimo de Gabriela Mistral.

1909

Se desempeña como maestra en la Escuela de Los Cerrillos (camino a Ovalle).

Escribe para los periódicos *El Coquimbo* y *La Tribuna* y en la revista *La Idea* de La Serena.

El 25 de noviembre, a los veintiséis años de edad, se suicida en Coquimbo Romelio Ureta Carvajal. En su bolsillo se encontró una tarjeta con el nombre de Lucila Godoy.

Es inspectora en el Liceo de Señoritas de La Serena.

1910

Rinde examen en la Escuela Normal N° 1 de Santiago para que se le reconozcan los estudios y conocimientos adquiridos en la práctica escolar. Obtiene el título de maestra primaria.

Es nombrada profesora primaria en Barrancas, sector poniente de Santiago.

El *Coquimbo* de La Serena, publica "Ventajoso canje", artículo sobre instrucción primaria obligatoria.

1911

*Appointed Hygiene Teacher at Traiguén's High School
from where she is later transferred, in 1912, to
Antofagasta to the post of History Teacher and General
Supervisor.
At age fifty-two, her father, Juan Jerónimo Godoy, dies in
Copiapó.*

1912

*Appointed Supervisor and Spanish Teacher at Los Andes'
High School.
While living in Coquimbito she writes the majority of
the poems that will be included in* Desolación.
*She belongs to the Theosophical Society "Glimmering."
Publishes "The Guardian Angel." Signed: Gabriela
Mistraly.*

1912-1913

Publishes "La Ley" and "Matinal in Sucesos *magazine.*

1913

Publishes "La Fuentes Cegadas," in Norte y Sur
*magazine, (September 2, N° 2), under the direction of
David Rojas González.
Publishes "Decalogue of the Gardener," in* Sucesos
*magazine (April 3). Signed: Gab. Mistraly.
Publishes "The Guardian Angel," in* Elegancias
*magazine, Paris; edited by Rubén Darío. (March 1913,
nos. 6 and 7).
Publishes in the* National Education Magazine, *"The
Daily Hymn," (July, 287-78). Signed: Lucila Godoy.*

1911

Es nombrada Profesora de Higiene en el Liceo de Traiguén, siendo trasladada después, en 1912, a Antofagasta como Profesora de Historia e Inspectora General.

Muere su padre, don Juan Jerónimo Godoy, en Copiapó, a los cincuenta y dos años.

1912

Es nombrada Inspectora y Profesora de Castellano en el Liceo de Los Andes.

Residiendo en Coquimbito escribe la mayoría de los poemas que forman *Desolación*.

Pertenece a la Logia Teosófica "Destellos".

Publica "El Ángel Guardián". Firma: Gabriela Mistraly.

1912-1913

Publica "La Ley" y "El Matinal", en la revista *Sucesos*.

1913

Publica "Las Fuentes Cegadas", en la revista *Norte y Sur*, dirigida por David Rojas González, (septiembre 2, N° 2).

Publica "El decálogo del jardinero", en la revista *Sucesos*, (abril 3). Firma: Gab. Mistraly.

Publica "El Ángel Guardián", en la revista *Elegancias* de Paris, bajo la dirección de Rubén Darío, (marzo 1913, nos. 6 and 7).

Publica "El Himno Cotidiano", en la *Revista de Educación Nacional*, (julio 287-78). Firma: Lucila Godoy.

1914

On December 22nd she is awarded the highest distinction
in the "Floral Games" celebrated in Santiago for her
poem "Death Sonnets." She received a flower, a gold
medal and a crown of bay leaves. The jury included
Manuel Magallanes Moure, Miguel Luis Rocuant and
Armando Donoso. She begins to regularly use the
pseudonym, Gabriela Mistral.

1915

Publishes "The Sonnets of Death," in Zig Zag magazine
(March 6).

1914-1917

Approximately seventy-five texts, some in prose and
others in verse, are published in the five volumes of
Manuel Guzmán Maturana's Reading Books.

1918

Pedro Aguirre Cerda appoints her to teach Spanish and
as Principal of Punta Arena's High School where she
stays until April 1919.
Publishes "Nocturne," in Zig Zag magazine (July 20).

1920

She is transferred to Temuco's High School, in the same
capacity.

1921

On May 14th, the Women's High School N° 6 is founded in
Santiago. Gabriela Mistral is named its first Principal.

1914

El 22 de diciembre obtiene la más alta distinción en los "Juegos Florales" celebrados en Santiago, con "Los Sonetos de la Muerte", recibiendo una flor natural, medalla de oro y corona de laurel. El jurado del certamen estaba compuesto por Manuel Magallanes Moure, Miguel Luis Rocuant, y Armando Donoso. Comienza a usar el seudónimo de Gabriela Mistral de manera habitual.

1915

Publica "Los Sonetos de la Muerte", en la revista *Zig Zag*, (marzo 6).

1914-1917

Se publican alrededor de setenta y cinco textos, tanto en prosa como en verso en los cinco volúmenes de los *Libros de Lectura* de Manuel Guzmán Maturana.

1918

Pedro Aguirre Cerda la nombra Profesora de Castellano y Directora del Liceo de Punta Arenas en donde permanece hasta abril 1919.
Publica "Nocturno", en la revista *Zig Zag*, (julio 20).

1920

Es trasladada al Liceo de Temuco, con igual cargo.

1921

El 14 de mayo se funda el Liceo de Niñas N° 6 de Santiago en donde es nombrada su primera Directora.

1922

At the initiative of the Association of Spanish Teachers of the United States and Federico de Onís; Instituto de las Españas publishes the first edition of Desolación *in the City of New York.*

In the month of June, she travels to Mexico, on board the steamship Orcoma, accompanied by Laura Rodig as her secretary. She was invited by the Mexican government, under the initiative of the Minister of Education, José Vasconcelos, with the goal of collaborating in the plans for Educational Reform initiated by the Mexican government and in the organization and establishment of Public Libraries.

1923

Readings for Women *is published in Mexico of which twenty thousand copies were printed.*

In Santiago, Chile, the second edition of Desolación *is published.*

A statue of Mistral is unveiled in Mexico.

The Cervantes Publishing House in Barcelona introduces her in Spain as part of an anthology entitled, The Best poems, *with a prologue by Manuel de Montoliu.*

The Council of Primary Education, at the suggestion of the President of the University of Chile, Gregorio Amunátegui, confers upon her the title of Spanish Teacher.

1924

Makes her first trip to Europe.

In Madrid she publishes a small collection of verses entitled Tenderness.

That same year she visits the United States and other countries in Europe: Italy, France, and Spain.

She gives a conference at Columbia University in New York, on the topic of the Education Reform in Mexico.

1922

A iniciativa de la Asociación de Profesores de Español en Estados Unidos y de Federico de Onís, el Instituto de las Españas publica en la ciudad de Nueva York la primera edición de *Desolación*.

En el mes de junio, viaja a México en el vapor *Orcoma*, acompañada de Laura Rodig como secretaria. Va invitada por el gobierno de ese país, por iniciativa del ministro de Educación, José Vasconcelos, con el fin de colaborar en los planes de la reforma educacional que iniciaba el gobierno de México y en la organización y fundación de bibliotecas populares.

1923

Se publica en México *Lecturas para Mujeres*, del cual se imprimen veinte mil ejemplares.

En Santiago de Chile se publica la segunda edición de *Desolación*.

Se inaugura su estatua en México.

La Editorial Cervantes de Barcelona la da a conocer en España en una obra antológica, *Las mejores poesías*, que lleva un prólogo de Manuel de Montoliu.

El Consejo de Instrucción Primaria a propuesta del Rector de la Universidad de Chile, Gregorio Amunátegui, le concede el título de Profesora de Castellano.

1924

Realiza su primer viaje a Europa.

En Madrid, la Editorial Saturnino Callejas publica su segundo libro de poemas, *Ternura*.

Ese mismo año visita los Estados Unidos y otros países de Europa: Italia, Francia, España.

Ofrece una conferencia en la Universidad de Columbia en Nueva York, sobre la reforma educacional de México.

1925

Returns to Latin America. Is honored in Brazil, Uruguay and Argentina.
Stays in Chile for several months where she is awarded a pension and retires as a schoolteacher.
On September 15th, Ricardo Marín, Mayor of the Illustrious Municipality of Vicuña declares her "Favorite Daughter" of the city.

1926

Appointed Secretary of one of the American Sections of the League of Nations.
Visits Argentina and Uruguay.
Holds the position of Secretary of the Institute for Intellectual Cooperation of the Society of Nations in Geneva.
That same year the third edition of Desolación is published.

1927

Attends the Educators Conference held in Lucerne, Switzerland, as the representative of the Chilean Association of Teachers.
Moves to Fontainebleau, France.
Succeeds Joaquín Edwards Bello as Chilean delegate to the Institute of Intellectual Cooperation. Her active participation in this Institute, allowed Gabriela Mistral to form friendships with important world intellectuals: Henri Bergson, Madame Curie, Paul Valéry, Georges Duhamel, François Mauriac and Georges Bernanos.
Establishes the collection of Ibero-American classics translated to the French, entity under the auspices of the Institute of Intellectual Cooperation.
Participates in the Conference for the Protection of Children held in Geneva, Switzerland.

1925

Regresa a Latinoamérica. Es agasajada en Brasil,
Uruguay y Argentina.
Se radica por algunos meses en Chile y se le reconoce
una pensión, jubilándola como maestra.
El 15 de septiembre, Ricardo Marín, alcalde de la
Ilustre Municipalidad de Vicuña, la declara "Hija
Predilecta" de la ciudad.

1926

Es nombrada secretaria de una de las secciones
americanas de la Liga de las Naciones. De paso visita las
Repúblicas de Argentina y Uruguay.
Ocupa la secretaría del Instituto de Cooperación
Intelectual de la Sociedad de Las Naciones, en Ginebra.
Este mismo año se publica la tercera edición de
Desolación.

1927

Asiste, en representación de la Asociación de Profesores
de Chile, al Congreso de Educadores, celebrado en
Locarno, Suiza.
Se traslada a vivir en Fontainebleau, Francia.
Sucede a Joaquín Edwards Bello como delegada chilena
del Instituto de Cooperación Intelectual. Su activa labor
en este Instituto permitió a Gabriela Mistral crear entre
sus miembros vínculos de amistad con importantes
intelectuales del mundo: Henri Bergson, Madame
Curie, Paul Valéry, Georges Duhamel, François Mauriac
y Georges Bernanos.
Funda la colección de clásicos iberoamericanos
traducidos al francés, entidad dependiente del Instituto
de Cooperación Intelectual.
Participa en el Congreso de Protección de la Infancia
efectuado en Ginebra, Suiza.

1928

*Attends the International University Federation
Conference in Madrid, as a delegate from Chile and
Ecuador.*
*On September 26 is appointed by the Council of the
League of Nations to occupy an important position
in the Administrative Council of the Educational
Cinematographic Institute, created in Rome.*
*She promotes the incorporation of Eugenio d'Ors as
representative of Spain to the Institute of Intellectual
Cooperation.*
*She moves to Provence, France. From here travels to
Paris, Geneva and Rome regularly to attend work meeting.
At this time, her nephew, Juan Miguel Godoy
Mendoza—four years old—who she called "Yin Yin"—
is already living with her.*

1929

*On July 7, her mother, Petronila Alcayaga Rojas dies and
is buried in La Serena.*

1930

*Makes another visit to the United States, where she
is invited to teach and lecture at institutions of higher
education, including Barnard College among others.*

1931

*Visits Central America and the Caribbean nations.
Teaches a Hispano-American Literature class at the
University of Puerto Rico and gives conferences in
Havana and Panama.*
*She remains in the United States lecturing and
teaching Chilean and Hispano-American Literature
at Middlebury College in Vermont; Vassar College in
Poughkeepsie, New York and others.*

1928

Asiste al Congreso de la Federación Internacional Universitaria de Madrid, como delegada de Chile y Ecuador.

El 26 de septiembre es designada por el consejo de la Liga de las Naciones para ocupar un importante cargo en el Consejo Administrativo del Instituto Cinematográfico Educativo, creado en Roma.

Propicia la incorporación al Instituto de Cooperación Intelectual de Eugenio d'Ors, como representante de España.

Se traslada a vivir a Provenza, Francia. Desde aquí viaja regularmente a París, Ginebra y Roma para asistir a reuniones de trabajo.

Ya vive con ella su sobrino Juan Miguel Godoy Mendoza, de cuatro años, al que llamaba Yin Yin.

1929

El 7 de julio, muere su madre, Petronila Alcayaga Rojas. Es sepultada en La Serena.

1930

Nueva visita a los Estados Unidos, donde es invitada para dictar cursos y conferencias en establecimientos de Segunda Enseñanza, Barnard College entre otros.

1931

Visita las naciones Centro Americanas y Antillanas. Dicta una cátedra de literatura hispanoamericana en la Universidad de Puerto Rico y conferencias en La Habana y Panamá.

Continúa en Estados Unidos dictando conferencias y ejerciendo docencia sobre literatura chilena e hispanoamericana en Middlebury College en Vermont; Vassar College en Poughkeepsie, Nueva York, y otros.

1932

She begins her consular career.
She is appointed Special Consul at Will.
She begins her work in Genoa, but does not fulfill her
duties upon declaring her antifascist position.

1933

In the month of July, she is transferred to Madrid,
replacing Victor Domingo Silva.

1934

She publishes Nubes Blancas *and* Breve Descripción de
Chile.

1935

On September 4th, by Congressional Decree she is
appointed Consul-for-life.
She is appointed Consul in Lisbon, Portugal.

1936

She travels to Oporto, Portugal and then to Guatemala,
with the rank of Trade Representative and Consul General.
Travels to Paris to attend a meeting of the Ibero-
American Classics Publishing Committee with the goal
of establishing a sub-committee to handle the publication
of a volume dedicated to Chilean Folklore.

1937

Participates in the Arts and Letters Colloquium held in
Paris from July 20-23, presided by the poet Paul Valéry.
Gabriela Mistral's presentation was on the topic of the
situation of the Latin American writer and the future of
letters in the continent.
At the end of the year she travels to Brazil. In Sao Paulo
she is proclaimed Honourary Member of Brazil's
Pan-American Society.

1932

Inicia su carrera consular.
Es nombrada Cónsul Particular de libre elección.
Comienza sus labores en Génova, pero no ejerce sus
funciones al declarar su posición antifascista.

1933

En el mes de julio es trasladada a Madrid, en reemplazo
de Víctor Domingo Silva.

1934

Publica *Nubes Blancas* y *Breve Descripción de Chile*.

1935

Por Ley del Congreso promulgada el 4 de septiembre,
se le designa Cónsul de elección con carácter vitalicio.
Es designada Cónsul en Lisboa, Portugal.

1936

Viaja a Oporto, Portugal y luego a Guatemala, con el
rango de Encargada de Negocios y Cónsul General.
Viaja a París para asistir a una reunión del Comité de
Publicaciones de la Colección Clásicos Iberoamericanos
con el propósito de formar un subcomité encargado de
editar un volumen de folclor chileno.

1937

Participa en el Coloquio de Artes y Letras efectuado en
París del 20 al 23 de julio, el que fue presidido por el
poeta Paul Valéry. La intervención de Gabriela Mistral
versó acerca de la situación del escritor latinoamericano
y el futuro de las letras de este continente.
A fines de este año viaja a Brasil. En Sao Paulo
se le declara Miembro Honorario de la Sociedad
Panamericana de Brasil.

*She then remains for sometime in Buenos Aires,
Argentina, the city where her friendship with the writer
Victoria Ocampo strengthened. She stays with her at her
home in Mar del Plata.*

1938

*After a tour of Latin America, she returns to Chile for a
second time. Official and public events in her honor were
held: Gabriela Mistral had become the most acclaimed
woman in the continent.*

Her book Tala *is published in Buenos Aires by Editorial
Sur, under the direction of Victoria Ocampo. Gabriela
Mistral donated the proceeds of this publication to
the Catalonian institutions—such as "Residencia de
Pedralbes"—that housed Spanish children during the
Spanish Civil War.*

*Travels to Peru as an official guest of the government to
lecture. She then travels to Cuba, where she is acclaimed
as apostle of the American intellectual unification.*

*She returns to the United States, settling in St. Augustine,
Florida for two months. She visits the cities of
Jacksonville and Tallahassee in Florida; Mobile and New
Orleans in Louisiana, continuing on to New York and
Washington as a guest of the Pan American Union.*

1939

*In Paris, Mathilde Pomès and Francis de Miomandre
prepare the French language edition of her poetry. World
War II prevents the project from being completed. It
was not until 1946 that it was published under the title
of* Gabriela Mistral. *Introduction by Mathilde Pomès,
edited by Poetes d'aujourdi'hui, Paris. This publication
makes the Swedish literary critic, Ivar Harrie to remark:
"It is probable that when the world is at peace again, for
the Nobel Prize to go to Chile."*

Luego se establece por un tiempo en Buenos Aires,
Argentina, capital en la que estrecha lazos de amistad
con la escritora Victoria Ocampo. Pasa una temporada
con ella en su casa de Mar del Plata.

1938

Luego de una gira por América Latina, regresa a Chile
por segunda vez. Hubo actos oficiales y populares en su
honor: Gabriela Mistral se había convertido en la mujer
más aclamada del continente.
En Buenos Aires se publica su libro *Tala*, editado
por Sur, la editorial que dirige Victoria Ocampo.
Gabriela Mistral destinó el producto de la edición a
las instituciones catalanas que, como la "Residencia de
Pedralbes", albergaron a los niños españoles durante la
Guerra Civil Española.
Viaja al Perú en calidad de huésped oficial del gobierno
para dictar ciclos de conferencias. Luego a Cuba, país
en el que es aclamada como apóstol de la unificación
intelectual americana.
Regresa por tercera vez a Estados Unidos, radicándose
en St. Augustine, Florida, por dos meses. Visita
enseguida las ciudades de Jacksonville y Tallahassee
en la Florida; Mobile y New Orleans en Luisiana.
Continúa viaje a Nueva York y Washington, en calidad
de huésped de la Unión Panamericana.

1939

En París se prepara la edición francesa de su obra
poética, a cargo de Mathilde Pomès y Francis
de Miomandre. La Segunda Guerra impidió la
finalización del proyecto. Sólo en 1946 fue posible su
edición, bajo el título de *Gabriela Mistral*. Presentación
de Mathilde Pomès. *Choix de textes* Editado por *Poétes
d'aujourd'hui, Paris*. Esta publicación lleva al crítico

*The President of Chile, Mr. Pedro Aguirre Cerda,
appoints her "Special Envoy and Plenipotentiary
Minister" to the governments of Central America,
residing in San José de Costa Rica. An appointment she
does not accept due to health reasons.
Consul of Chile in Nice, France.
This year, Latin American intellectuals raise the interest
for Gabriela Mistral's candidacy to the Nobel Prize in
Literature. Leading this initiative is the Ecuadorean
writer Adelaida Velasco Galdós.*

1940

*Consul in Niteroi, Brazil
She brings her nephew Juan Miguel Godoy Mendoza
(Yin Yin).*

1941

*She moves to Petropolis, Brazil as Consul. In spite
of what appeared to be her retirement, she continued
working on her immense literary work in the main
newspapers of the Americas and Europe.
This is one of the saddest periods in the life of Gabriela
Mistral, due to the horrors of World War II and
personally, due to the deaths of her friend Stefan Zweig
and his family in 1942.*

1943

*On August 14th, her nephew, Juan Miguel, who she
considered her son, commits suicide at age eighteen.*

literario sueco, Ivar Harrie a decir: "Es probable que cuando haya paz otra vez en el mundo el Premio Nobel vaya a Chile".

El Presidente de Chile, don Pedro Aguirre Cerda, la designa "Enviado Extraordinario y Ministro Plenipotenciario", ante los gobiernos de América Central, con residencia en San José de Costa Rica, cargo que ella no acepta por razones de salud.

Cónsul de Chile en Niza, Francia.

Este año surge el interés de los intelectuales latinoamericanos por presentar a Gabriela Mistral como candidata al Premio Nobel de Literatura. Encabeza esta iniciativa la escritora ecuatoriana Adelaida Velasco Galdós.

1940

Cónsul en Niteroi, Brasil.

Lleva consigo a su sobrino Juan Miguel Godoy Mendoza (Yin Yin)

1941

Se traslada a Petrópolis, Brasil, en calidad de Cónsul.

Pese a su aparente retiro, prosiguió desarrollando una intensa labor literaria en los principales periódicos de América y de Europa.

Esta etapa corresponde a una de los más tristes de la vida de Gabriela Mistral, a raíz de los horrores de la segunda conflagración mundial en lo colectivo y en lo personal, las muertes de su amigo Stefan Zweig y familia (1942).

1943

El 14 de agosto se suicida Juan Miguel, su sobrino de dieciocho años, a quien consideraba su hijo.

1944

At the end of 1944, visits her friends Mathilde Goulard de la Lama and Ernesto Dethorey, in Stockholm.

1945

On November 15th, she received the news that she had been awarded the Nobel Prize in Literature. She received the telegram on the 16th. She was fifty-six years old.
On November 18th, she boarded the Swedish ship Ecuador en route to Stockholm.
On December 10th, from the hands of King Gustav V, she receives the Nobel Prize in Literature.
The Cuban Bibliographic and Cultural Association presents her with the "Enrique José Varona Medal," for 1945. It is the first time this Association awards this prize to a foreigner.
Is appointed Consul of Chile in Los Angeles, California.

1946

Returns to the United States, and visits Los Angeles and Monrovia in California. Later, with the monies received from the Nobel Prize she purchases a home in Santa Barbara on 729 East Anamapu Street.
Is invited as an official guest to France, Italy and the United Kingdom.
In Paris she receives the Legion d'honneur.
In Italy, she received a Honoris Causa Doctorate, *from the University of Florence.*

1947

She is awarded an Honorary Degree from Mills College, Oakland, California.
In New Orleans she is declared "Daughter of the City."

1944

A fines de 1944, visita Estocolmo y a sus amigos
Mathilde Gouland de la Lama y Ernesto Dethorey.

1945

El 15 de noviembre recibe la noticia que le ha sido
concedido el Premio Nobel de Literatura. Recibe el
telegrama el día 16. Tiene cincuenta y seis años.
El 18 de noviembre se embarca rumbo a Estocolmo en
el vapor sueco Ecuador.
El 10 de diciembre recibe de manos del Rey Gustavo V,
el Premio Nobel de Literatura.
La Asociación Bibliográfica y Cultural de Cuba le otorga
la "Medalla Enrique José Varona", correspondiente a
1945. Es la primera vez que esta Asociación confiere
este premio a un ciudadano extranjero.
Es designada Cónsul de Chile en Los Ángeles, California.

1946

Regresa a Estados Unidos, visita Los Ángeles y
Monrovia (California). Con el dinero del Nobel
adquiere una casa en Santa Barbara en 729 East
Anamapu Street.
Huésped oficial de Francia, Italia y Gran Bretaña.
En París se le otorga el grado correspondiente de la
"*Legion d'honneur*".
En Italia recibe el grado de *Doctor Honoris Causa* de la
Universidad de Florencia.

1947

Recibe el título de *Doctor Honoris Causa* del Mills
College, Oakland, California.
En New Orleans se la declara "Hija de la Ciudad".

1948

> *Consul in Veracruz, Mexico where she remains for two years.*

1950

> *She returns to the United States. The Mayor of New Orleans presents her with the keys to the city.*
> *She receives the "Serra de las Americas" award presented by the Academy of American Franciscan History in Washington.*
> *She leaves New York, headed for Genoa.*
> *Consul of Chile in Naples.*

1951

> *She is awarded the National Prize in Literature in Chile, "for her career and prestigious work; and for a lifetime dedicated to literary creation." With the prize of 100.000 chilean pesos, she creates a fund for those in need in the Elqui Valley.*
> *She resides in Rapallo, Italy.*

1953

> *Consul of Chile in New York.*
> *Participates in the Assembly of the United Nations representing Chile in the "Legal and Social Condition of Women" Commission, Third Session (March 16-April 3).*
> *Participates in the Centenary celebrations of José Martí.*

1954

> *Participates in the General Assembly of the United Nations in the "Legal and Social Condition of Women" Commission, Eight Session (March 22-April 9).*
> *Travels to Chile where she is given an official tribute and is given the corresponding honors as the people of Chile enthusiastically acclaim her.*

1948

Cónsul en Veracruz, México en donde permanece dos años.

1950

Regresa a Estados Unidos. En New Orleans, el alcalde le hace entrega simbólica de las llaves de la ciudad. Recibe el premio "Serra de las Américas", otorgado en Washington por the Academy of American Franciscan History.
Se embarca en Nueva York rumbo a Génova.
Cónsul de Chile en Nápoles, Italia.

1951

Se le concede el Premio Nacional de Literatura en Chile, "por la trayectoria y prestigio de una obra, y por toda una vida dedicada a la creación literaria". Destina el premio de 100.000 pesos chilenos a la creación de un fondo para los más necesitados del Valle de Elqui.
Reside en Rapallo, Italia.

1953

Cónsul de Chile en Nueva York.
Participa como delegada de Chile en la Asamblea de Naciones Unidas, Comisión "La Condición Jurídica y Social de la Mujer", tercera sesión (Marzo 16-Abril 3).
Participa en los homenajes al centenario del natalicio de José Martí.

1954

Participa en la Asamblea General de Naciones Unidas, Comisión "La Condición Jurídica y Social de la Mujer", octava sesión (Marzo 22-Abril 9).
Viaja a Chile como invitada oficial del Gobierno. Recibe los honores correspondientes, mientras el pueblo la aclama con entusiasmo.

Editorial del Pacífico (Santiago, Chile) publishes Lagar.
She returns to the United States.

1955

*On December 10th attends the reading of her "Message
about Human Rights," at the great hall of the United
Nations.*

1956

*By special decree signed in the month of November, the
government of Chile agrees to give her a special pension.
On November 17th, Gabriela writes her will, in which
she bequeaths all of the rights of her works published in
South America to the children of Montegrande.*

1957

*After a lengthy illness, on January 10th she died at
Hempstead General Hospital in New York. The funeral
Mass is held at St. Patrick's Cathedral in New York City.
Her remains received the homage of the people of Chile,
marked by three official days of mourning. The funeral
on January 21st was of great magnitude.
She is honored throughout the continent and in most of
the countries around the world.*

Lagar es publicado en Santiago por la Editorial del Pacífico. Regresa a los Estados Unidos.

1955

En Nueva York, el 10 de diciembre, asiste a la lectura de su "Mensaje sobre los Derechos Humanos" en la gran sala de Naciones Unidas.

1956

El Gobierno de Chile le acuerda una pensión especial por la Ley que se promulga en el mes de noviembre. Gabriela redacta su testamento el 17 de noviembre, en el que dona todos los derechos de sus obras que se publiquen en América del sur a los niños de Montegrande.

1957

Luego de larga enfermedad, muere el 10 de enero en el Hospital General de Hempstead, en Nueva York. La misa fúnebre se realiza en la Catedral San Patricio de Nueva York.

Sus restos reciben el homenaje del pueblo chileno, declarándose tres días de duelo oficial.

Los funerales, efectuados el 21 de enero, constituyen una apoteosis. Se le rinden homenajes en todo el continente y en la mayoría de los países del mundo.

GABRIELA MISTRAL

A Conversation with Gabriela

It is absolutely false that my father was of pure white blood. My grandmother—his mother—had a pure European look; her husband—my grandfather—was a bit less than a mestizo, he was quite indigenous. This certainty is not simply whimsical. In the two portraits I have of him, the facial features are thoroughly Mongolian; the Godoys of the Huasco Valley have, without knowing, the same features. I say this without knowledge because the Chilean mestizo does not know that he is such. Those who have seen photos of my father and know a bit about racial types do not discount for a moment the fact that my father was a man of mixed blood. For some time, he was the Principal of San Carlos Borromeo, a Catholic school in Santiago. He could draw very well and wrote verses of a somewhat classical, yet romantic nature, according to the taste of the period. My sister keeps the originals of those verses.

I received his love through all the people of the Valley (Elqui), because everyone loved him for his engaging

GABRIELA MISTRAL

Una conversación con Gabriela

Es absolutamente falso que mi padre fuese blanco puro. Mi abuela—su madre—tenía un tipo europeo puro; su marido—mi abuelo—era menos que mestizo de tipo, era bastante indígena. La afirmación no es antojadiza. En dos retratos borrosos que tengo de él, la fisonomía es cabalmente mongólica; los Godoyes del Valle del Huasco tienen, sin saberlo, tipo igual. Digo sin saberlo porque el mestizo de Chile no sabe nunca que lo es. Quienes han visto las fotos de mi padre y que saben alguna cosa de tipos raciales no descartan ni por un momento que mi padre era un hombre de sangre mezclada. Fue por un tiempo también director del colegio católico de Santiago San Carlos Borromeo. Dibujaba muy bien y hacía versos de una índole medio clásica, medio romántica según el gusto de la época. El original de esos versos los conserva mi hermana.

Todas las gentes del Valle (de Elqui), me dieron el amor de él, porque todos lo quisieron por el encanto

conversation and for the kindnesses he offered to all who approached him—the same for the rich and for the poor of the Valley. My grandmother, Isabel Villanueva, whom the priests called "the theologian," had the same appeal in her language that was quaint, creole and kind.

There is no such thing. I was sent to the home of my mother's aunt, Mrs. Angela Rojas, to whom my sister paid a small sum for my boarding. This, lasted less than a year, because I was expelled from the Superior Elementary School of Vicuña, to where I had returned.

The information is incorrect. That school was under the direction of Mrs. Adelaida Olivares, a teacher who was blind almost her entire life, and was my confirmation godmother. She was extremely religious and in the beginning there was an affectionate relationship, natural between a godmother and a goddaughter. But when my family changed my guardianship to the Palacios family, who were Protestants, the Principal was very upset and withdrew all her affection for me. It was then that the tragicomic incident took place. I handed out the school's writing paper to the students—in those days, the government provided the school supplies—. I was beyond shy; I had no character and the students took as much paper as they wanted, which resulted in running out of paper in eight months or less. When the Principal asked the students to explain the lack of paper, my classmates said that it was my fault because they had only received the amount allotted to them. The Principal—as advised by a sister of ours—left, right there and then, and headed towards my

particular que había en su conversación y por la camaradería que daba, a quien se le acercase, lo mismo a los más ricos que a los pobrecitos del Valle. En mi abuela, Isabel Villanueva, a quien los curas llamaban "la teóloga", había esta misma atracción que le daba un lenguaje gracioso, criollo y tierno.

No hay tal. Me mandaron a la casa de una tía de mi madre, doña Ángela Rojas a quien mi hermana pagaba por mí una pequeña pensión. Esto duró menos de un año, porque fui expulsada de la escuela primaria superior de Vicuña a la cual había regresado.

El dato es erróneo. Dirigía esa escuela primaria superior doña Adelaida Olivares maestra ciega de casi toda su vida y madrina mía de confirmación. Era persona sobradamente religiosa y cuando en el comienzo hubo entre ella y yo la relación afectuosa que es natural entre madrina y ahijada. Pero cuando mi familia me cambió de apoderado poniéndome a vivir en la casa de una familia Palacios de religión protestante, la directora se sintió muy molesta y me retiró todo su cariño. Vino entonces un incidente tragicómico. Yo repartía el papel de la escuela a las alumnas, el gobierno daba en aquel tiempo los útiles escolares. Era yo más que tímida; no tenía carácter alguno y las alumnas me cogían cuanto papel se les antojaba con lo cual la provisión se acabó a los ocho meses o antes. Cuando la directora preguntó a la clase la razón de la falta de papel mis compañeras declararon que yo era la culpable pues ellas no habían recibido sino la justa ración. La directora, aconsejada

house where she found the proof of the crime, that is to say, in my room she found an abundant amount, not only of paper, but of all of the government provided school supplies. It would have been enough to realize that—just like her—my sister was a schoolteacher, and that I could take what I needed from hers [allotment]. But that was not all: the School Inspector of the Elqui Valley had a special affection for me, as if he were my grandfather, Mr. Mariano Araya, and every Sunday when I visited his family, he would open his supply room and would give me reams of paper, chalkboards, etc.

I did not know how to defend myself; the young girls' shouting—and for me—the horrible accusation of the godmother teacher left me in shock and I passed out. When Ms. Adelaida returned with the trophy of the theft, her sister used this incident to give us a lecture on morals that I heard while I felt half-alive and half-dead. The scandal had lasted all afternoon, they sent the children home and everyone left without anyone noticing the bulky presence of a young girl at her seat, incapable of standing up. When the live-in cleaner came to sweep the room, she found me with my legs twisted into knots; she took me to her room, she rubbed my body and gave me a hot beverage until I was able to speak. But there was still something else left: my classmates who walked along my street were waiting for me, although it was the late afternoon at Vicuña Square—the beautiful square with its canopy of roses and flowers felt like Spring. This is where they welcomed me with a shower of insults and stones, telling me that they would never go out again into the streets with the thief.

por una hermana nuestra ahí mismo, salió sin más hacia mi casa y encontró el cuerpo del delito, es decir, halló en mi cuarto una cantidad copiosísima no sólo de papel, sino de todos los útiles escolares fiscales. Habría bastado pensar que mi hermana era tan maestra de escuela como ella y que yo tomaba de ella cuanto necesitaba. Pero había algo más: el visitador de escuelas del Valle de Elqui me tenía un cariño como de abuelo—don Mariano Araya—y cada domingo iba yo a saludar a su familia y él me abría su almacén de útiles y me daba además de papel en resmas, pizarras, etc.

Yo no supe defenderme; la gritería de las muchachas y la acusación para mí espantosa de la maestra madrina me aplanó y me hizo perder el sentido. Cuando doña Adelaida regresó con el trofeo del robo su hermana hizo con el caso una lección de moral que yo oía medio viva medio muerta. El escándalo había durado toda la tarde, despacharon las clases y todas salieron sin que nadie se diese cuenta del bulto de una niña sentada en su banco, que no podía levantarse. Al ir a barrer la sala la sirvienta que vivía en la escuela me encontró con las piernas trabadas me llevó a su cuarto, me frotó el cuerpo y me dio una bebida caliente hasta que yo pude hablar. Faltaba algo todavía: las compañeras que se iban por mi calle me esperaban, aunque ya era la tarde caída en la plaza de Vicuña, la linda plaza con su toldo de rosas y de multiflor, era todavía primavera allí me recibieron con una lluvia de insultos y de piedras diciéndome que nunca más irían por la calle con (la) ladrona. Esta tragedia ridícula hizo tal daño en mí como yo no sabría

This ridiculous tragedy had such a negative impact on me that I do not know how to describe it. My mother went to give an explanation to the blind schoolteacher about my theft and the Principal—who had great influence over everyone because she was an intelligent woman and quite educated for her time—succeeded in convincing her friend that even if I was innocent, it would be necessary to remove me from that school without enrolling me in another because I did not have intellectual gifts of any kind and, that I should only pursue domestic chores.

No decision was made for me, and only my father when he returned home for a while, felt it was slander on the part of his blind friend, and he paid her an abrupt visit to Vicuña to set the record straight. I was left without school, but my sister had made me finish school at home. I must say something that has never been said about her, namely that what she knew she taught it to me perfectly. She was, throughout her life, a schoolteacher with a spiritual nature, with such self-denial that in her later years it bordered on sainthood. I have portrayed her in "The Rural Teacher," but naturally, I could not praise a sister in such manner, so I disguised her at the end of the poem. The schoolteacher that I have described is who I saw throughout my childhood by only having seen her live her life.

My famous "resentment" has a certain base of truth, at times I have not forgiven and I have not forgotten any of the injustices I received, particularly I did not forget the one that bruised my entire adolescent years, and that, had such an impact in my future life (as a teacher).

decirlo. Mi madre vino a dar explicaciones a la maestra ciega acerca de mi rapiña y la directora que ejercía un ascendiente muy grande sobre las personas porque era mujer inteligente y bastante culta para su época logró convencer a su comadre de que aunque yo fuese inocente habría que retirarme de esa escuela sin llevarme a otra alguna porque yo no tenía dotes intelectuales de ningún género y sólo podría aplicarme a los quehaceres domésticos.

No se decidió de mí y sólo mi padre al volver por un tiempo a la casa sintió como una injuria el hecho de su comadre ciega y fue a ajustarle cuentas con una gran rudeza a Vicuña. Yo me quedé sin clases porque mi hermana me había hecho terminar la escuela sin decir lo que nunca se ha dicho de ella y es que lo que ella sabía me lo enseñó perfectamente. Fue toda su vida una maestra de índole espiritual con una abnegación que en su madurez tocó los lindes de la santidad yo la tengo pintada en "La maestra rural", pero como es natural, no podía alabar así a una hermana y la disfracé al final del poema. La maestra que he pintado allí me la dio ella a lo largo de mi infancia con sólo haberla visto vivir.

Mi famoso "rencor" tiene cierta base de verdad, no he perdonado a veces y no he olvidado nunca ninguna de las injusticias recibidas y particularmente no olvidé ésta que me magulló toda la adolescencia y que tuvo una repercusión enorme en mi vida de futura (profesora).

On two occasions I returned to Vicuña, the godmother teacher sought a reconcilation with me without success because I refused to see her. But life has its own marvelous ways and the hand of God is present in all of them. Three years ago, after being away from the Elqui Valley for fifteen years, I arrived in Vicuña on an official visit. Ms. Adelaida was very sick and one of her former students who was her nurse, sent a message asking if I would agree to visit her. I consulted with my soul and the latter had not yet forgiven. Two days after the message, the schoolteacher died. I went out—something I never do without a purpose—to wander around the streets as I did as a child, wanting to walk on Maipú Street up to San Isidro. After walking a bit I saw quite a large procession, and I did not understand when the procession surrounded me, not allowing me to continue in any direction, so I asked who had died. By the time I found out, I had turned around and was following it like a sleepwalker. We arrived at the church—the small city knew the old story—a young girl stood up and handed me the bouquet of flowers that she was carrying, telling me that she preferred that I be the one to place the first flowers on the casket. I placed them and I offered Ms. Adelaida, the Prayer of the Dead. I returned home somewhat disturbed by the little schemes of the Lord, which are as strange as the big ones.

I have mentioned that my being expelled had great consequences for me. When I entered the La Serena Normal School Annex, I discovered that a former student of Mrs. Adelaida had informed my new teachers of my bad habit of stealing, and had recommended that their valuable objects be kept under safe-keeping. For several years—I

Dos veces volví a Vicuña, la maestra madrina buscó reconciliarse conmigo sin lograrlo porque no acepté a verla. Pero las cosas tienen caminos maravillosos y la mano de Dios anda metida en todas ellas. Hace tres años, después de quince de ausencia del Valle de Elqui llegué a Vicuña en visita oficial. Estaba muy enferma doña Adelaida y una de sus ex-alumnas que la servía de enfermera, me mandó preguntar si yo aceptaba ir a visitarla. Yo consulté con mi alma y ésta no había perdonado todavía. Dos días más tarde del recado la maestra murió. Yo salí a la calle al azar: sola, cosa que nunca me ocurre sin finalidad, a vagabundear como de niña y queriendo caminar la calle Maipú hasta San Isidro. A poco andar vi venir un cortejo que era muy numeroso y no entendía nada cuando el cortejo me rodeó en forma de no poder seguir, pregunté quién era el muerto. Cuando lo supe yo ya había dado vuelta e iba dentro de él como una sonámbula. Llegamos a la iglesia, la pequeña ciudad conocía la vieja historia. Una niña se levantó y me pasó el ramo de flores que llevaba diciéndome que ella prefería que fuese yo quien las pusiese las primeras sobre el ataúd. Yo las puse y le di a doña Adelaida la oración a los muertos. Volví a mi casa no poco turbada de los manejos menudos del Señor que son tan extraños como los grandes.

Dije que el hecho de mi expulsión tuvo muchas consecuencias. Cuando ingresé a la escuela anexa a la Normal de La Serena me encontré allí con que una ex-alumna de doña Adelaida había informado a mis nuevos profesores de mi vicio de robar y había recomendado que se guardaran los objetos de más o menos valor.

cannot recall how many exactly—my mother and my sister wanted me to become a good housekeeper. I was so quiet that during my childhood, I never disobeyed or entered into an argument with them. But in the force of my rebellion, which is one of the most vigorous that I have had in my life, I would not learn to wash clothes, to prepare a meal and I do not think that I even helped to straighten up the room. I knew that if I obeyed that desire for me to become an auxiliary housekeeper of a home in which, my mother and my sister sufficed, I was lost; I do not know for what because it would have been foolish to think that I believed in myself, the godmother teacher had convinced me that I was an ungifted child. My rebellion was a bit confusing as it was a rebellion without complaint, without speech, I simply did not obey.

My sister had married a man of some means and for a while my mother and I lived comfortably in their house. My brother-in-law had a long illness, and due to one of his son's dispute, he lost everything. Then, my mother knew I had to work, and on her own she decided that I should follow the profession of my father and my sister, the one of one of my two aunts who were nuns, and that of almost all of our friends. I trembled when, at fourteen years of age, she and her friend Mrs. Antonia Molina took me to meet the School Inspector and requested that he place me in a job as a Teacher's Aid in a rural school. At fourteen years old, I was sent to Compañía Baja, where the sea gave me many happy moments, just like my olive grove that bordered my house, the largest that I have seen in Chile. The female boss I had did not like me because of my shyness and my silence,

Durante varios años—no recuerdo el dato con precisión—mi madre y mi hermana quisieron hacer de mí una buena ama de casa. Yo era tan callada que jamás tuve porfía ni discusión alguna con ellas en mi infancia. Pero en mi ímpetu de rebelión que es de los más vigorosos que haya tenido en mi vida, que yo no aprendería ni a lavar la ropa ni hacer la comida y ni siquiera creo que ayudaba a arreglar la habitación. Yo supe que si obedecía a esa voluntad de volverme criatura ama auxiliar de una casa en que bastaban mi madre y mi hermana yo estaba perdida no sé para que, porque sería tonto pensar que yo creyese en mí, la maestra madrina me había convencido de que yo era una niña necia. Mi rebelión era una cosa confusa siendo en todo caso una rebelión en forma sin rezongo, sin hablar y sencillamente no obedecí.

Mi hermana se había casado con un hombre que tenía algunos bienes y un tiempo vivimos mi madre y yo cómodamente allegados a su casa. Mi cuñado tuvo una larga enfermedad y un mal pleito de un hijo y lo perdió todo. Entonces mi madre supo que yo debía trabajar y decidió ella sola que yo siguiese la profesión de mi padre y de mi hermana, la de una de mis dos tías monjas y la de casi todos nuestros amigos. Yo temblé cuando a los catorce años ella y su amiga doña Antonia Molina me llevaron delante de un visitador de escuelas y le pidieron para mí una ayudantía de escuela rural. Yo tenía catorce años, me mandaron a la Compañía Baja, donde el mar me daba muchos ratos felices, lo mismo que mi olivar que costeaba mi casa y que es el más grande que he visto en Chile y la jefe que me tocó y a quien le caí mal por mi

which I did not break for anything, it brought me such little joy as it is customary when the teacher is almost old and the aid just a girl. Because of her great ignorance, she did not complain about the things she should have, as in those days very little was asked of a rural aid, and also because I taught my lesson from the book. From this school, I made what was truly a great leap, as a result of the good deed of the attorney Mr. Juan Guillermo Zabala, (the Basques appear in my life). I was brought to La Serena to the position of Secretary-General Supervisor of the Girl's High School. I knew very little about official correspondence and composition, perhaps a little tout court writing, even though I was already writing for newspapers. The humble small town newspapers in the province that publish everything they receive.

The High School was under the direction of an extraordinary German whose cruelty never prevented me from seeing that this was an exceptional woman, next to whom, the local teachers were a poor (illegible) with the exception of (illegible). This woman, governed the school according to the German rules that were so well-liked among Chileans at that time. Her High School was one-half barracks and one-half workshop and with the latter, I am saying something akin to praise. Her staff obeyed her with a respect that was beyond rational and bordered on something mythological.

The poor women trembled without metaphor; our life depended on her gestures, her gaze and her screams. But she was, in spite of her tremendous disequilibrium,

carácter huraño y mi silencio que no se rompía con nada me hizo tan poco feliz como es costumbre cuando la maestra es casi vieja y la ayudante es una muchacha. No se quejaba de lo que debía quejarse: de una ignorancia, porque en aquellos tiempos se pedía poco a una ayudante rural y porque además mi lección era la que enseñaba (la cartilla). Desde esta escuela di un salto verdaderamente mortal por buenos oficios del abogado don Juan Guillermo Zabala (aparecen los vascos en mi vida). Me llevaron como secretaria-inspectora al Liceo de Niñas de La Serena. Yo sabía muy poca cosa de redacción oficial y tal vez de redacción *tout court* aunque ya escribiese en los periódicos. Los humildes diarios de provincia reciben y publican casi todo.

Dirigía el liceo una extraordinaria mujer alemana de quien la crueldad no me empañó nunca los ojos para ver de quien se trataba de una mujeraza al lado de la cual las profesoras criollas de su personal eran una (pobre) (ilegible) con excepción (ilegible). Esta señora gobernaba el colegio según las normas alemanas que eran de todo el gusto de los chilenos por aquel tiempo. Su liceo era medio cuartel medio taller y con lo segundo digo algo parecido a una alabanza. El personal la obedecía con un respeto que iba más allá de lo racional y se pasaba a lo mitológico.

Las pobres mujeres le temblaban sin metáfora, nuestra vida dependía de sus gestos, su mirada y sus gritos. Pero era a pesar de su tremendo desequilibrio una mujer superior. Cuatro cosas me dijo entre sus ofensas

a superior woman. Among her insults, she told me four things that I have never forgotten because they were directly aimed to my character, and especially to my shortcomings and painful limitations. For her, I was kind of a servant kept at the edge of her life. But one day when she was ill, she called me to her bedroom and, as I seemed confused because this curious woman (illegible)—not much of a Protestant and somewhat of a pagan—had a great (illegible) of the Lady of Murillo by her headboard. She said to me without a smile: I am the opposite of you, I do not believe in anything, but I live in a city among pious people, I usually go to church and I have this virgin to be patronizing to the city. Even though Chileans are people of a race inferior to mine, I am a public employee of Chile. You on the other hand, believe in everything, believe excessively and to your people, you have the appearance of a non-believer, which will bring you much harm.

Once she called me to her living room, and while I was distracted looking at two great prints of Goethe and Schiller, she told me more or less the following. Writers are divided in only two kinds: those like Goethe, who have sense and reach great positions; and the reckless ones are like Schiller without ever measuring up to him and since they do not, they never amount to anything.

Another time—I believe that this is the only time in my year with her that she called me to say something pleasant: "The lyrics for the musical score I gave you for the school's hymn are fine. You are useful for very few things, perhaps only for one, your bad luck is that the one thing you are good at is something that nobody cares about."

que nunca he olvidado porque apuntaban derechamente a mi carácter y en especial a mis defectos y a mis lastimosas limitaciones. Yo era para ella una especie de sirvienta mantenida muy al margen de su vida. Pero un día me llamó a su dormitorio porque estaba enferma y como yo me azorase de que la curiosa mujer (ilegible) poco protestante y algo pagana tuviese una gran (ilegible) virgen de Murillo a su cabecera, me dijo sin (ilegible) ni sonreír. Yo soy lo contrario de Ud., yo no creo en nada pero vivo en una ciudad de beatos y suelo ir a la iglesia y tengo esta virgen por condescenderme con la ciudad. Aunque los chilenos sean gente inferior a mi raza yo soy una empleada pública de Chile. En cambio Ud. cree en todo, cree de más y tiene una apariencia de incrédula para su gente, lo cual le hará mucho daño.

Una vez me llamó a su salón y yo me quedé embobada mirando dos grandes cuadros que eran grabados de Goethe y de Schiller. Ella me dijo más o menos esto. Los escritores se dividen sólo en estos dos tipos los de Goethe son los sensatos y los que llegan a grandes posiciones; los alocados se parecen a Schiller sin que valgan nunca lo que él tampoco y como no lo alcanzan no llegan nunca a nada.

Otra vez—creo que la única en mi año con ella me llamó para decirme una cosa agradable: "Está bien la letra que le ha puesto a la música que le di destinada al colegio. Usted sirve, para muy pocas cosas, tal vez para una sola, su mala suerte está en que eso para lo cual sirve es algo que no le importa a nadie".

Another time, when she requested my resignation and was afraid that I would not sign the papers she said: "There are people who are born to give orders and I am one of those; it is useless to fight against me and those of my race, we have been born for this and the rest, have only to obey."

You refer to her official memo in which she states that I am foolish. I am not familiar with it. It is possible that it exists, although this woman would never do something that was not needed, it was not necessary to accuse me of being an idiot, because I had already signed my resignation.

She left me unemployed, with no scruples, because she lacked them completely. God has had great mercy on me; offering marvelous support that makes me feel ashamed of some verses I wrote and spoke of his abandonment. A few days after the event I just mentioned, on the train, I run into the Governor of Coquimbo, González, who was an old poet. As we went past La Cantera, González pointed to the little school behind the dunes and he offered to me. This would ensure my mother's bread.

Your information regarding my mother and that she lived there with me all the time, is incorrect. In the village, there was no meat or bread every day—she was always very sickly—she stayed with me for a while and then went to live with my sister. Of my three villages, La Cantera is where I lived with the most company. A good servant looked after me, one of our beautiful maids, that are such when then have Indian blood; and the children, the men and elderly gentlemen of my night school—we had little attendance during the day because the people had to work.

Otra vez cuando me pidió la renuncia y temió que yo no le firmase el pliego ya escrito me dijo: "Hay gentes que nacen para mandar y yo soy de esas; es inútil luchar contra mí y los de mi raza hemos nacido para eso, y los otras no tienen sino obedecer".

Ud. se refiere a una nota oficial de ella en la que me declara necia. No la conozco. Es muy probable que exista, aunque esta mujer no haría nada innecesario y sobraba acusarme de idiota puesto que ya había firmado la renuncia.

Me dejó cesante sin ningún escrúpulo porque carecía enteramente de ellos. Dios me ha tenido una gran piedad, una asistencia maravillosa que me hace avergonzarme de algunos versos míos en que hablé de su abandono. Unos días después de lo que cuento encontré en el tren al gobernador de Coquimbo que era un viejo poeta González y González, y cuando pasábamos frente a La Cantera me mostró la escuelita detrás de las dunas y me la ofreció. Mi madre tenía su pan a salvo.

Es inexacto su dato de que mi mamá vivió allí todo el tiempo conmigo; no había carne ni había pan todos los días en la aldea y ella fue siempre muy enferma, me acompañó un poco y después se fue con mi hermana. De mis tres aldeas, La Cantera es aquella en que yo viví más acompañada. Me cuidaba una sirvienta buena, de las preciosas criadas nuestras que son tal cosa cuando tienen sangre india; y los niños, los hombres y los viejos de mi escuela nocturna—apenas había asistencia diurna porque la pobre gente trabajaba.

They took it upon themselves to make a life for me. On Sundays they took turns and brought me a horse to go riding. They brought me a kind of school contribution in the form of sweet potatoes, cucumbers, melons, potatoes, etc. I helped them with the threshing of the corn while I told them Russian stories, and I heard theirs. This was, possibly, the most contact I have had with peasants, since being at the Elqui Valley.

An old illiterate man, who I finally taught to read, played the guitar very well, he and others would come to entertain me in the evening. Once, when I kissed the face and neck of an orphan and deaf student I had, the others felt offended and went off to wash themselves—because three of them used healing waters. I taught the lessons around the dining room table. I was eighteen or nineteen years old. I never saw them act without gentleness or respect, or heard a nasty joke, which is rare in a culture as risqué as ours. The great educational minds were going to close the school due to low daytime enrollment without taking into account this night school, which I found to be so valuable.

I then went to Cerrillos in the Municipality of Ovalle. My biographies have not made mention of this place. There, I did experience loneliness, and my mother, due to her frail health was not able to be with me; in spite of the gossip, my mother was not able to live with me during my years as a teacher because only the climate of La Serena was agreeable to her health. Several times she tried, but in vain. My sister gave her, her company and I her sustenance.

Se pusieron a hacerme la vida. Por turno me traían un caballo cada domingo para que yo paseara siempre con uno de ellos. Me llevaban una especie de diezmo escolar en camotes, en pepinos, en melones, en papas, etc. Yo hacía con ellos el desgrane del maíz contándoles cuentos rusos y les oía los suyos. Ha sido ese tal vez mi mayor contacto con los campesinos después del mayor del Valle de Elqui.

Un viejo analfabeto, al que al fin enseñé a leer tocaba muy bien la guitarra y ese iba a darme fiesta con todos, en las noches. Alguna vez que le besé la cara y el cuello a un alumno huérfano y sordo que tenía, los demás se sintieron ofendidos y fueron más allá a lavarse porque había unos tres que se echaban agua florida. Yo les daba la clase en el cuarto de comer en torno de una mesa. Tenía yo de dieciocho a diecinueve años. Nunca les vi una falta de delicadeza o de pudor ni les vi un mal chiste lo cual es raro en un pueblo tan picante como el nuestro. El bello criterio escolar iba a suprimir la escuela por su poca asistencia diurna y sin tomar en cuenta para nada esta escuela nocturna que para mí resultaba tan válida.

Entonces me fui a Cerrillos en el Departamento de Ovalle. Mis biografías no han anotado nunca este nombre. Allí sí tuve soledad y soledades y mi madre muy delicada de salud no pudo estar conmigo; pese a las lenguas de fuego mi madre no pudo vivir conmigo en mis años de trabajo escolar porque su cuerpo sólo se avenía con el clima de La Serena. Lo ensayó varias veces en vano. Mi hermana le dio su compañía y yo su sustento.

When I retired, I immediately went to La Serena to be with her until her dying days. To accomplish this, I did not accept the position Geneva had offered me. Minister Jorge Matte, forced me to go when Geneva did not accept the appointment of Pedro Prado—who I suggested without consulting the latter. A few months earlier, at my home in the Huemul neighborhood in Santiago, I had received a strange nighttime visit from the police; and, while visiting people from the opposition, like Manuel Vicuña, I had a robbery—my files with correspondence were stolen. The diligent policeman was determined to follow up on these two incidents which were confirmed by my neighbor, Luis Popalaire, as well as by other more private neighbors. This made my own mother and sister, advise me to accept the nomination in Geneva and to leave Chile.

I share this information in response to the slanderous words that have been said about me, by some people in high level positions in the educational system, that I was not a good daughter, because I did not live with my relatives.

Let us go back to the time when I was fired from La Serena High School. My mother and my sister thought about sacrificing me, for my own good and to make me go back to the Normal School, as we had clearly understood that I was not going to make a teaching career unless I obtained the well-known paper, that people call "title," a word that means "name," but that it does not name anything.

I accepted and we made the extra effort to prepare for the exams, to secure the deposit and to purchase the uniform. On the day that my mother brought me to the

Cuando jubilé me fui en seguida con ella a La Serena para quedar con ella hasta su postrimería. Renuncié al cargo que me ofreció Ginebra con este fin y el Ministro don Jorge Matte me obligó a irme cuando Ginebra no aceptó la designación de Pedro Prado que yo indiqué sin consultarlo al interesado. Yo había tenido en Santiago unos meses antes una extraña visita nocturna de la policía a mi casa de la población Huemul durante mi ausencia y el robo de mis archivadores de cartas cuando visitaba a algunas personas de la oposición, como don Manuel Rivas Vicuña, el diligente policía hacía seguir estos dos hechos, que constató en varias ocasiones mi vecino don Luis Popalaire más otros menos visibles hicieron que mi propia viejecita y mi hermana me aconsejasen aceptar el nombramiento de Ginebra e irme de Chile.

Cuento lo anterior en respuesta a la maledicencia de cierta potencia pedagógica sobre mi condición de mala hija que no vivió con los suyos.

Volvamos atrás cuando yo fui echada del Liceo de La Serena mi madre y mi hermana pensaron en sacrificarme en bien mío y hacerme regresar a la Escuela Normal pues las tres habíamos visto claramente que yo no haría carrera en la enseñanza a menos de conseguir la papeleta consabida, que las gentes llaman título, palabra que quiere decir "nombre" pero que no nombra nada.

Yo acepté e hicimos el triple esfuerzo de preparar exámenes, de obtener la fianza del caso, y de comprar el equipo de ropa. El día que mi madre fue a dejarme a la

Normal School, the Vice-Director, a rather big woman, received us at the door and without listening to us or giving us a valid explanation, she stated that I had not been accepted. We asked to speak with the Director, but the obese woman refused because the Director was a Northamerican woman who did not speak any Spanish. In this, the Vice-Director was not lying, as the Ministry hired for the locals, and some teachers that did not know the language. During my travels around the world, I once received an invitation to the house of this Yankee teacher...it is a pity that I did not have the time to go and meet this noble woman who expelled me from the Chilean Normal School without knowing why and without ever seeing me. Many years went by and with the fatalism of the mixed-race, I never inquired why I had been expelled. Eight or nine years later, while working as a teacher in Los Andes, I learned the explanation for my rejection—as told to my boss by that stupendous Vice-Principal. She told Mrs. Fidelia Valdés that at a teacher's meeting of the Normal School of La Serena, the Chaplain and teacher Luis Ignacio Munizaga had demanded the staff that, as a show of solidarity with him, I should be expelled as some of my writings were pagan and I could become a leader of the students. This illustrious priest (who years later would be a very unhappy man), was quite clear when asserting that I was a pagan. All poets, any poet, is that or is nothing. One could be an aspiring Christian and a mystic if one has the weak physicality or is headed for old age—at eighteen years old—that was my age, one is nothing but a pagan. I relay this incident to tell my Chilean compatriots that I was excluded from the Normal School by force, not

Escuela Normal la subdirectora, una gruesa señora; nos recibió en la puerta y sin oírnos y sin dar explicación alguna que le valiese y me valiese me declaró que yo no había sido admitida. Pedimos hablar con la directora y la obesa señora lo rehusó porque la directora era una norteamericana que no hablaba español. En esto la subdirectora no mentía, el ministerio contrataba para sus criollos algunos profesores que ignoraban la lengua. En mis andanzas por el mundo recibí una vez una invitación a su casa de esta pedagoga yanqui es lástima que no tuviese tiempo de ir para conocer a la buena mujer que me echó de la Normal chilena sin saber por qué y sin haberme visto. Pasaron muchos años y cual fatalismo del mestizo yo no averigüé por qué había sido eliminada. Cuando era profesora de Los Andes unos ocho o diez años después, recibí la versión que dio a mi jefe de mi rechazo aquella subdirectora estupenda. Ella contó a doña Fidelia Valdés que en consejo de profesores de la Normal de La Serena el capellán y profesor don Luis Ignacio Munizaga, había exigido al personal que por solidaridad con él se me eliminase pues yo escribía unas composiciones paganas y podría volverme en caudillo de las alumnas. El ilustre sacerdote (que más tarde será un hombre bastante desgraciado) fue bien lúcido cuando dijo que yo era una pagana. Todo poeta, cualquier poeta es eso o no es cosa alguna. Puede ser un cristiano de aspiración y puede ser un místico si tiene una corporalidad pobre o si va para viejo—a los dieciocho años— era mi edad no es sino un pagano. Cuento el incidente para decir a mis compatriotas que no me quedé sin Escuela Normal por fuerza no por gusto y gana; la vieja

because it was my wish, the old Chilean ways took it from me, in spite of my generosity in giving it to three thousand women more or less.

Today, this loss does not cause me pain; but all the professors and teachers that denied me the salt and water during my years of teaching in the Chilean establishment, and those who I have noted elsewhere, know all too well how difficult it was for me to make a career as a teacher without the "paper," the sign and that title.

The reason that you give for my departure from the High School was merely one of a minor cause. The enrollment incident is widely exaggerated, I did not have but a handful of very poor girls because, there were just a few that would have dared to arrive at a High School built and kept for the upper classes. Thanks to a scheme, I was able to enroll them: the Principal had ordered me to accept those who brought a recommendation letter from the members of the School's Supervisory Board and, as long as they came from a good family and they seemed, as per their certificates, to be good students, I would ask Mr. Marcial Ribera Alcayaga, a member of the Board and my mother's relative, for that famous letter. That was the extent of my maliciousness and the Principal could not expel the applicants who had been semi-officially accepted.

In the week prior to my resignation, the Principal who greatly doubted that I would commit suicide, by signing my name in my own dismissal, ordered the

chilenidad me la quitó me dejó sin ella, me la quitó a pesar de lo dadivosa que he sido para dársela a unas tres mil mujeres más o menos.

La pérdida hoy no me duele; pero todos los maestros y los profesores que me negarían la sal y el agua en los veinte años de mi magisterio chileno y a los que tengo contados en otra parte, saben muy bien de cuánto me costó vivir una carrera docente sin la papeleta, el cartel y la rúbrica aquella.

La razón que Ud. da para mi salida del liceo no fue sino una de sus causas menores. Este incidente de la matrícula está muy exagerado, yo no recibí sino muy pocas niñas pobrecitas porque eran poquísimas las que se atrevían a llegar a un liceo hecho y mantenido para la clase pudiente. Pude matricular a éstas, gracias a una estrategia: la directora me había ordenado aceptar a las que llevasen una carta de recomendación de los miembros de la junta de vigilancia del colegio y siempre que se tratara de buena familia cuando las muchachas me parecían buenas alumnas por su certificado, yo pedía esa famosa carta al Sr. Marcial Ribera Alcayaga, miembro de la junta y pariente de mi madre. Esta fue toda mi malicia y la directora no pudo echar a las candidatas recibidas semi-oficialmente.

En la semana anterior a mi renuncia la directora que tanto dudaba de que yo me suicidase, poniendo aquella firma en mi propia dimisión, ordenó a su personal que no me dirigiese la palabra. Nos reuníamos sólo a

staff not to speak to me. We gathered only at lunch and with the exception of Mrs. Fidelia Valdés, my colleagues zealously complied with this order to the extent that they did not answer when I spoke to them between courses. At that time in Chile, the foreigner overwhelmed the native who often lived in a sad servile state in many government facilities.

Cara M. Rosa, let me tell you with the rude frankness that I speak to my own, that I find great difficulty in making pleasant comments about myself. In spite of the crude and somewhat repugnant publicity that biographers have attained when it comes to writers, I will never understand and shall never accept that they do not allow us—the same as any other human being—the right to safeguard our loves when we have had them and that, due to shyness we do not leave traces behind, that are so valued for women and for men. But so many enormous absurdities have taken place in this matter that this time, I have to speak, not for me, but for the honor of a deceased man.

Romelio Ureta, was not a good looking man, not even close to being a rogue when I met him. We met in the village of El Molle when I was just fourteen and he was eighteen. He was neither much of an optimist nor frivolous and least of all one for partying, he had a great deal of composure, even a certain seriousness of character and decorum. It was because he had decorum that he killed himself, we did not have a commitment at that age. Because he could not marry me earning such a small salary, he went to work in some mines, I do not recall

la hora de almuerzo y a excepción hecha de doña Fidelia Valdés mis colegas cumplieron celosamente la orden, tanto, que no me respondían cuando yo les hablaba entre plato y plato. En Chile por aquellos años el extranjero tenía apabullado al nacional y éste vivía en muchas reparticiones públicas servilismo tristísimo.

Cara M. Rosa, le digo con la franqueza ruda con que hablo a los propios, que me cuesta un mundo entrar en un comentario amoroso de mí misma. A pesar de la publicidad cruda y no poco repugnante a que han llegado los biógrafos respecto de los escritores, nunca entenderé y nunca aceptaré que no se nos deje a nosotros—lo mismo que a todo ser humano—el derecho a guardar de nuestros amores cuando nos hemos puesto y que por alguna razón no dejamos allí razones de pudor, que tanto cuentan para la mujer como para el hombre. Pero se han hecho disparates tan descomunales a este respecto, que esta vez tengo que hablar y no por mí sino por la honra de un hombre muerto.

Romelio Ureta no era nada parecido, ni siquiera era próximo a un tunante cuando yo le conocí. Nos encontramos en la aldea de El Molle cuando yo tenía sólo catorce años y él dieciocho. Era un mozo nada optimista ni ligero y menos un joven de sandungas había en él mucha compostura, hasta cierta gravedad de carácter bastante decoro. Por tener decoro se mató, no nos comprometimos a esa edad. Él no podía casarse conmigo contando con un sueldo tan pequeño como el que tenía y se fue a trabajar unas minas no recuerdo donde. Volvió

where. He returned after a long absence and asked me to be honest with him about some silly rumors he had heard about some dalliance of mine. Since he left, my life was focused on him, I did not defend myself partly because of that same shyness that left me silent accepting my fault in the school in Vicuña and partly, I believe, because of that great pride of mine which many times has been called arrogance. To me the complaint seemed so unfair that I thought then, as I think today, that it should not be answered or even defended. This is why we broke up and the foolish stories that have come from this event, are just a thing of charlatans. This man went on with his life and it was natural that he would live it as almost all Chilean men that do not stand out for moderation. He was going to be married and at the same time he engaged in a frivolous behaviour that would have never been his style; he enjoyed himself too much and it appeared that his girlfriend could not hold him back.

Long after, five years after our separation, I casually ran into him in Coquimbo; we spoke at length; he denied the news of his marriage and we bid farewell, reconciled almost without words, as cordial as before with the impression of a renewed and permanent bond. So many people have insulted him, speaking of a theft and even fraud, they have not said that his brother—who raised him like his father because they were orphans—was at that time the Manager of the Railroad in his region, anyone would think that Romelio Ureta took that money planning to replace it immediately or counting on the fact that his brother who was absent for a few days, would lend him

después de una ausencia larga y me pidió cuentas a propósito de murmuraciones tontas que le habían llegado sobre algún devaneo mío. Yo vivía desde que él se fue con mi vida puesta en él, no me defendí la mitad por aquella timidez que me dejó muda aceptando mi culpa en la escuela de Vicuña y la mitad creo que la otra mitad por esa excesiva dignidad que me han llamado soberbia muchas veces. La queja me pareció tan injusta que pensé entonces, como pienso hoy mismo que no debía responderse y menos hacer una defensa. Por eso rompimos y las novelerías necias tejidas en torno de este punto no son sino cosa de charlatanes. Este hombre siguió su vida y era natural que la viviese como casi todos los hombres chilenos que no sobresalen en la temperancia. Iba a casarse y llevaba a la vez una conducta ligera que no había sido nunca la suya; se divertía demasiado y su novia parece que no lograba retenerlo.

Mucho después de unos cinco años de separación nuestra yo lo encontré casualmente en Coquimbo; hablamos bastante tiempo; negó la noticia de su matrimonio y nos despedimos reconciliados casi sin palabras, tan cordiales como antes y con la impresión de un vínculo reanimado y definitivo. Cuantos lo han denigrado, hablando de un robo común y hasta de una estafa, no han dicho que su hermano—que era casi su padre; pues lo había criado por ser ambos huérfanos—era en ese tiempo el jefe de los ferrocarriles en su zona a cualquiera podría ocurrírsele que Romelio Ureta cogió aquel dinero pensando en restituirlo de inmediato o contando con que su hermano, ausente por unos días se lo prestaría.

the money. *This gentleman was a person of means and loved him dearly. I do not think anyone would think of ruining one's career by taking the meager funds that he took from a government institution. It appears that an unexpected audit took place when his brother was in Ovalle or in another part of the province, and they had no way of communicating. Romelio Ureta was such a decent man as to kill himself instead of suffering great shame while being alive. At this point and as it is customary, this event is not understood, as rectitude is scarcer than a gold coin. Because I knew him, and the Chile of the past, I understand it. I am providing all these details because it irritates me that the bones of a dead man are disturbed with such lack of intelligence or consideration, even more, what angers me is that by writing a gossip column about me—not your case—and for selling it to newspapers and feeding the gluttony of the public, his grave is disturbed.*

Under the pretense of showing solidarity or thinking they are defending me, they have created an entirely false image, I have not been his victim in any way, we are all more or less the same, victims of our own temperament, I was born like others with an exacerbated capacity for suffering and perhaps even with no tragedies in my life, I would have suffered just the same as is the case of Leopardi and others.

On the other hand, the cinematography applied to those living disgusts me. After I die, the novelists will be able to do as they please; but as I am alive I have at least the right to clear the name of someone dear to me. I have

Este señor era persona de situación holgada y lo quería mucho. No creo que nadie piense en arruinar su carrera por la suma infeliz que él cogió de una repartición fiscal. Parece que vino un arqueo impensado de caja: el hermano andaba en Ovalle o en otro punto de la provincia y no pudieron comunicarse de ningún modo. Romelio Ureta era hombre tan pundonoroso como para matarse, antes de sufrir vivo una vergüenza. A esta altura del tiempo y de la costumbre funcionaria, el hecho no se entiende, pues la probidad escasea más que la moneda de oro. Yo lo comprendo de haberle conocido a él y al viejo Chile. Doy cuantiosos detalles porque me irrita que se remuevan los huesos de un muerto con una falta tal de inteligencia y de consideración, más que eso me indigna el que por escribir una gacetilla sobre mí—no es el caso suyo—por cobrarla en un periódico y también por alimentar la glotonería del público se revuelva una sepultura.

Han creado un semblante enteramente falso con la pretensión de demostrarme solidaridad o con la ocurrencia de defenderme, yo no he sido una víctima de él en ningún aspecto; todos los seres somos cual más cual menos, víctimas de nuestro temperamento nací como otros con una capacidad exacerbada para el sufrimiento y tal vez sin ninguna tragedia en mi vida habría padecido lo mismo según el caso de Leopardi y de otros.

Me repugna por otra parte lo cinematográfico aplicado a los vivos, después que me muera, ya pueden hacer su gusto los noveleros a toda su anchura; pero como estoy viva tengo el derecho mínimo de lavar un nombre

a wealth of silence, and I have been silent enough in this matter. My patience has been wearing thin and this time, I wish to speak because it is an article written by a woman and it has to be released free of such a grave error about a man and because it hinges on slander. You, I am certain, will be very pleased that your colleague is concerned with the honesty of your work.

This autobiographical note was collected and published by Pedro Pablo Zegers B., in Mapocho magazine, Nº 43, (Ediciones de la Dirección de Bibliotecas, Archivos y Museos: Santiago, 1988).

querido. He callado bastante a este respecto porque soy harto rica de silencio. Mi paciencia se ha ido gastando y esta vez quiero hablar, por tratarse de una crónica escrita por una mujer y que debe salir limpia de un error tan grave sobre un hombre que se allega a la calumnia. Usted, estoy segura, estará muy contenta de que su compañera cuida de la honradez de su trabajo.

Esta nota autobiográfica fue recogida y publicada por Pedro Pablo Zegers B., en la revista *Mapocho*, N° 43, (Ediciones de la Dirección de Bibliotecas, Archivos y Museos: Santiago,1988).

II

II

PREMIO NOBEL
NOMINACIONES AL PREMIO NOBEL
DISCURSO DE PRESENTACIÓN CEREMONIA, HJALMAR GULLBERG
DISCURSO DE PRESENTACIÓN BANQUETE, A. H. T. THEORELL
DISCURSO DE ACEPTACIÓN, GABRIELA MISTRAL
RECUERDOS DE LA CEREMONIA

Nobel Prize
Nobel Prize Nominations
Hjalmar Gullberg's Presentation Speech
A. H. T. Theorell's Presentation Speech, Banquet
Gabriela Mistral's Acceptance Speech
Memories of the Ceremony

Nobel Prize

I will tell you how my candidacy to the Nobel Prize came about.
The idea was raised by my friend from Guayaquil, Adela Velasco,
who wrote to the late President of Chile, Mr. Aguirre Cerda—he
was my colleague—who without consulting me, presented my
candidacy. At this time, I must also remember Juana Aguirre, the
wife of the President.

—Gabriela Mistral [1]

*Six years after the first initiative to promote the nomination
of Gabriela Mistral for the Nobel Prize in Literature, which
originated in Ecuador—with the support of the press and literary institutions of various countries of the Americas—on
November 15th, 1945, during her tenure as Consul of Chile
in Brazil, residing in the city of Petropolis, Gabriela Mistral
learns that she is the recipient of this important award.*

*On November 18th, 1945 Gabriela Mistral boards,
in Rio de Janeiro, the steamship appropriately named
"Ecuador," en route to Göteborg, Sweden. Dr. Raúl Morales
Beltrami and Mr. Ragnar Kamlin, Ambassador of Sweden
in Brazil see her off.*

Premio Nobel

Voy a contar cómo surgió mi candidatura para el Premio Nobel. La idea nació de una amiga mía, Adela Velasco de Guayaquil, quien escribió al extinto presidente de Chile, señor Aguirre Cerda—que fue compañero mío—y sin consultarme presentó mi candidatura. En este momento tengo también que recordar a Juana Aguirre, esposa del Presidente.

—Gabriela Mistral [1]

Seis años después de la primera gestión para la nominación de Gabriela Mistral al Premio Nobel de Literatura, que nació en Ecuador, con el apoyo de la prensa y de instituciones literarias de los países americanos, el día 15 de noviembre de 1945 cuando se desempeña en sus labores diplomáticas como Cónsul de Chile y residiendo en la ciudad de Petrópolis, Brasil, Gabriela Mistral recibe la noticia de que este importante galardón le ha sido otorgado.

Gabriela Mistral se embarca en el vapor "Ecuador" rumbo al puerto de Gotemburgo, Suecia desde Río de Janeiro el día 18 de noviembre. Es despedida por el Embajador, Dr. Raúl Morales Beltrami y el Ministro/Embajador de Suecia Sr. Ragnar Kamlin.

Gabriela Mistral arrived in Stockholm on December 8th, 1945, just two days before the Nobel Award ceremony. She is greeted by the Ambassador of Chile to Sweden, Mr. Enrique Gajardo Villarroel; the President of the Nobel Foundation, Mr. Ragnar Sohlman and the Secretary of the Ministry of Foreign Affairs, Bill Hagen.

"The new world has been honored through me.
Therefore, my victory is not mine, it is America's."

—*Gabriela Mistral, November 18th, 1945*[1]

After receiving the Nobel Prize, Gabriela Mistral remarked:

"people give me things I never deserved,
and that I never dreamed about."
(1946)

1 *United Press interview, Rio de Janeiro, 1945.*

Gabriela Mistral llega Estocolmo el día 8 de Diciembre, solo dos días antes de la ceremonia de entrega del Premio Nobel. La reciben en Suecia el Ministro/Embajador de Chile Sr. Enrique Gajardo Villarroel; el presidente de la Fundación Nobel, Ragnar Sohlman y el secretario de la cancillería de Suecia, Bill Hagen.

"El nuevo mundo ha sido honrado en mi persona.
Por lo tanto mi victoria no es mía, sino de América".

—Gabriela Mistral, 18 de noviembre, 1945[1]

Después de recibir el Premio Nobel, Gabriela Mistral dijo:

"las gentes me dan cosas que nunca merecí
y ni siquiera soñé".
(1946)

---

1 Entrevista, United Press, Río de Janeiro, 1945.

Nominations in favor of Gabriela Mistral for the Nobel Prize in Literature

1940-1945

— *The following is the list of nominations received in favor of Gabriela Mistral, from 1940 to 1945. In the following pages we include the nominations for each year. Gabriela competed with the great men and women of world literature. Her poetry and great humanism made her deserving of this important recognition.*

Year	Nominated by
1940	Yolando Pino Saavedra Luis Galdames *This nomination was supported by members of the German-Chilean Cultural Institute in Santiago and also by representatives of many countries in Central and South America.*
1941	Hjalmar Hammarskjöld
1942	Alfonso Costa Hjalmar Hammarskjöld
1943	Hjalmar Hammarskjöld
1944	Hjalmar Hammarskjöld
1945	Elin Wägner

Nominaciones a favor de Gabriela Mistral al Premio Nobel de Literatura

1940-1945

— La siguiente es la lista de nominaciones recibidas a favor de Gabriela Mistral de 1940 a 1945. En las páginas siguientes incluimos la lista completa de nominaciones de cada año. Gabriela compitió con los grandes hombres y mujeres de la literatura mundial. Su poesía y su gran humanismo la hicieron merecedora de este importante reconocimiento.

Año	Nominada por
1940	Yolando Pino Saavedra
	Luis Galdames
	Esta nominación fue apoyada por miembros del Instituto Alemán-Chileno de Cultura en Santiago y también por representantes de muchos países de Centro y Sud-América.
1941	Hjalmar Hammarskjöld
1942	Alfonso Costa
	Hjalmar Hammarskjöld
1943	Hjalmar Hammarskjöld
1944	Hjalmar Hammarskjöld
1945	Elin Wägner

Nominations for the Nobel Prize in Literature

1940

— *The following is the list of candidates and nominations. By Royal Decree no awards were presented in 1940 due to World War II.*

Candidate	Nominated by
Henriette Charasson *France*	Pierre Moureau Serge Barrault Jacques Chealier
Alfonso Strafile *United States*	Domenico Vittorini
Maria Madalena de Martel Patrício *Portugal*	António Baião
Johan Falkberget *Norway*	Elvind Berggrav Fredrik Paasche Vilhelm Andersen Carl Adolf Bodelsen
Johannes V. Jensen *Denmark*	Vilhelm Andersen Carl Adolf Bodelsen

Nominaciones al
Premio Nobel de Literatura

1940

— La siguiente es la lista de candidatos y nominaciones. Por decreto real no se otorgaron premios en 1940 debido a la Segunda Guerra Mundial.

Candidato/a	Nominado/a por
Henriette Charasson Francia	Pierre Moureau Serge Barrault Jacques Chealier
Alfonso Strafile Estados Unidos	Domenico Vittorini
Maria Madalena de Martel Patrício Portugal	António Baião
Johan Falkberget Noruega	Elvind Berggrav Fredrik Paasche Vilhelm Andersen Carl Adolf Bodelsen
Johannes V. Jensen Dinamarca	Vilhelm Andersen Carl Adolf Bodelsen

Gabriela (Lucile) Mistral (Godoy y Alcayaga) *Chile*	**Yolando Pino Saavedra** **Luis Galdames** *This nomination was supported by members of the German-Chilean Cultural Institute in Santiago and also by representatives of many countries in Central and South America.*
Johan Huizinga *Netherlands*	Hjalmar Hammarskjöld *5 members of the Royal Netherlands Academy of Arts and Sciences.*
Paul Valéry *France*	Rolf Lagerborg
Lin Yutang *China*	Sven Hedin Pearl Buck (Walsh)
Carl Sandburg *United States*	Sinclair Lewis
Vilhelm Grønbech *Denmark*	Sven Löngborg
Gösta Carlberg *Sweden*	Einar Tegen
Albert Bailly *Belgium*	Georges Rency
Felix Timmermans *Belgium*	Paul Sobry
Stijin (Frank) Streuvels (Lateur) *Belgium*	Fredrik Böök

Gabriela (Lucile) Mistral (Godoy y Alcayaga)
Chile

Yolando Pino Saavedra
Luis Galdames

Esta nominación fue apoyada por miembros del Instituto Alemán-Chileno de Cultura en Santiago y también por representantes de muchos países de Centro y Sud-América.

Johan Huizinga
Países Bajos

Hjalmar Hammarskjöld
5 miembros de la Academia Real de Artes y Ciencias de los Países Bajos.

Paul Valéry
Francia

Rolf Lagerborg

Lin Yutang
China

Sven Hedin
Pearl Buck (Walsh)

Carl Sandburg
Estados Unidos

Sinclair Lewis

Vilhelm Grønbech
Dinamarca

Sven Löngborg

Gösta Carlberg
Suecia

Einar Tegen

Albert Bailly
Bélgica

Georges Rency

Felix Timmermans
Bélgica

Paul Sobry

Stijin (Frank) Streuvels (Lateur)
Bélgica

Fredrik Böök

Kostis Palamas
Greece

Ioannis Kalitsounakis
This nomination was supported by 8 other additional members of the Athens Academy of Sciences.

Georges Duhamel
France

Anders J. Österling

Edmund Blunden
United Kingdom

Hinrich Donner

António Correia de Oliveira
Portugal

António Mendes Correia

Kostis Palamas Grecia	Ioannis Kalitsounakis Esta nominación tuvo el apoyo de otros 8 miembros de la Academia de Ciencias de Atenas.
Georges Duhamel Francia	Anders J. Österling
Edmund Blunden Reino Unido	Hinrich Donner
António Correia de Oliveira Portugal	António Mendes Correia

LEGALISATION.

På begäran av Chilenska Utrikesministeriet
intygas härmed att RAMON L. RODRIGUEZ R., vilken
legaliserat ovanstående handling, är tjänsteman
i sagda ministerium samt i denna egenskap behörig
att utfärda handlingar av ifrågavarande beskaffen-
het.

Kungl. Svenska Beskickningen i Santiago de
Chile den 21 november 1939.

Chargé d'Affaires.

Exp. n:r 44.
Avgift: Gratis.

Legalización de la carta de nominación de la Facultad de Filosofía y Educación de la Universidad de Chile. Firmada por Luis Galdames, decano y
el Dr. Yolando Pino, secretario. (Archivo de la Academia Sueca, Archivo
Nobel,, Cartas de nominación, Año 1939).

*Certification of the Nomination letter from the Faculty of Philosophy and
Education of the University of Chile. Signed by Luis Galdames, Dean and
Dr. Yolando Pino, Secretary. (The Swedish Academy's Archive, The Nobel
Archive, Nomination letters, Year 1939).*

Santiago de Chile,14 de noviembre de 1939

EXCMO SR:

La Facultad de Filosofía y Educación de la Universidad de Chile,que tengo el honor de presidir,ha acordado con la unanimidad de todos sus miembros solicitar de V.E. se acuerde a nuestra poetisa Gabriela Mistral el Premio Anual de Literatura que la institución que V.E. preside discierne a los más altos valores que se destacan en el mundo en la expresión de las más bellas facultades del espíritu.

Gabriela Mistral ha logrado adquirir merecidamente,con sus poesías,sus artículos y sus conferencias esparcidos en todo el continente,una personalidad que ninguna otra mujer ni ningún otro poeta sobrepasan en la actualidad en cualquiera de los pueblos del idioma español.Su influencia literaria y social en toda América tiene un relieve apreciado universalmente,y a esa influencia se le reconoce un contenido humano de vastas proyecciones,en el sentido de la solución de los problemas más complejos que afectan a las masas laboriosas.

Por eso la personalidad literaria de Gabriela Mistral trasciende a otros campos que no son propiamente de las Bellas Letras,pero que en el fondo importan una proyección de los espíritus superiores en defensa de los más valiosos intereses colectivos.Y este alcance de la obra de Gabriela Mistral excede con mucho las fronteras de Chile;abarca todo nuestro continente.

Con consideraciones del mayor aprecio saluda muy atentamente a V.E.

Dr.Yolando Pino
Secretario
Prof. i literatura i estética

Luis Galdames
Decano
Prof. i historia

AL EXCMO SR.DIRECTOR DE LA ACADEMIA SUECA.-

Carta de Nominación de la Facultad de Filosofía y Educación de la Universidad de Chile. Firmada por Luis Galdames, decano y Dr. Yolando Pino, secretario. Fecha: 14 de noviembre, 1939. (Archivo de la Academia Sueca, Archivo Nobel, Cartas de nominación, Año 1939).

Nomination letter from the Faculty of Philosophy and Education of the University of Chile. Signed by Luis Galdames, Dean and Dr. Yolando Pino, Secretary. Dated: November 14th, 1939. (The Swedish Academy's Archive, The Nobel Archive, Nomination letters, Year 1939).

Nominations for the Nobel Prize in Literature

1941

— *The following is the list of candidates and nominations. By Royal Decree no awards were presented in 1941 due to World War II.*

Candidate	Nominated by
René Béhhaine *France*	François Dumas
Manoel Wanderley *Brazil*	Francisco, Archbishop of Cuiabá
Johan Falkberget *Norway*	Richard Beck
Branislav Petronievic *Yugoslavia, Serbia*	Vladet Popofvic Marko Car
Henriette Charasson *France*	Jacques Chevalier
Vilhelm Grønbech *Denmark*	Sven Löngborg
Johannes V. Jensen *Denmark*	Vilhelm Andersen Carl Adolf Bodelsen Frederik Poulsen

Nominaciones al
Premio Nobel de Literatura

1941

—La siguiente es la lista de candidatos y nominaciones. Por decreto real no se otorgaron premios en 1941 debido a la Segunda Guerra Mundial.

Candidato/a	Nominado/a por
René Béhhaine Francia	François Dumas
Manoel Wanderley Brasil	Francisco, Arzobispo de Cuiabá
Johan Falkberget Noruega	Richard Beck
Branislav Petronievic Yugoslavia, Serbia	Vladet Popofvic Marko Car
Henriette Charasson Francia	Jacques Chevalier
Vilhelm Grønbech Dinamarca	Sven Löngborg
Johannes V. Jensen Dinamarca	Vilhelm Andersen Carl Adolf Bodelsen Frederik Poulsen

Edmund Blunden	Heinrich Donner
United Kingdom	
Maria Madalena	António Baião
de Martel Patrício	
Portugal	
Paul Claudel	Peter Rokseth
France	
Vilhelm Ekelund	Hans Larsson
Sweden	Pär Lagerkvist
Ruth Young	Benjamin Beisel
United States	Victor Bennett
Johan Huizinga	Willen Jan Mari van Eysinga
Netherlands	Hjalmar Hammarskjöld
Felix Timmermans	Hjalmar Hammarskjöld
Belgium	
Gabriela (Lucile) Mistral	**Hjalmar Hammarskjöld**
(Godoy y Alcayaga)	
Chile	

Edmund Blunden Reino Unido	Heinrich Donner
Maria Madalena de Martel Patrício Portugal	António Baião
Paul Claudel Francia	Peter Rokseth
Vilhelm Ekelund Suecia	Hans Larsson Pär Lagerkvist
Ruth Young Estados Unidos	Benjamin Beisel Victor Bennett
Johan Huizinga Países Bajos	Willen Jan Mari van Eysinga Hjalmar Hammarskjöld
Felix Timmermans Bélgica	Hjalmar Hammarskjöld
Gabriela (Lucile) Mistral (Godoy y Alcayaga) Chile	**Hjalmar Hammarskjöld**

µ0 W

A v s k r i f t .

ACADEMIA CARIOCA DE LETRAS

Cópia.

INDICAÇÃO

A Academia Carioca de Letras associa-se á intelectualidade dos países americanos dando seu apôio á candidatura da escritora Gabriela Mistral ao Prêmio Nobel de Literatura, por estes
motivos=

1 - Gabriela Mistral é, no consenso unânime da crítica
americana, um dos expoentes mais da cultura continental.

2 - Gabriela Mistral tem sido apontada, não só em seu
país de origem, mas nos demais, de língua espanhola, como a expressão mais alta e mais autentica da poesia contemporânea, princi-
palmente através dos seus livros Desolacion, Ternura e Tala.

3 - Gabriela Mistral, não só na poesia, mas tambem na
imprensa continental, se revelou sempre adepta fervorosa da aproximação espiritual dos povos de língua espanhola e portuguesa.

4 - Gabriela Mistral é', sem lisonja, uma das espressões
contemporâneas mais acatadas, em assuntos de pedagogia, em todos
os centros cultos dos países américanos.

5 - Gabriela Mistral foi, é e continua sendo uma defen-
sora intelectual incansavel dos problemas concernentes á educação
infantil, dos assuntos relativos ao bem estar da mulher e de uma
propaganda sem esmorecimento, pela muliplicação das escolas, mere
cendo, por isso, o respeito e a admiração dos povos civilizados
américanos e europeus.

6 - Gabriela Mistral dirigiu; em diferentes universidades,
no seu país ou no estrangeiro, cursos especializados, evidenciando
os seus conhecimentos pedagógicos, atraindo para o seu nome, para
a sua pátria e ainda para a cultura americana, a atenção, os
aplausos e o reconhecimento dos técnicos de várias nacionalidades.

7 - Gabriela Mistral, em muitas das suas concepções em
prosa ou verso, largamente difundidas em livros ou pela imprensa
fixou problemas de ordem geral que, pela sua erudição, pelo seu
fundo moral e humano, pela sua fórma artística, pela sua beleza
e espirações, poderiam figurar ao lado dos textos firmados pelos
espíritos mais ilustres do nosso tempo, em uma seleção rigorosa
que procurasse evidenciar os valores culturais, dentro de uma
Antologia Universal.

9 - Gabriela Mistral se recomenda ainda, á justa admiração dos povos américanos, pela sua conduta pacifista e pelo seu
desprendimento material, oferecendo sempre o producto das suas
conquistas intelectuais em benefício das escolas e das crianças,
dentro e fóra de sua pátria.

8 - Gabriela Mistral alia aos seus pendores espirituais
uma decidida vocação diplomática, da qual se tem valido para a
maior aproximação dos povos.

10 - Gabriela Mistral, finalmente, escolheu espontanea-
mente, para pouso de sua vida, nesta hora de atribulação por que
passam os povos, o seio da sociedade brasileira, onde ela desfruta
o respeito, a admiração e o carinho de uma nação que está vin-
culada á história de sua pátria, pelos laços de uma ininterrupta
amizade, considerada pelos nossos dois países como uma das tradi-
ções mais respeitavas e eloquentes da fraternidade continental, e

11 - Gabriela Mistral sendo, em suma, uma grande espíri-
to, uma grande mestra, uma autêntica e formosa expressão da cultura americana, tudo isto pleiteia em favor do sue nome como merecedora da láurea a que corresponde o Prêmio Nobel de Literatura."

Em sessão, aos 19 de agosto de 1941."

Confere a cópia.
Afonso Costa
Presidente

Carta de nominación de la Academia Carioca de Letras. Firmada por Alfonso Costa, presidente. Fecha: 19 de agosto, 1941 (Archivo de la Academia
Sueca, Archivo Nobel, Cartas de nominación, Año 1941).

*Nomination letter from the Brazilian Academy of Letters. Signed by Alfonso
Costa, President. Dated: August 19th, 1941. (The Swedish Academy's Archive,
The Nobel Archive, Nomination letters, Year 1941).*

A v s k r i f t .

ACADEMIA CARIOCA DE LETRAS

Rio de Janeiro,22 de agosto de 1941

Excelência.

Praz-me transmitir a V.Excia. a cópia da indicação unanimemente aprovada por esta Academia, a respeito da candidatura da consagrada escritora chilena Gabriela Mistral ao Prêmio Nobel de Literatura, a ser concedido pela nobilíssima Academia Sueca.

A candidatura de Gabriela Mistral fôra apresentada ao merecimento do Prêmio no último ano, mas por motivos que todos sabemos quanto aos fatos ocorrentes na Europa, não chegou a láurea a ser concedida.

A Academia, órgão representativo da intelectualidade do Distrito Federal, com personalidade jurídica e reconhecimento oficial de utilidade pública, ao tomar atitude de apóio a essa candidatura, bem o fez compreendendo a obra valiosa de Gabriela Mistral e a alto conceito da Academia Sueca, que é honra do patrimônio moral e intelectual do Reino que V.Excia. tão nobremente representa no Brasil.

Agradecendo, de antemão, as providências para que o nosso voto seja transmitido á Academia Sueca, asseguramos a V.Excia. os protestos da mais alta e distinta consideração.

A Sua Excelência o Senhor
Ministro Gustaf Weidel, da
Representação da Suécia.

Undertecknat

Afonso Costa.

presidente

Carta dirigida al Sr. Ministro Gustaf Weidel, Representante de Suecia [en Brasil], notificando nominación. Firmada por Alfonso Costa, Presidente de la Academia Carioca de Letras. Fecha: 22 de Agosto, 1941. (Archivo de la Academia Sueca, Archivo Nobel, Cartas de nominación, Año 1941).

Letter addressed to Minister Gustav Weidel, Representative of Sweden [in Brazil}, notifying nomination. Signed by Alfonso Costa, President of the Brazilian Academy of Letters. Dated: August 22nd, 1941. (The Swedish Academy's Archive, The Nobel Archive, Nomination letters, Year 1939).

Nominations for the
Nobel Prize in Literature

1942

— *The following is the list of candidates and nominations. By Royal Decree no awards were given in 1941 due to World War II.*

Candidate	Nominated by
Johan Falkberget *Norway*	Andreas Winsnes Rolv Laache Elvind Berggrav
Johannes V. Jensen *Denmark*	Didrik Seip Jens Thiis Frederik Poulsen Francis Bull Heinrich Bach Carl Adolf Bodelsen Vilhelm Andersen
António Correia de Oliveira *Portugal*	Hjalmar Hammarskjöld António Mendes Correia
Enrique Larreta *Argentina*	*Members of the Brazilian Academy* *11 members of the Academy for Moral and Political Sciences in Madrid; 5 members of the Royal Spanish Academy.* Ricardo Levene

Nominaciones al
Premio Nobel de Literatura

1942

— La siguiente es la lista de candidatos y nominaciones.
Por decreto real no se otorgaron premios en 1942
debido a la Segunda Guerra Mundial.

Candidato/a	Nominado/a por
Johan Falkberget Noruega	Andreas Winsnes Rolv Laache Elvind Berggrav
Johannes V. Jensen Dinamarca	Didrik Seip Jens Thiis Frederik Poulsen Francis Bull Heinrich Bach Carl Adolf Bodelsen Vilhelm Andersen
António Correia de Oliveira Portugal	Hjalmar Hammarskjöld António Mendes Correia
Enrique Larreta Argentina	Miembros de la Academi Brasilera 11 miembros de la Academia de Ciencias Morales y Políticas de Madrid 5 miembros de la Academia Real Española. Ricardo Levene

Teixeira de Pascoaes *Portugal*	João António de Mascarenhas Júdice
Johan Huizinga *Netherlands*	Willen Jan Mari van Eysinga
Maria Madalena de Martel Patrício *Portugal*	António Baião
Gabriela (Lucile) Mistral (Godoy y Alcayaga) *Chile*	**Alfonso Costa Hjalmar Hammarskjöld**
Edmund Blunden *United Kingdom*	Heinrich Donner
Johannes Jørgensen *Denmark*	Claes Lindskog
Charles Morgan *United Kingdom*	Anders Österling
Hans Carossa *Germany*	Anders Österling
Hermann Hesse *Switzerland*	Sigfrid Siwertz
Georges Duhamel *France*	Anders Österling
Sigfried Siwertz *Sweden*	Carl Böggild-Andersen
Nikolaj Berdyayev *Russia*	Alf Nyman

Teixeira de Pascoaes Portugal	João António de Mascarenhas Júdice
Johan Huizinga Países Bajos	Willen Jan Mari van Eysinga
Maria Madalena de Martel Patrício Portugal	António Baião
Gabriela (Lucile) Mistral (Godoy y Alcayaga) Chile	**Alfonso Costa Hjalmar Hammarskjöld**
Edmund Blunden Reino Unido	Heinrich Donner
Johannes Jørgensen Dinamarca	Claes Lindskog
Charles Morgan Reino Unido	Anders Österling
Hans Carossa Alemania	Anders Österling
Hermann Hesse Suiza	Sigfrid Siwertz
Georges Duhamel Francia	Anders Österling
Sigfried Siwertz Suecia	Carl Böggild-Andersen
Nikolaj Berdyayev Rusia	Alf Nyman

Nominations for the
Nobel Prize in Literature

1943

— *The following is the list of candidates and nominations. By Royal Decree no awards were presented in 1943 due to World War II.*

Candidate	Nominated by
Sri Aurobindo *India*	Francis Younghusband
Franz Hellens *Belgium*	Gustave Charlier
Henriette Charasson *France*	Pierre Fernessole
Johan Huizinga *Netherlands*	Willem Jan Mari van Eysinga
Carlos María Ocantos *Argentina*	Salvador Bermúdez de Castro y O'Lawlor
Johannes V. Jensen *Denmark*	Vilhelm Andersen Carl Adolf Bodelsen
Elisabet Bagriana *Bulgaria*	Stefan Mladenov
Teixera de Pascoaes *Portugal*	João António de Mascarenhas Júdices

Nominaciones al
Premio Nobel de Literatura

1943

—La siguiente es la lista de candidatos y nominaciones. Por decreto real no se otorgaron premios en 1943 debido a la Segunda Guerra Mundial.

Candidato/a	Nominado/a por
Sri Aurobindo India	Francis Younghusband
Franz Hellens Bélgica	Gustave Charlier
Henriette Charasson Francia	Pierre Fernessole
Johan Huizinga Países Bajos	Willem Jan Mari van Eysinga
Carlos María Ocantos Argentina	Salvador Bermúdez de Castro y O'Lawlor
Johannes V. Jensen Dinamarca	Vilhelm Andersen Carl Adolf Bodelsen
Elisabet Bagriana Bulgaria	Stefan Mladenov
Teixera de Pascoaes Portugal	João António de Mascarenhas Júdices

Edmund Blunden *United Kingdom*	Heinrich Donner
Paul Valéry *France*	Ernst Bendz
Gabriela (Lucile) Mistral (Godoy y Alcayaga) *Chile*	**Hjalmar Hammarskjöld**
Maria Madalena de Martel Patrício *Portugal*	António Baião
Vilhelm Grønbech *Denmark*	Sven Löngborg
René Béhhaine *France*	François Dumas
Nikolaj Berdyayev *Russia*	Alf Nyman
Enrique Larreta *Argentina*	Anders Österling
Franz Werfel *United States*	Anders Österling
Georges Duhamel *France*	Sigfrid Siwertz
Charles Morgan *United Kingdom*	Sigfrid Siwertz
John Steinbeck *United States*	Sigfrid Siwertz

Edmund Blunden Reino Unido	Heinrich Donner
Paul Valéry Francia	Ernst Bendz
Gabriela (Lucile) Mistral (Godoy y Alcayaga) *Chile*	**Hjalmar Hammarskjöld**
Maria Madalena de Martel Patrício Portugal	António Baião
Vilhelm Grønbech Dinamarca	Sven Löngborg
René Béhhaine Francia	François Dumas
Nikolaj Berdyayev Rusia	Alf Nyman
Enrique Larreta Argentina	Anders Österling
Franz Werfel Estados Unidos	Anders Österling
Georges Duhamel Francia	Sigfrid Siwertz
Charles Morgan Reino Unido	Sigfrid Siwertz
John Steinbeck Estados Unidos	Sigfrid Siwertz

Hjalmar Hammarskjöld

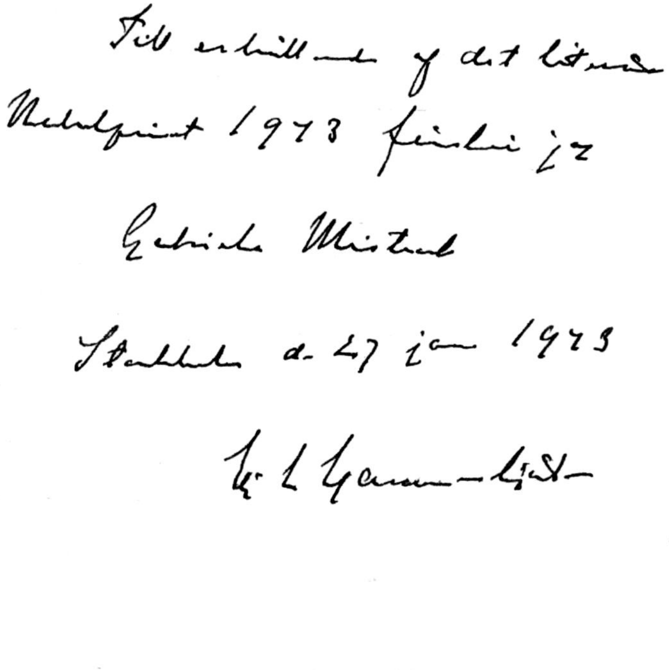
Till erhållande af det litterära
Nobelpriset 1943 föreslår jag
Gabriela Mistral
Stockholm d. 27 jan 1943
Hj L Hammarskjöld

1943/11

Nominación escrita a mano, de Hjalmar Hammarskjöld. Fecha: 27 de enero, 1943. (Archivo de la Academia Sueca, Archivo Nobel, Cartas de nominación, Año 1943).

Hand-written nomination by Hjalmar Hammarskjöld. Dated: January 27th, 1943. (The Swedish Academy's Archive, The Nobel Archive, Nomination letters, Year 1943).

Nominations for the Nobel Prize in Literature

1944

— *The following is the list of candidates and nominations for 1944, when the Nobel Prize resumed.*

Candidate	Nominated by
Abol-Gassem Etessam Zadeh *Iran*	Issa Sepahbodi
Enrique Larreta *Argentina*	Carlos Obligado Carlos Ibarguren
Luis Nueda y Santiago *Spain*	Julio Casares
Maria Madalena de Martel Patrício *Portugal*	António Baião
Johannes V. Jensen *Denmark* * Nobel Prize, 1944	Harry Feit Carl Adolf Bodelsen
Henriette Charasson *France*	Serge Barrault Pierre Moreau
Arnulf Øverland *Norway*	Willem Jan Mari van Eysinga

Nominaciones al
Premio Nobel de Literatura

1944

— La siguiente es la lista de candidatos y nominaciones para el año 1944 cuando se resumió la entrega del Premio Nobel.

Candidato/a	Nominado/a por
Abol-Gassem Etessam Zadeh Irán	Issa Sepahbodi
Enrique Larreta Argentina	Carlos Obligado Carlos Ibarguren
Luis Nueda y Santiago España	Julio Casares
Maria Madalena de Martel Patrício Portugal	António Baião
Johannes V. Jensen Dinamarca * Premio Nobel, 1944	Harry Feit Carl Adolf Bodelsen
Henriette Charasson Francia	Serge Barrault Pierre Moreau
Arnulf Øverland Noruega	Willem Jan Mari van Eysinga

Johan Huizinga *Netherlands*	Willem Jan Mari van Eysinga
Elisabet Bagriana *Bulgaria*	Stefan Mladenov
Edmund Blunden *United Kingdom*	Heinrich Donner
Paul Valéry *France*	Ernst Bendz
Nikolaj Berdyayev *Russia*	Alf Nyman
Gabriela (Lucile) Mistral (Godoy y Alcayaga) *Chile*	**Hjalmar Hammarskjöld**
Charles-Ferdinand Ramuz *Switzerland*	Sigfrid Siwertz
Hermann Hesse *Switzerland*	Anders Osterling
Charles Morgan *United Kingdom*	Sigfrid Siwertz
Georges Duhamel *France*	Hjalmar Hammarskjöld
John Steinbeck *United States*	Erik Lonnroth
Vilhelm Grønbech *Denmark*	Sven Löngborg
Rene Behaine *France*	Maurice Mignon
Teixera de Pascoaes *Portugal*	João António de Mascarenhas Júdices

Johan Huizinga Países Bajos	Willem Jan Mari van Eysinga
Elisabet Bagriana Bulgaria	Stefan Mladenov
Edmund Blunden Reino Unido	Heinrich Donner
Paul Valéry Francia	Ernst Bendz
Nikolaj Berdyayev Rusia	Alf Nyman
Gabriela (Lucile) Mistral (Godoy y Alcayaga) Chile	**Hjalmar Hammarskjöld**
Charles-Ferdinand Ramuz Suiza	Sigfrid Siwertz
Hermann Hesse Suiza	Anders Osterling
Charles Morgan Reino Unido	Sigfrid Siwertz
Georges Duhamel Francia	Hjalmar Hammarskjöld
John Steinbeck Estados Unidos	Erik Lonnroth
Vilhelm Grønbech Dinamarca	Sven Löngborg
Rene Behaine Francia	Maurice Mignon
Teixera de Pascoaes Portugal	João António de Mascarenhas Júdices

Nominations for the
Nobel Prize in Literature

1945

— *The following is the list of candidates and nominations for 1945.*

Candidate	Nominated by
Charles-Ferninand Ramuz *Switzerland*	Marcel Raymond Professors
Elisabet Bagriana *Bulgaria*	Stefan Mladenov
Maria Madalena de Martel Patrício *Portugal*	António Baião
Jules Romains *France*	Holger Stern
Franz Werfel *United States*	Ragnar Josephson John Landquist Walter Berendsohn
Edmund Blunden *United Kingdom*	Heinrich Donner
Paul Valéry *France*	Anders Österling Sigfrid Siwertz Fredrik Böök

Nominaciones al
Premio Nobel de Literatura

1945

— La siguiente es la lista de candidatos y nominaciones para el año 1945.

Candidato/a	Nominado/a por
Charles-Ferninand Ramuz Suiza	Marcel Raymond Professors
Elisabet Bagriana Bulgaria	Stefan Mladenov
Maria Madalena de Martel Patrício Portugal	António Baião
Jules Romains Francia	Holger Stern
Franz Werfel Estados Unidos	Ragnar Josephson John Landquist Walter Berendsohn
Edmund Blunden Reino Unido	Heinrich Donner
Paul Valéry Francia	Anders Österling Sigfrid Siwertz Fredrik Böök

Johan Falkberget *Norway*	Eugenia Kielland
Gabriela (Lucile) Mistral (Godoy y Alcayaga) *Chile*	**Elin Wägner**
Marie Under *Estonia*	Ants Oras
Arvid Mörne *Finland*	Gustav Suits
Nikolaj Berdyayev *Russia*	Alf Nyman
Georgios Theotokas *Greece*	Sigfrid Siwertz
Georges Duhamel *France*	Hjalmar Hammarskjöld
Johan Huizinga *Netherlands*	Willen Jan Mari van Eysinga Hjalmar Hammarskjöld
Thomas S. Eliot (T.S. Eliot) *United States*	Anders J. Österling
Edward M. Forster *United Kingdom*	Greta Hedin
John Steinbeck *United States*	Gustaf Munthe

Source: http://www.nobelprize.org/nomination/archive/list.php

Johan Falkberget Noruega	Eugenia Kielland
Gabriela (Lucile) Mistral (Godoy y Alcayaga) Chile	**Elin Wägner**
Marie Under Estonia	Ants Oras
Arvid Mörne Finlandia	Gustav Suits
Nikolaj Berdyayev Rusia	Alf Nyman
Georgios Theotokas Grecia	Sigfrid Siwertz
Georges Duhamel Francia	Hjalmar Hammarskjöld
Johan Huizinga Países Bajos	Willen Jan Mari van Eysinga Hjalmar Hammarskjöld
Thomas S. Eliot (T.S. Eliot) Estados Unidos	Anders J. Österling
Edward M. Forster Reino Unido	Greta Hedin
John Steinbeck Estados Unidos	Gustaf Munthe

Fuente: http://www.nobelprize.org/nomination/archive/list.php

Elin Wägner

Till
Svenska Akademiens Nobelkommitté
Stockholm

Härmed får jag till erhållande av årets
Nobelpris i litteratur föreslå den
sydamerikanska författarinnan
Lucila Godoy y Alcayaga, sig-
nerar Gabriela Mistral.
Bergplats 28/1 1945
Elin Wägner

245/9

Nominación escrita a mano de Elin Wägner. Fecha: 28 de enero, 1945.
(Archivo de la Academia Sueca, Archivo Nobel, Cartas de nominación,
Año 1945).

Hand-written nomination by Elin Wägner. Dated: January 28th, 1945.
(The Swedish Academy's Archive, The Nobel Archive, Nomination letters,
Year 1945).

HJALMAR GULLBERG

Presentation Speech
Nobel Prize Award Ceremony

— The following is the text of Dr. Hjalmar Gullberg's presentation speech of Gabriela Mistral on December 10th, 1945 at Nobel Prize Award ceremony in Stockholm, Sweden.

One day a mother's tears caused a whole language, disdained at that time in good society, to rediscover its nobility and gain glory through the power of its poetry. It is said that when [Frédéric] Mistral, the first of the two poets bearing the name of the Mediterranean wind, had written his first verses in French as a young student, his mother began to shed inexhaustible tears. An ignorant countrywoman from Languedoc, she did not understand this distinguished language. Mistral then wrote "Mirèio," recounting the love of the pretty little peasant for the poor artisan, an epic that exudes the perfume of the flowering land and ends in cruel death. Thus the old language of the troubadours became again the language of poetry. The Nobel Prize of 1904 drew

HJALMAR GULLBERG

Discurso de presentación ceremonia del Premio Nobel

— *El siguiente texto es el discurso del Dr. Hjalmar Gullberg, al presentar a Gabriela Mistral el día 10 de Diciembre, 1945 en la ceremonia de entrega del Premio Nobel en la ciudad de Estocolmo, Suecia.*

Un día, las lágrimas de una madre hicieron que toda una lengua desdeñada por la gran sociedad reencontrara su nobleza y conquistara la gloria por el poder su poesía. Se dice que cuando [Frédéric] Mistral, el primero de los dos poetas que llevan el nombre del viento Mediterráneo, escribió sus primeros versos en francés siendo un joven estudiante, su madre comenzo a derramar lágrimas incontenibles. Ella, una ignorante campesina de Languedoc, no comprendía esta lengua refinada. Más tarde Mistral escribió "Mireya", que cuenta la historia de amor de una bella campesina por el pobre artesano, una epopeya que exhala el perfume de la tierra en flor y que termina con una muerte cruel. Así fue cómo la antigua lengua de los trovadores volvió a ser lengua de la

the world's attention to this event. Ten years later the poet of "Mirèio" died.

In that same year, 1914, the year in which the First World War broke out, a new Mistral appeared at the other end of the world. At the Floral Games of Santiago de Chile, Gabriela Mistral obtained the prize with some poems dedicated to a dead man.

Her story is so well known to the people of South America that, passed on from country to country, it has become almost a legend. And now that she has at last come to us, over the crests of the Cordilleran Andes and across the immensities of the Atlantic, we may retell it once again.

In a small village in the Elqui Valley, several decades ago, was born a future schoolteacher named Lucila Godoy y Alcayaga. Godoy was her father's name, Alcayaga her mother's; both were of Basque origin. Her father, who had been a schoolteacher, improvised verses with ease. His talent seems to have been mixed with the anxiety and the instability common to poets. He left his family when his daughter, for whom he had made a small garden, was still a child. Her beautiful mother, who was to live a long time, has said that sometimes she discovered her lonely little daughter engaged in intimate conversations with the birds and the flowers of the garden. According to one version of the legend, she was expelled from school. Apparently she was considered too stupid for teaching hours to be wasted on her. Yet she

poesía. El Premio Nóbel de Literatura volcó la atención del mundo sobre este hecho, en 1904. Diez años más tarde moría el poeta de "Mireya".

Ese mismo año, 1914, cuando estallaba la Primera Guerra Mundial, un nuevo Mistral se aparecia en el otro extremo del mundo. En los Juegos Florales de Santiago de Chile, Gabriela Mistral obtuvo el premio con algunos poemas dedicados a un muerto.

Su historia es tan bien conocida en los pueblos de América del sur que, transmitiéndose de país en país, ha llegado a convertirse en casi una leyenda. Y ahora, finalmente ella llega a nosotros, por encima de las crestas de la Cordillera de los Andes y a través de las inmensidades del Atlántico, para así poder relatarla una vez más.

En un pequeño pueblo en el Valle de Elqui, hace algunas décadas atrás, nació una futura maestra llamada Lucila Godoy Alcayaga. Godoy el apellido paterno, Alcayaga el materno; ambos de origen Vasco. Su padre, quien había sido maestro, improvisaba versos con facilidad. Este talento parece haber estado unido a la inquietud e inestabilidad común de los poetas. Él abandonó a su familia cuando su hija—para quien había construido un pequeño jardín, era solo una niña. Su bella madre, quien vivió muchos años, ha contado que a veces sorprendía a su pequeña hija solitaria en conversaciones íntimas con los pájaros y las flores del huerto. Según una versión de la leyenda, fue expulsada de la escuela. Aparentemente, se la consideró poco dotada para desperdiciar en ella,

taught herself by her own methods, educating herself to the extent that she became a teacher in the small village school of La Cantera. There her destiny was fulfilled at the age of twenty, when a passionate love arose between her and a railroad employee.

We know little of their story. We know only that he betrayed her. One day in November 1909, he fatally shot himself in the head. The young girl was seized with boundless despair. Like Job, she lifted her cry to the Heaven that had allowed this. From the lost valley in the barren, scorched mountains of Chile a voice arose, and far around men heard it. A banal tragedy of everyday life lost its private character and entered into universal literature. Lucila Godoy y Alcayaga became Gabriela Mistral. The little provincial schoolteacher, the young colleague of Selma Lagerlöf of Mårbacka, was to become the spiritual queen of Latin America.

When the poems written in memory of the dead man had made known the name of the new poet, the somber and passionate poems of Gabriela Mistral began to spread over all South America. It was not until 1922, however, that she had her large collection of poems, Desolación, printed in New York. A mother's tears burst forth in the middle of the book, in the fifteenth poem, tears shed for the son of the dead man, a son who would never be born...

Gabriela Mistral transferred her natural love to the children she taught. For them she wrote the collections of simple songs and rounds, collected in Madrid in 1924

horas de enseñanza. Sin embargo, fue una auto-didacta y se instruyó por sus propios métodos, instruyéndose al punto que llego a ser profesora en el pequeño pueblo de La Cantera. Fue allí cuando encontró su destino, alrededor de los veinte años, cuando surgió un apasionado amor entre ella y un empleado de ferrocarril.

Poco conocemos de esta historia. Solo sabemos que él la traicionó. Un día de noviembre de 1909, se disparó un balazo en la cabeza. La muchacha cayó presa de desesperación sin límites. Al igual que Job, levanto su llanto al Cielo que había permitido tal cosa. Desde el valle, perdido en las montañas desérticas y requemadas de Chile surgió una voz, que fue escuchada por hombres desde lejos. Una tragedia banal y cotidiana perdía así su carácter privado y entraba en la literatura universal. Lucila Godoy Alcayaga se convirtió en Gabriela Mistral. La pequeña maestra de provincia, la joven colega de Selma Lagerlöf de Mårbacka, llegaría a ser la reina espiritual de toda la América Latina.

Cuando los poemas escritos en recuerdo a este hombre muerto dieron a conocer el nombre de la nueva poeta, la poesía sombría y apasionada de Gabriela Mistral comenzó a propagarse por toda la América del sur. Sin embargo, no fue hasta 1922, que su gran colección de poemas, *Desolación*, fue publicada en Nueva York. Lagrimas maternas estallan en la mitad del libro, en el décimo quinto poema, se derraman lágrimas por el hijo del muerto, este hijo que nunca nacerá…

Gabriela Mistral proyectó su amor maternal hacia los niñosa quien enseñaba. Para ellos escribió las colecciones

under the title Ternura. *In her honor, four thousand Mexican children sang these rounds in unison. Gabriela Mistral became the poet of motherhood by adoption.*

In 1938 her third large collection, Tala—*a title which can be translated as "ravage" is also the name of a children's game—appeared in Buenos Aires for the benefit of the infant victims of the Spanish Civil War. Contrasting with the pathos of* Desolación, Tala *expresses the cosmic calm which envelopes the South American land whose fragrance comes all the way to us. We are again in the garden of her childhood; I listen again to the intimate dialogues with nature and common things. There is a curious mixture of sacred hymn and naive song for children; the poems on bread and wine, salt, corn, and water—water that can be offered to thirsty men—celebrate the primordial foods of human life!...*

From her maternal hand this poet gives us a drink which tastes of the earth and which appease the thirst of the heart. It is drawn from the spring, which ran for Sappho on a Greek island and for Gabriela Mistral in the Elqui Valley, the spring of poetry that will never dry up.

Madame Gabriela Mistral—You have indeed made a long voyage to be received by so short a speech. In the space of a few minutes I have described to the compatriots of Selma Lagerlöf your remarkable pilgrimage from the chair of a schoolmistress to the throne of poetry. In rendering homage to the rich Latin American literature, we address ourselves today quite especially to its queen,

de simples canciones y rondas, publicadas en Madrid en 1924 bajo el título de *Ternura*. En su honor, cuatro mil niños mexicanos en unísono cantaron esas rondas. Gabriela Mistral se convirtió en la poeta de la maternidad de adopción.

En 1938, se publicó en Buenos Aires su tercera colección, *Tala*—cuyo título se puede traducir como devastación pero que también es el nombre de un juego infantil—fue publicado a beneficio de los niños víctimas de la Guerra Civil de España. En contraste a la tragedia y tristeza de *Desolación*, *Tala* expresa la calma cósmica que envuelve a Sudamérica, cuya fragancia llega hasta nosotros. Aquí estamos otra vez en el jardín de su infancia; escucho una vez más los diálogos íntimos con la naturaleza y las cosas. Hay una curiosa mezcla de himno sagrado y de canción ingenua para niños; los poemas sobre el pan y el vino, la sal, el maíz, el agua—esta agua que se puede ofrecer al hombre sediento—celebra los alimentos primordiales de la vida humana!...

De su propia mano materna, esta poetisa nos ofrece un sorbo que tiene gusto a tierra, que apacigua la sed del corazón. Surge de la fuente natural, que manaba para Safo en una isla Griega y para Gabriela Mistral en el Valle de Elqui, la fuente de la poesía que no se agotara jamás.

Señora Gabriela Mistral—Habéis hecho un viaje demasiado largo para ser recibida con un discurso tan corto. En el espacio de solo algunos minutos, he relatado a los compatriotas de Selma Lagerlöf, la extraordinaria peregrinación que habéis realizado desde la silla de

the poet of Desolación, *who has become the great singer of sorrow and of motherhood.*

I ask you now to receive from the hands of His Majesty the King, the Nobel Prize in Literature, which the Swedish Academy has awarded you.

Source: From Nobel Lectures, Literature 1901-1967, Editor Horst Frenz, Elsevier Publishing Company, Amsterdam, 1969
http://www.nobelprize.org/nobel_prizes/literature/laureates/1945/press.html

maestra de escuela al trono de la poesía. Al rendir homenaje a la rica literatura Latino Americana, es que nos dirigimos hoy de forma especial a su reina, la poetisa de *Desolación*, que se ha convertido en la más grande cantadora de tristeza y maternidad.

Os suplico, señora, tengáis a bien recibir de manos de Su Majestad el Rey, el Premio Nobel de Literatura que la Academia Sueca os ha otorgado.

AXEL HUGO THEODOR THEORELL

Presentation Speech
Nobel Banquet

— The following text is Professor Axel Hugo Theodor Theorell's introductory remarks about Gabriela Mistral at the Nobel Banquet held at Stockholm's City Hall on the evening of December 10th, 1945.

To you, Gabriela Mistral, I wish to convey our admiring homage. From a distant continent, where the summer sun now shines, you have ventured the long journey to the land of Gösta Berling, when the darkness of winter broods at its deepest. A worthier voice than mine has praised your poetry earlier today. May I nevertheless be permitted to say that we all share in the gladness that the Nobel Prize has this time been awarded to a poetess who combines magnificent art with the deepest and noblest aims.

Source: From Nobel Lectures, Literature 1901-1967, *Editor Horst Frenz, Elsevier Publishing Company, Amsterdam, 1969 http://www.nobelprize.org/ nobel_prizes/literature/laureates/1945/press.html*
© *The Nobel Foundation 1945.*

AXEL HUGO THEODOR THEORELL

Discurso de presentación banquete Nobel

— *El siguiente texto corresponde a las palabras de presentación a Gabriela Mistral pronunciadas por el profesor A. H. T. Theorell en el banquete Nobel realizado en la Alcaldía de la ciudad de Estocolmo el día 10 de diciembre, 1945.*

A Ud., Gabriela Mistral, yo quisiera expresar nuestro homenaje lleno de admiración. Desde un continente distante, donde el sol veraniego ahora brilla, Ud. se ha aventurado en el largo viaje a la tierra de *Gösta Berling*, cuando la oscuridad invernal rumia en lo más profundo. Una voz más valiosa que la mía ha elogiado su poesía hoy anteriormente. Me permito decirle que todos compartimos en el regocijo que el Premio Nobel haya sido otorgado a una poetisa quien combina un arte magnífico con las aspiraciones más profundas y nobles.

GABRIELA MISTRAL

Nobel Prize
Acceptance Speech

— The following is Gabriela Mistral's acceptance speech at the Nobel Banquet held at Stockholm's City Hall on December 10th, 1945.

Today Sweden turns toward a distant Latin American country to honor it in the person of one of the many exponents of its culture. It would have pleased the cosmopolitan spirit of Alfred Nobel to extend the scope of his protectorate of civilization by including within its radius the Southern hemisphere of the American Continent.

As a daughter of Chilean democracy, I am moved to have before me a representative of the Swedish democratic tradition, a tradition whose originality consists in perpetually renewing itself within the framework of the most valuable creations of society. The admirable work of freeing a tradition from deadwood while conserving intact the core of the old virtues, the acceptance of the present and the anticipation of the future, these are what we call Sweden, and these achievements are an honor to Europe and an inspiring example for the American Continent.

GABRIELA MISTRAL

Discurso de aceptación del Premio Nobel

— *El siguiente texto es el discurso de aceptación del Premio Nobel de Literatura pronunciado por Gabriela Mistral el día 10 de diciembre, 1945.*

Hoy Suecia se vuelve hacia la lejana América ibera para honrarla en uno de los muchos trabajos de su cultura. El espíritu universalista de Alfredo Nobel estaría contento de incluir en el radio de su obra protectora de la vida cultural al hemisferio sur del continente Americano tan poco y tan mal conocido.

Hija de la Democracia chilena, me conmueve tener delante de mí a uno de los representantes de la tradición democrática de Suecia, cuya originalidad consiste en rejuvenecerse constantemente por las creaciones sociales valerosas. La operación admirable de expurgar una tradición de materiales muertos conservándole íntegro el núcleo de las viejas virtudes, la aceptación del presente y la anticipación del futuro que se llama Suecia, son una honra europea y significan para el continente Americano un ejemplo magistral.

The daughter of a new people, I salute the spiritual pioneers of Sweden, by whom I have been helped more than once. I recall its men of science who have enriched its national body and mind. I remember the legion of professors and teachers who show the foreigner unquestionably exemplary schools, and I look with trusting love to those other members of the Swedish people: farmers, craftsmen, and workers.

At this moment, by an undeserved stroke of fortune, I am the direct voice of the poets of my race and the indirect voice for the noble Spanish and Portuguese tongues. Both rejoice to have been invited to this festival of Nordic life with its tradition of centuries of folklore and poetry.

May God preserve this exemplary nation, its heritage and its creations, its efforts to conserve the imponderables of the past and to cross the present with the confidence of maritime people who overcome every challenge.

My homeland, represented here today by our learned Minister Gajardo, respects and loves Sweden, and it has sent me here to accept the special honor you have awarded to it. Chile will treasure your generosity among her purest memories.

Source: From Nobel Lectures, Literature 1901-1967.
http://www.gabrielamistralfoundation.org/web/index.php?option=com_content&task=view&id=24&Itemid=24
© The Nobel Foundation 1945.

Hija de un pueblo nuevo, saludo a Suecia en sus pioneros espirituales por quienes fue ayudada más de una vez. Hago memoria de sus hombres de ciencia, enriquecedores del cuerpo y de las almas nacionales. Recuerdo la legión de profesores y maestros que muestran al extranjero sus escuelas sencillamente ejemplares y miro con leal amor hacia los otros miembros del pueblo sueco: campesinos, artesanos y obreros.

Por una venturanza que me sobrepasa, soy en este momento la voz directa de los poetas de mi raza y la indirecta de las muy nobles lenguas española y portuguesa. Ambas se alegran de haber sido invitadas al convivio de la vida nórdica, toda ella asistida por su folklore y su poesía milenaria.

Dios guarde intacta a la Nación ejemplar su herencia y sus creaciones, su hazaña de conservar los imponderables del pasado y de cruzar el presente con la confianza de las razas marítimas, vencedoras de todo.

Mi Patria, representada aquí por nuestro culto Ministro Gajardo, respeta y ama a Suecia y yo he sido invitada aquí con el fin de agradecer la gracia especial que le ha sido dispensada. Chile guardará la generosidad vuestra entre sus memorias más puras.

Memories of the
Nobel Prize Ceremony

— Two guests at the Nobel Prize Award Ceremony,
wrote the following notes with their memories of
this historic moment. Years later, *Gabriela Mistral*
would share her memories of this moment.

Manuel Mujica Láinez

*It had begun to snow. At 5:00 pm sharp King Gustaf
(Gustav) V, entered the Palace of Concerts accompanied by his family. The awardees began to arrive to
the stage preceded by the metallic announcement of
the trumpets. The Chilean writer arrived on the arm
of the Secretary of the Academy of Letters. Among
those also receiving this honor were Alexander
Fleming, Boris Ernst Chain, and Howard Walter
Florey, to whom we owe penicillin.*

Recuerdos de la ceremonia del Premio Nobel

— *Dos invitados a la ceremonia de entrega del Premio Nobel, escribieron las siguientes notas sobre sus recuerdos de este momento histórico. Años más tarde* Gabriela Mistral *compartiría su recuerdo de ese momento.*

Manuel Mujica Láinez

Había comenzado a nevar. A las 17:00 horas en punto el rey Gustavo V entró al Palacio de los Conciertos acompañado de su familia. Los premiados fueron apareciendo en el proscenio precedidos por el anuncio metálico de los clarines. La escritora chilena llegó del brazo del secretario de la Academia de Letras. Entre los que habían obtenido el galardón se encontraban Alexander Fleming, Ernst Boris Chain y Howard Walter Florey a quienes debemos la penicilina.

The Swedish national anthem was played, there was a brief speech by the President of the Foundation and they proceeded to present the awards to the honorees. As they were announced, they descended from the stage and received from the hands of the King the diploma and the medal. The monarch said a few words and the applause was heard throughout the room.

When it was Gabriela Mistral's turn, the applause became more intense, probably because she was the first Hispanic-American writer to receive the prize and the fifth woman to whom such an honor had been bestowed on.

With great calmed dignity she descended the stairs—I had just seen her a while ago nervous and anxious. What appropriate certainty there was in her slight inclination before the King and in the graceful movement of the hand with which she thanked the public's ovation!

Enrique Gajardo Villarroel

Gabriela Mistral was the third to be called. Immediately, she arose from her seat and, slowly, with the majesty of an ancient priestess, she crossed the proscenium and descended the small staircase to be in the presence of the King. Everyone stood up. The trumpets resounded, filling the place with sweet harmonies. The King greeted Gabriela with much

Se ejecutó el himno sueco, se escuchó un breve discurso del presidente de la Fundación y luego se procedió a presentar a los premiados. A medida que éstos eran anunciados, descendían del estrado y recibían de manos del Rey el diploma y la medalla. El monarca pronunciaba unas breves palabras y los aplausos se oían en la sala.

Cuando le tocó el turno a Gabriela Mistral, los aplausos se hicieron más intensos, probablemente porque se trataba del primer escritor hispanoamericano que recibía el premio y la quinta mujer a quien se otorgaba esa recompensa.

¡Con qué señorío calmo bajó los escalones ella, a quien yo había visto poco antes tan inquieta! ¡Qué apropiada justeza hubo en su leve inclinación delante del Rey y en el lento movimiento de la mano con que agradeció la ovación del público!

Enrique Gajardo Villarroel

Gabriela Mistral fue la tercera en ser llamada. Acto seguido, se levantó de su asiento y, lentamente, con esa majestad de sacerdotisa antigua, atravesó el proscenio y descendió la pequeña escalera para ir a presencia del Rey. Todo el teatro se puso de pie. Resonaron las trompetas, llenando el ambiente de dulces armonías. El Rey saludó con mucho afecto a Gabriela, cuyo rostro se iluminó con esa

affection, and her face was illuminated by that gentle smile, which enchanted those who knew her. Her eyes shone with an affable and humble gaze, as if the prize being presented at that very moment was not for her. My emotions were intense. A chill ran through my entire body and I felt my eyes become damp. In front of the ancient monarch, I saw Lucila Godoy Alcayaga. The humble rural schoolteacher from the most remote part of the Elqui Valley. The peasant, the mestiza Aymara woman that because of her talent, her virtues and her exquisite sensibility, was receiving the highest honor and prize to which a writer can aspire to. I also saw a Chilean woman, a genuine representative of our people, of our race.

Gabriela Mistral

I was very calm sitting at my chair, absorbed looking at a child I saw among the guests, who reminded me of my recently deceased nephew. His memory gave me strength but when I returned to my seat and walked-up the few steps that led to the stage, I felt as if my knees were going to melt.

suave sonrisa, que encantaba a los que la conocían. Sus ojos brillaban con una mirada afable y humilde, como si no fuera para ella el premio que en esos momentos se le entregaba. Mi emoción fue intensa. Un escalofrío recorrió todo mi cuerpo y sentí que mis ojos se humedecían. Veía frente al anciano monarca a Lucila Godoy Alcayaga. La pobre profesora rural de los pequeñuelos del Valle de Elqui. La campesina, la mestiza Aimará que por su talento, sus virtudes, su exquisita sensibilidad, recibía el más alto galardón a que puede aspirar un escritor. Veía, también, a una chilena, genuina representante de nuestro pueblo, de nuestra raza.

Gabriela Mistral

Estuve muy tranquila sentada en mi silla y absorta en la contemplación de un niño que veía entre los concurrentes y que me recordaba a mi sobrino recién fallecido. Su recuerdo me daba fuerzas; pero cuando regresé a mi asiento y subí los peldaños de la pequeña escalera que daba acceso al escenario, sentí cómo que se me fundían las rodillas.[1]

1   Fernando Alegría, compilador. *"Genio y figura de Gabriela Mistral"*, 1966.

Telegrama de la Academia Sueca a Gabriela Mistral
Telegram from the Swedish Academy to Gabriela Mistral

16 de noviembre, 1945
Senora. La Academia Sueca ha decretado otorgar a Ud. el Premio Nobel de Literatura y le invitamos a la ceremonia del Nobel en Estocolmo el 10 de diciembre. Esperamos su aceptación por telegrama al secretario de la Academia.

November 16, 1945
Madam: The Swedish Academy has decreed to award the Nobel Prize in Literature to you and we invite you to the Nobel ceremony on the 10th of December. We wait for your acceptance by telegram to the Secretary of the Academy.

Telegrama de Gabriela Mistral a la Academia Sueca
Gabriela Mistral's Telegram to the Swedish Academy

19 de noviembre, 1945
Profundamente honrada agradezco esa academia. Feliz voy [a] vuestra patria que siempre admiré y quise. Vuestra devota servidora. Gabriela Mistral.

November 19, 1945
Deeply honored, I thank the academy. I am happy to travel to your country [that] I have always admired and loved. your humble servant. Gabriela Mistral.

Telegramas de felicitaciones
Congratulatory Telegrams

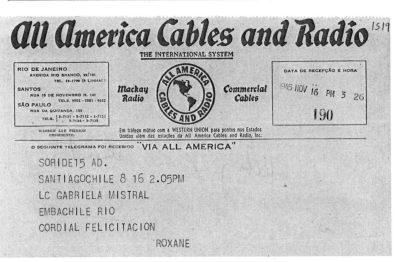

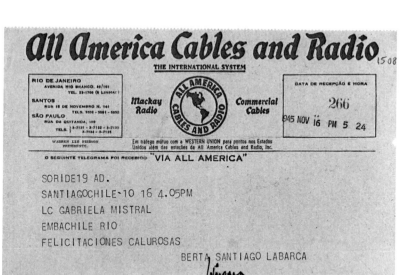

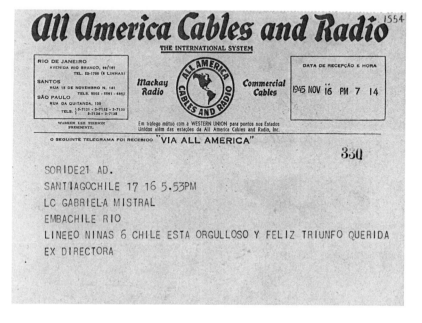

6650

MINISTÉRIO DA VIAÇÃO E OBRAS PÚBLICAS
DEPARTAMENTO DOS CORREIOS E TELÉGRAFOS
362

SERVIÇO TELEGRÁFICO INTERNACIONAL

PREÂMBULO: 276 MONEDACHILE 23 16 1850

O preâmbulo contem as seguintes indicações de serviço: espécie de telegrama, estação de origem, número do telegrama, número de palavras, data e hora da apresentação.

NÚMERO DE EXPEDIÇÃO
Recebido:
De LPH5
às OF 2150 horas
por

GABRIELA MISTRAL RIOJANEIRO

DERECCION GENERAL INFORMACIONES Y CULTURA LE
EXPRESA SUS MAS CORDIALES FELICITACIONES POR
TRIUNFO CONQUISTADO POR USTED PARA CHILE

ANIBAL JARA

DEPARTAMENTO DOS CORREIOS E TELÉGRAFOS TELEGRAMA

NÚMERO DE EXPEDIÇÃO 3090
Recebido
De
às horas
por

VIA ALL AMERICA NAC
GABRIELA MISTRAL CONSULADO
CHILE PETROPOLIS RJ

PLN 84 DE BUENOS-AIRES 2 24 16 9h 45

O preâmbulo contem as seguintes indicações de serviço: espécie do telegrama, estação de origem, número do telegrama, número de palavras, data e hora de apresentação.

HABITUE-SE A INDICAR NO RECIBO DO SEU TELEGRAMA A HORA EM QUE
O RECEBER. COM ESSA PROVIDÊNCIA, AUXILIARÁ O DEPARTAMENTO NA
FISCALIZAÇÃO DA ENTREGA DOS TELEGRAMAS.

RECORDANDO A LA QUERIDA PATRIA Y A USTED LA
FELICITAMOS EFUSIVAMENTE POR MERECIDO PREMIO NABEL
OSCAR FERNANDEZ Y SENORA

CT VIA ALL AMERICA NAC

Imprensa Nacional 14.914

Pasaporte otorgado para viajar a Suecia a Lucila Godoy Alcayaga y a su asistente María Ana de Terra.

Passport issued to Lucila Godoy Alcagaya and to her assistant María de Terra to travel to Sweden.

Gabriela Mistral recibe el Premio Nobel de Literatura de manos del Rey de Suecia, Gustavo V.

Gabriela Mistral receives the Nobel Prize in Literature from the King of Sweden, Gustav V.

Archivo Fotográfico, Biblioteca Nacional de Chile.
Photographic Archives of the National Library of Chile.

Medalla del Premio Nobel | *Nobel Prize Medal*

©Museo de Arte Colonial, San Francisco – *St. Francis Colonial Art Museum.*

162

Nobel Prize Diploma | *Diploma del Premio Nobel*
©Museo de Arte Colonial, San Francisco – *St. Francis Colonial Art Museum.*

Cheque presentado a Gabriela Mistral por el Premio Nobel de Literatura.
Check presented to Gabriela Mistral for the Nobel Prize in Literature.
Archivo Fotográfico, Biblioteca Nacional de Chile.
Photographic Archives, National Library of Chile.

III

III

POEMAS
Desolación
Ternura
Tala

Poems
Desolation
Tenderness
Felling

Desolation

INSTITUTO DE LAS ESPAÑAS
NEW YORK, 1922

"May God forgive me for this bitter book,
and may those who find life sweet forgive me, too."

—Gabriela Mistral

Gabriela Mistral's first book Desolation was published
in 1922 by Instituto de las Españas in New York. Desolation is divided into five sections: Life, School, Children's
Poems, Sorrow and Nature; it also includes three sections
of prose: Prose, School Prose and Stories.

In the Prologue of the first edition, Federico de
Onís, highlights Mistral's poem "The Teacher's Prayer,"
and writes:"the few poems by Gabriela Mistral that had
been published in newspapers and magazines were passed
on from one to another and, the 'Teacher's Prayer,' was
recited in the Spanish language by many voices with a
foreign accent. And naturally, the desire to know the entire body of work of such a superb writer arose. When the
Spanish teachers learned that because her works had not
been collected as a book this would be impossible, they
had the initiative to publish a collected edition and in this
manner express their admiration and affection for their
colleague of the South."

Desolación

INSTITUTO DE LAS ESPAÑAS

NUEVA YORK, 1922

"Dios me perdone este libro amargo y los hombres
que sienten la vida como dulzura me lo perdonen también".

—Gabriela Mistral

El primer libro de Gabriela Mistral *Desolación* fue publicado por el Instituto de las Españas en New York en 1922. *Desolación* está dividido en cinco secciones: Vida, Escuela, Poemas de Niños, Dolor y Naturaleza y también incluye tres secciones de prosa: Prosa, Prosa Escolar y Cuentos.

En el Prólogo de la primera edición Federico de Onís, resalta el poema "La Oración de la Maestra" y escribe: "corrieron de mano en mano las pocas poesías de Gabriela Mistral que habían sido publicadas en periódicos y revistas, y la 'Oración de la Maestra' fue rezada en lengua española por muchas voces con acento extranjero. Y vino naturalmente el deseo de conocer más, de conocer la obra entera de tan excelsa escritora. Cuando los maestros de español supieron que esto era imposible por no haber sido coleccionada en forma de libro por su autora, surgió entre ellos la idea de hacer una edición y dar así expresión a su admiración y simpatía por la compañera del sur".

In 1914, Gabriela Mistral won First Prize at the "Juegos Florales" in Santiago, Chile for her poem "The Sonnets of Death," which is included in this collection.

En 1914, Gabriela Mistral ganó el Primer Premio en los "Juegos Florales" de Santiago por su poema "Los sonetos de la muerte", que está incluido en esta colección.

Desolation
Life

Ruth

To González Martínez[1]

I

Ruth from Moab goes to the field to gather wheat,
even though a meager parcel of land she does not possess.
She thinks God owns the meadows
and that she gathers wheat in a divine field.

The hot sun stabs her,
and fiercely bathes her inclined back
her tender cheek with fever burns
and fatigue overtakes her side.

Boaz has sat down on the abundant mound,
The field of wheat is an infinite wave,
from the mountains to where he rests,

abundance has blinded the path…
And in the wave of gold, Ruth from Moab
arrives gathering wheat to find her destiny!

II

Boaz looked at Ruth, and to the gatherers
he said: "Let her gather with confidence…"
And the gatherers smiled,
seeing the Old Man's absorbed gaze…

His beard was like two paths of flowers,
his sweet gaze, relaxed his face;

Desolación
VIDA

Ruth

A González Martínez[1]

I

Ruth moabita a espigar va a las eras,
aunque no tiene ni un campo mezquino.
Piensa que es Dios dueño de las praderas
y que ella espiga en un predio divino.

El sol caldeo su espalda acuchilla
baña terrible su dorso inclinado
arde de fiebre su leve mejilla,
y la fatiga le rinde el costado.

Booz se ha sentado en la parva abundosa.
El trigal es una onda infinita,
desde la sierra hasta donde él reposa,

que la abundancia ha cegado el camino…
Y en la onda de oro la Ruth moabita
viene, espigando, a encontrar su destino!

II

Booz miró a Ruth, y a los recolectores
dijo: "Dejad que recoja confiada…"
Y sonrieron los espigadores,
viendo del Viejo la absorta mirada…

Eran sus barbas dos sendas de flores,
su ojo dulzura, reposo el semblante;

his voice could go from hill to hills
but he could make a baby sleep...

Ruth looked at him from the ground up to his face,
bowing her satisfied eyes,
like he who drinks from an immense current...

Upon returning to the village, the young men
she came upon looked at her trembling,
But in her dream, her spouse was Boaz...

III

And that night the patriarch of the field
seeing the stars that beat with desire,
remembered what Abraham promised Jehovah:
more sons than the stars given to the heavens.

And he sighed for his empty bed,
cried as he prayed, and made room on his pillow
so that, as dew falls,
to him she would come in the still of the night.

In the stars Ruth saw Boaz's tearful eyes
calling for her, and trembling,
she left her bed, and went out through the field...

He the just, slept with peace and beauty.
Ruth, quieter than a sheath of wheat,
on Boaz's chest rested her head.

174

su voz pasaba de alcor en alcores
pero podía dormir a un infante…

Ruth lo miró de la planta a la frente,
y fue sus ojos saciados bajando,
como el que bebe en inmensa corriente…

Al regresar a la aldea, los mozos
que ella encontró la miraron temblando,
Pero en su sueño Booz fue su esposo…

III

Y aquella noche el patriarca en la era
viendo los astros que laten de anhelo,
recordó aquello que a Abraham prometiera
Jehová: más hijos que estrellas dió al cielo.

Y suspiró por su lecho baldío,
rezo llorando, e hizo sitio en la almohada
para la que, como baja el rocío,
hacia él vendría en la noche callada.

Ruth vió en los astros los ojos con llanto
de Booz llamándola, y estremecida,
dejó su lecho, y se fue por el campo…

Dormía el justo, hecho paz y belleza.
Ruth, más callada que espiga vencida,
puso en el pecho de Booz su cabeza.

Desolation
CHILDREN'S POEMS

Little Feet

*Little feet of children
blue with cold,
how can they see you and not cover you—
dear God!*

*Little wounded feet
cut by every stone,
hurt by snow
and mire.*

*Man, blind, does not know
that where you pass,
you leave a flower
of living light.*

*And where you set
your little bleeding foot,
the spikenard blooms
more fragrant.*

*Walking straight paths,
be heroic, little feet,
as you are
perfect.*

*Little feet of children,
two tiny suffering jewels,
how can people pass
and not see you!*

Translation by Doris Dana

Piececitos

Piececitos de niño,
azulosos de frío,
¡cómo os ven y no os cubren,
Dios mío!

¡Piececitos heridos
por los guijarros todos,
ultrajados de nieves
y lodos!

El hombre ciego ignora
que por donde pasáis,
una flor de luz viva
dejáis;

Que allí donde ponéis
la plantita sangrante,
el nardo nace más
fragante.

Sed, puesto que marcháis
por los caminos rectos,
heroicos como sois
perfectos.

Piececitos de niño,
dos joyitas sufrientes,
¡cómo pasan sin veros
las gentes!

Desolation
SORROW

Death Sonnets

I

From the icy niche where men placed you,
I will lower you to the humble and warm earth.
The men did not know that I am to lay in it,
and that upon the same pillow we are to dream.

I will gently lay you down onto the warm earth
with the sweet caress of a mother for her sleeping child
and the soil will become a soft cradle
upon receiving your body, of a hurt child.

I will then scatter bits of earth and rose dust,
and in the delicate sapphire of the moon dust
the light remains will be captured.

I shall leave, singing my beautiful revenge,
because no one's hand will come down
to this hidden depth to fight over a fistful of your bones!

II

This weary tiredness, will one day be greater,
and the soul will tell the body it does not want to continue
dragging its mass along the rose color path,
where men go by, happy to live...

You will feel resolute digging beside you,
as another sleeping woman arrives to the quiet town.
I will wait until they have covered me completely...
and we will then speak for an eternity!

Los sonetos de la muerte

I

Del nicho helado en que los hombres te pusieron,
te bajaré a la tierra humilde y soleada.
Que he de dormirme en ella los hombres no supieron,
y que hemos de soñar sobre la misma almohada.

Te acostaré en la tierra soleada con una
dulcedumbre de madre para el hijo dormido,
y la tierra ha de hacerse suavidades de cuna
al recibir tu cuerpo de niño dolorido.

Luego iré espolvoreando tierra y polvo de rosas,
y en la azulada y leve polvareda de luna,
los despojos livianos irán quedando presos.

Me alejaré cantando mis venganzas hermosas,
¡porque a ese hondor recóndito la mano de ninguna
bajará a disputarme tu puñado de huesos!

II

Este largo cansancio se hará mayor un día,
y el alma dirá al cuerpo que no quiere seguir
arrastrando su masa por la rosada vía,
por dónde van los hombres, contentos de vivir...

Sentirás que a tu lado cavan briosamente,
que otra dormida llega a la quieta ciudad.
Esperaré que me hayan cubierto totalmente...
¡y después hablaremos por una eternidad!

Only then you will know, why your flesh
is not yet ripened for those profound bones,
without fatigue, you had to come down to sleep.

Light will arise in the dark zone of destiny;
you will know that in our alliance
    there was a sign from the stars
and, our enormous pact broken, you had to die...

III

Wicked hands took hold of your life from the day when,
under a sign of the stars, you left the field
of snow covered lilies. With joy it had bloomed.
Wicked hands tragically entered him...

And I said to the Lord:—"Along mortal paths
they take him. Beloved shadow that knows not how to guide!
Tear him away, Lord, from those fatal hands
or plunge him in the long sleep that you alone can give!

I cannot call out to him, I cannot follow him!
His vessel is pushed by a dark stormy wind.
Return him to my arms or harvest him in bloom.

The rose colored vessel of his life came to a halt...
What did I not know of love's ways, that I had no pity?
You, who will judge me, understand, Oh, Lord!

Sólo entonces sabrás el porqué, no madura
para las hondas huesas tu carne todavía,
tuviste que bajar, sin fatiga, a dormir.

Se hará luz en la zona de los sinos, oscura;
sabrás que en nuestra alianza signo de astros había
y, roto el pacto enorme, tenías que morir…

III

Malas manos tomaron tu vida desde el día
en que, a una señal de astros, dejara su plantel
nevado de azucenas. En gozo florecía.
Malas manos entraron trágicamente en él…

Y yo dije al Señor:—"Por las sendas mortales
le llevan. ¡Sombra amada que no saben guiar!
¡Arráncalo, Señor, a esas manos fatales
o le hundes en el largo sueño que sabes dar!

¡No le puedo gritar, no le puedo seguir!
Su barca empuja un negro viento de tempestad.
Retórnalo a mis brazos o le siegas en flor."

Se detuvo la barca rosa de su vivir…
¿Que no sé del amor, que no tuve piedad?
¡Tu, que vas a juzgarme, lo comprendes, Señor!

Desolation
SORROW

Interrogations

Lord, how do suicides carry on sleeping?
A clot in the mouth, the temples hollowed,
white and enlarged moon of their eyes,
with hands reaching towards an invisible anchor?

Or, do You arrive, after the men have gone,
to lower the lids over the blinded eyes,
without sound or pain you accommodate the entrails
and cross the hands over a silent chest?

The rosebush, that the living water on that grave,
does it not taint its roses with wounds shapes?
Or, does it have an acrid scent, a sinister beauty,
and serpents weaved of distressed leaves?

Answer Lord: when the soul takes flight
through the damp door of profound wounds,
does it calmly enter breaking through the air
Or, do you hear a crackle of frenzied wings?

Does a narrow, deathly fence tighten around it?
Are the heavens a flowery field of monsters?
In the dread of the moment do they not even correctly
    call your name?
Or do they shout it, as your heart remains asleep?

Is there not a ray of sunlight that may reach them one day?
Is there no water to wash their crimson scars?
Are they only left with your cold indifference,
your acute ear deaf, and your tightly closed eyes?

Desolación
DOLOR

Interrogaciones

¿Como quedan, Señor, durmiendo los suicidas?
¿Un cuajo entre la boca, las dos sienes vaciadas,
las lunas de los ojos albas y engrandecidas,
hacia un ancla invisible las manos orientadas?

¿O Tú llegas después que los hombres se han ido,
y les bajas el párpado sobre el ojo cegado,
acomodas las vísceras sin dolor y sin ruido
y entrecruzas las manos sobre el pecho callado?

El rosal que los vivos riegan sobre su huesa
¿no le pinta a sus rosas unas formas de heridas?
¿o tiene acre el olor, siniestra la belleza
y las frondas menguadas de serpientes tejidas?

Y responde, Señor: cuando se fuga el alma,
por la mojada puerta de las hondas heridas,
¿entra en la zona tuya hendiendo el aire en calma
O se oye un crepitar de alas enloquecidas?

¿Angosto cerco lívido se aprieta en torno suyo?
¿El éter es un campo de monstruos florecido?
¿En el pavor no aciertan ni con el nombre tuyo?
¿O lo gritan, y sigue tu corazón dormido?

¿No hay un rayo de sol que los alcance un día?
¿No hay agua que los lave de sus estigmas rojos?
¿Para ellos solamente queda tu entraña fría,
sordo tu oído fino y apretados tus ojos?

That is what men assure, either by mistake or malice;
But Lord, I, who have tasted you, like a fine wine,
as others continue calling you Justice
I shall never call you anything but Love!

I know the man was always a tough claw;
a torrent, giddy; rough, cut-off,
You are the cup from where sweetness is soaked
by all the orchards of the Earth!

Tal el hombre asegura, por error o malicia;
mas yo, que te he gustado, como un vino, Señor,
mientras los otros siguen llamándote Justicia,
no te llamare nunca otra cosa que Amor!

Yo sé que como el hombre fué siempre zarpa dura;
la catarata, vértigo; aspereza, la sierra,
Tu eres el vaso donde se esponjan de dulzura
los nectarios de todos los huertos de la Tierra!

Desolation
SORROW

The Useless Wait

I forgot that your light foot
had turned to ash,
and as in happy times
I set out to meet you on the path.

I crossed valley, plain, and river,
and the singing made me sad.
the evening spilled out its vessel
of light—and you did not come!

The sun crumbled to shreds
like a burnt dead poppy;
flecks of fog trembled
over the fields. I was alone!

From a tree in the autumn wind
came the creaking of a whitened bough.
I was afraid, and I called out to you,
"Beloved, hasten your step!

"I feel fear, and I feel love.
Beloved, hurry to me!"
Night came closing in
and my madness increased.

I forgot they had made you deaf
to my outcry;
I forgot your silence,
your livid pallor.

La espera inútil

Yo me olvidé que se hizo
ceniza tu pie ligero,
y, como en los buenos tiempos,
salí a encontrarte al sendero.

Pasé valle, llano y río
y el cantar se me hizo triste.
La tarde volcó su vaso
De luz ¡y tú no viniste!

El sol fue desmenuzando
su ardida y muerta amapola;
flecos de niebla temblaron
sobre el campo. ¡Estaba sola!

Al viento otoñal, de un árbol
crujió el blanqueado brazo.
Tuve miedo y te llamé:
"¡Amado, apresura el paso!

"Tengo miedo y tengo amor,
¡amado, el paso apresura!"
Iba espesando la noche
y creciendo mi locura.

Me olvidé de que te hicieron
sordo para mi clamor;
me olvidé de tu silencio
y de tu cárdeno albor;

I forgot your inert hand,
slow now to seek my hand;
I forgot your eyes staring
wide with the supreme question!

Night spread out its pool
of black pitch; the sorcerer
owl scraped the path with the silken
horror of its wing.

I shall not cry out to you again
since you no longer walk abroad.
My naked foot must travel on,
Yours is forever still.

In vain I kept this appointment
on deserted paths.
I cannot bring to life again
your ghost in my open empty arms!

Translation by Doris Dana

de tu inerte mano torpe
ya para buscar mi mano;
¡de tus ojos dilatados
del inquirir soberano!

La noche ensanchó su charco
de betún; el agorero
búho con la horrible seda
de su ala rasgó el sendero.

No te volveré a llamar
que ya no haces tu jornada;
mi desnuda planta sigue,
la tuya está sosegada.

Vano es que acuda a la cita
por los caminos desiertos.
¡No ha de cuajar tu fantasma
Entre mis brazos abiertos!

Desolation
Art

Decalogue of the Artist

I.   *You shall love beauty, which is the shadow of God over the Universe.*

II. *There is no godless art. Although you love not the Creator, you shall bear witness to Him creating His likeness.*

III. *You shall create beauty not to excite the senses, but to give sustenance to the soul.*

IV. *You shall never use beauty as a pretext for luxury and vanity but as a spiritual devotion.*

V.   *You shall not seek beauty at carnival or fair or offer your work there, for beauty is virginal and is not to be found at carnival or fair.*

VI. *Beauty shall rise from your heart in song, and you shall be the first to be purified.*

VII. *The beauty you create shall be known as compassion, and shall console the hearts of men.*

Desolación
EL ARTE

Decálogo del artista

I. Amarás la belleza, que es la sombra
    de Dios sobre el Universo.

II. No hay arte ateo. Aunque no ames al
     Creador, lo afirmarás creando a su
     semejanza.

III. No darás la belleza como cebo para los
      sentidos, sino como el natural alimento
      del alma.

IV. No te será pretexto para la lujuria ni para
     la vanidad, sino ejercicio divino.

V. No la buscarás en las ferias ni llevarás tu
    obra a ellas, porque la Belleza es virgen, y
    la que está en las ferias no es Ella.

VI. Subirá de tu corazón a tu canto y te habrá
     purificado a ti el primero.

VII. Tu belleza se llamará también misericordia,
      y consolará el corazón de los hombres.

VIII.   *You shall bring forth your work as a mother brings forth her child: out of the blood of your heart.*

IX.   *Beauty shall not be an opiate that puts you to sleep, but a strong wine that fires you to action, for if you fail to be a true man or a true woman, you will fail to be an artist.*

X.   *Each act of creation shall leave you humble, for it is never as great as your dream and always inferior to that most marvelous dream of God which is Nature.*

Translation by Doris Dana

First published in La Mañana, Temuco, November 7, 1920.

VIII. Darás tu obra como se da un hijo:
restando sangre de tu corazón.

IX.   No te será la belleza opio adormecedor,
sino vino generoso que te encienda para
la acción, pues si dejas de ser hombre o
mujer, dejarás de ser artista.

X.   De toda creación saldrás con vergüenza,
porque fue inferior a tu sueño, e inferior
a ese sueño maravilloso de Dios, que es
la Naturaleza.

Publicado en *La Mañana*, Temuco, November 7, 1920.

Tenderness

EDITORIAL SATURNINO
MADRID, SPAIN, 1924

"When I have written a children's round, my day has been truly filled with Grace, my breathing has improved and my face has recovered the smile lost in unfortunate work…"

—Gabriela Mistral

Mistral dedicated her second book Tenderness *to her mother Petronila Alcayaga Rojas, and her sister Emelina who were important pillars of her life and the source of inspiration for some of her poems.*

Tenderness includes poems, children's rounds, lullabies and play songs, which are evidence of her special affection and dedication to children. Gabriela stated that Tenderness *was her dearest book, one who left a mark throughout her entire body of work. In 1945, the year she received the Nobel Prize she revised* Tenderness *adding new sections to the original edition. This decision indicates the importance this book had for her.*

Ternura

EDITORIAL SATURNINO
MADRID, ESPAÑA, 1924

"Cuando he escrito una ronda infantil, mi día ha sido verdaderamente bañado de Gracia, mi respiración mas rítmica y mi cara ha recuperado la risa perdida en trabajos desgraciados…"

—Gabriela Mistral

Publicado en Madrid, España en 1924, *Ternura* fue el segundo libro de poemas publicado con el apoyo de la Editorial Saturnino. Mistral dedicó el libro a su madre Petronila Alcayaga Rojas, y a su hermana Emelina, quienes fueron importantes pilares de su vida y la fuente de inspiración a algunos de sus poemas.

Tenura incluye poemas, rondas infantiles, canciones de cuna y jugarretas, los cuales dejan en evidencia su especial cariño y dedicación a los niños. Gabriela expresó que *Ternura* fue su libro más querido, uno que dejo huella a lo largo de toda su obra. En 1945, el año en que recibió el Premio Nobel de Literatura, Mistral reorganizó *Ternura*, añadiendo nuevas secciones a la edición original. Esta decisión demuestra la importancia que este libro tuvo para la poetisa.

Tenderness
LULLABIES

Rocking

The sea rocks her thousands of waves.
The sea is divine.
Hearing the loving sea
I rock my son.

The wind wandering by night
rocks the wheat.
Hearing the loving wind
I rock my son.

God, the Father, soundlessly rocks
His thousands of worlds.
Feeling His hand in the shadow
I rock my son.

Translation by Doris Dana

Meciendo

El mar sus millares de olas
mece, divino.
Oyendo a los mares amantes,
mezo a mi niño.

El viento errabundo en la noche
mece los trigos.
Oyendo a los vientos amantes,
mezo a mi niño.

Dios Padre sus miles de mundos
mece sin ruido.
Sintiendo su mano en la sombra
mezo a mi niño.

Tenderness
ROUNDS

Chilean Land

We dance on Chilean soil,
more beautiful than Rachel and Leah
the land that molds men
without bitter lips and heart…

The greenest land of orchards,
the fairest land of wheat,
the reddest land of vineyards,
how gently it touches our feet!

Its dust made our cheeks,
its river, our laughter,
and like a mother's moan
it kisses the dancer's feet.

It is beautiful, and because of its beauty we want
in its fields to awake;
it is free and for its freedom we wish
in song to bathe her face.

Tomorrow we will open its rocks,
for vineyards and orchards to make;
tomorrow we will elevate its villages
to dance is just what we want today!

Tierra Chilena

Danzamos en tierra chilena,
más bellas que Lía y Raquel;
la tierra que amasa a los hombres
de labios y pecho sin hiel...

La tierra más verde de huertos,
la tierra más rubia de mies,
la tierra más roja de viñas,
¡qué dulce que roza los pies!

Su polvo hizo nuestras mejillas,
su río, nuestro reír,
y besa los pies de la ronda
que la hace cual madre gemir.

Es bella, y por bella queremos
sus pastos de rondas albear;
es libre y por libre deseamos
su rostro de cantos bañar.

Mañana abriremos sus rocas,
la haremos viñedo y pomar;
mañana alzaremos sus pueblos
¡hoy sólo queremos danzar!

Tenderness
World-Teller

Mountain

My son, your will soon climb
as a herder the Mountain.
But for now I will grab you
and on my back I carry you.

How sharp and black we see it,
like the wrath of a woman.
Alone she has always lived,
yet the Mountain loves us
signaling us to ascend
with inviting gestures, she calls...

The slopes we climb, my son,
filled with oaks and beech trees.
The wind whirls in the grass
swaying the Mountain,
and through the thickness of the briars
your mother's arms make way...

Looking down at the blind valley,
we no longer see neither river nor house.
But your mother knows how to climb,
to lose the Earth and safely return.

Montaña

Hijo mío, tú subirás
con el ganado a la Montaña
Pero mientras yo te arrebato
y te llevo sobre mi espalda.

Apuñada y negra la vemos,
como mujer enfurruñada.
Vive sola de todo tiempo,
pero nos ama, la Montaña,
y hace señales de subir
tirando gestos con que llama...

Trepamos, hijo, los faldeos,
llenos de robles y de hayas.
Arremolina el viento hierbas
y balancea la Montaña,
y van los brazos de tu madre
abriendo moños que son zarzas...

Mirando al llano, que está ciego,
ya no vemos río ni casa.
Pero tu madre sabe subir,
perder la Tierra, y volver salva.

The clouds pass by in tattered rags;
blurring the world as they pass overhead.
We climbed so high that you no longer
want to continue and everything excites you.
But from the heights of the Peak of the Bull
no one descends to the plains.

The sun, just like the pheasant,
at once leaps the Mountain,
and at once bathes in gold,
the Earth that was a phantom before,
and it shows it piece by piece
as a rounded peeled fruit!

Pasan las nieblas en trapos rotos;
se borra el mundo cuando pasan.
Subimos tanto que ya no quieres
seguir y todo te sobresalta.
Pero del alto Pico del Toro
nadie desciende a la llanada.

El sol, lo mismo que el faisán,
de una vez salta la Montaña
y de una vez baña de oro
a la Tierra que era fantasma,
¡y le enseña gajo por gajo
en redonda fruta mondada!

Tenderness

The House

The table, son, is laid
with the quiet whiteness of cream,
and on four walls ceramics
gleam blue, glint light.
Here is the salt, here the oil,
in the center, bread that almost speaks.
Gold more lovely than gold of bread
is not in broom plant or fruit,
and its scent of wheat and oven
gives unfailing joy.
We break bread, little son, together
with our hard fingers, our soft palms,
while you stare in astonishment
that black earth brings forth a white flower.

Lower your hand that reaches for food,
as your mother also lowers hers.
Wheat, my son, is of air,
of sunlight and hoe;
but this bread, called "the face of God,"[1]
is not set on every table.
And if other children do not have it,
better, my son, that you not touch it,
better that you do not take it
with ashamed hands.

Translation by Doris Dana

---

1   *In Chile, people call bread "the face of God." (G.M.)*

Ternura

La casa

La mesa, hijo, está tendida,
en blancura quieta de nata,
y en cuatro muros azulea,
dando relumbres, la cerámica.
Esta es la sal, éste el aceite
y al centro el Pan que casi habla.
Oro más lindo que oro del Pan
no está ni en fruta ni en retama,
y da su olor de espiga y horno
una dicha que nunca sacia.
Lo partimos, hijito, juntos,
con dedos duros y palma blanda,
y tú lo miras asombrado
de tierra negra que da flor blanca.

Baja la mano de comer,
que tu madre también la baja.
Los trigos, hijo, son del aire,
y son del sol y de la azada;
pero este Pan "cara de Dios"[1]
no llega a mesas de las casas;
y si otros niños no lo tienen,
mejor, mi hijo, no lo tocaras,
y no tomarlo mejor sería
con mano y mano avergonzadas.

---

1   En Chile, el pueblo llama al pan "cara de Dios". (G.M.)

Tenderness

If You'll Only Go To Sleep

The crimson rose
plucked yesterday,
the fire and cinnamon
of the carnation,

the bread I baked
with anise seed and honey,
and the goldfish
flaming in its bowl.

All these are yours,
baby born of woman,
if you'll only
go to sleep.

A rose, I say!
And a carnation!
Fruit I say!
And honey!

And a sequined goldfish,
and still more I'll give to you
if you'll only sleep
till morning.

Translation by Doris Dana

Ternura

Con tal que duermas

La rosa colorada
cogida ayer;
el fuego y la canela
que llaman clavel;

el pan horneado
de anís con miel,
y el pez de la redoma
que la hace arder:

todito tuyo
hijito de mujer,
con tal que quieras
dormirte de una vez.

La rosa, digo:
digo el clavel.
La fruta, digo,
y digo que la miel;

y el pez de luces
y más y más también,
¡con tal que duermas
hasta el amanecer!

Felling

EDITORIAL SUR
BUENOS AIRES, ARGENTINA, 1938

The first edition of Felling[1] was published in Buenos Aires in 1938. The book includes eight secions: Death of my Mother, Allucination, Matter, America, Nostalgia, The Dead Wave, Creatures and Messages, thus constituting one of Mistral's most mature works. This collection is considered as one of the most important works of Chilean poetry and of Hispano-American literature.

The book, written between 1922 and 1938, is dedicated to: "Palma Guillen, and through her to the compassion of the Mexican woman." The first section of Felling is dedicated to her mother, Petronila Alcayaga Rojas who died in 1929, at the age of eighty-four.

---

1   Felling is the chopping down of trees to clear a dense forest.

Tala

EDITORIAL SUR
BUENOS AIRES, ARGENTINA, 1938

La primera edición de *Tala* fue publicada en Buenos Aires en 1938. El libro, que incluye ocho secciones: Muerte de Mi Madre; Alucinación; Materias; América; Saudade; La Ola Muerta; Criaturas y Recados, constituye uno de sus trabajos más maduros. Esta colección es considerada como una de las obras más importantes de la poesía chilena y de la literatura hispano americana.

El libro está dedicado a: "Palma Guillen, y en ella, a la piedad de la mujer Mexicana". En la primera sección de *Tala* está dedicada a su madre, Petronila Alcayaga Rojas quien falleció en 1929, a los ochenta y cuatro años.

Felling
Death of my Mother

The Flight

Mother, in my dream
I wander through plum colored landscapes:
a rounded black hill
always reaching the other mountain;
and in the next one you are vaguely there,
but there is always another rounded hill
to go around, to pay for the right of way
to get to the mountain of your joy and mine.

But you venture ahead making headway
down the path of mocks and loss.
As we walk we both feel, we know
but we cannot look at each other's eyes,
and words we cannot exchange
like Eurydice and Orpheus, alone,
both fulfilling a vow or a punishment,
both with bruised feet and accents broken.

But at times you are not by my side:
with deep anguish and with tenderness
I carry you within me, like the poor young slave child
carrying his slave father,
and the continuous hills have to be thread
without speaking the painful secret:
that I take you away to cruel gods
and that we go to a God that is ours.

La fuga

Madre mía, en el sueño
ando por paisajes cardenosos:
un monte negro que se contornea
siempre, para alcanzar el otro monte;
y en el que sigue estás tú vagamente,
pero siempre hay otro monte redondo
que circundar, para pagar el paso
al monte de tu gozo y de mi gozo.

Mas, a trechos tú misma vas haciendo
el camino de burlas y de expolio.
Vamos las dos sintiéndonos, sabiéndonos,
mas no podemos vernos en los ojos, y no
podemos trocarnos palabra,
cual la Eurídice y el Orfeo solos,
las dos cumpliendo un voto o un castigo,
ambas con pies y con acentos rotos.

Pero a veces no vas al lado mío:
te llevo en mí, en un peso angustioso
y amoroso a la vez, como pobre hijo
galeoto a su padre galeoto,
y hay que enhebrar los cerros repetidos,
sin decir el secreto doloroso:
que yo te llevo hurtada a dioses crueles
y que vamos a un Dios que es de nosotros.

And other times you are neither on the hill ahead,
nor you go with me, not even in my breath:
you have dissolved within the mist of the mountains,
you have relinquished yourself to the plum color
    landscape.
And from three places you give me
your sarcastic voice, and in pain I break down
because my body is one, the one you gave me,
and you are the water of a hundred springs,
and you are a landscape with a thousand arms,
never again to be the loving ones,
a living heart upon a living heart,
a knot made of bronze softened by tears.

And we never are, we never stay,
as they say the glorious ones remain
in the presence of God, in two rings of light,
or in two medallions
plunged in a ray of glory
or laying on a stream of gold.

Or I look for you, and you do not know
or you go with me, and I do not see your face;
or you go within me, in a terrible covenant,
without response from your deaf body
always along the rosary of hills,
that claim blood for giving pleasure,
and make you dance around the each one,
until your temple burns,
the rattle of the ancient insanity
and the trick of the red vortex!

Y otras veces ni estás cerro adelante,
ni vas conmigo, ni vas en mi soplo:
te has disuelto con niebla en las montañas,
te has cedido al paisaje cardenoso.
Y me das unas voces de sarcasmo
desde tres puntos, y en dolor me rompo,
porque mi cuerpo es uno, el que me diste,
y tú eres un agua de cien ojos,
y eres un paisaje de mil brazos,
nunca más lo que son los amorosos:
un pecho vivo sobre un pecho vivo,
nudo de bronce ablandado en sollozo.

Y nunca estamos, nunca nos quedamos,
como dicen que quedan los gloriosos,
delante de su Dios, en dos anillos
de luz, o en dos medallones absortos,
ensartados en un rayo de gloria
o acostados en un cauce de oro.

O te busco, y no sabes que te busco,
o vas conmigo, y no te veo el rostro;
o en mí tú vas, en terrible convenio,
sin responderme con tu cuerpo sordo,
siempre por el rosario de los cerros,
que cobran sangre por entregar gozo,
y hacen danzar en torno a cada uno,
¡hasta el momento de la sien ardiendo,
del cascabel de la antigua demencia
y de la trampa en el vórtice rojo!

Felling
Allucination

Richness

*I have a faithful joy
and a joy that is lost.
One is like a rose,
the other, a thorn.
The one that was stolen
I have not lost.
I have a faithful joy
and a joy that is lost.
I am as rich with purple
as with sorrow.*

*Ay! How loved is the rose,
how loving the thorn!
Paired as twin fruit,
I have a faithful joy
and a joy that is lost...*

Translation by Doris Dana

Tala
ALUCINACIÓN

Riqueza

Tengo la dicha fiel
y la dicha perdida:
la una como rosa,
la otra como espina.
De lo que me robaron
no fuí desposeída:
tengo la dicha fiel
y la dicha perdida,
y estoy rica de púrpura
y de melancolia.

¡Ay, qué amada es la rosa
y qué amante la espina!
Como el doble contorno
de las frutas mellizas,
tengo la dicha fiel
y la dicha perdida…

Felling
Nostalgia

Land of Absence

To Ribeiro Couto

Land of absence,
strange land,
lighter than angel
or subtle sign,
color of dead algae,
color of falcon
with the age of all time,
with no age content.

It bears no pomegranate
not grows jasmine,
and has no skies
not indigo seas.
Its name, a name
that has never been heard,
and in a land without name
I shall die.

Neither bridge nor boat
brought me here.
No one told me
it was island or shore.
A land I did not search for
and did not discover.

Like a fable
that I learned,
a dream of taking

País de la ausencia

A Ribeiro Couto

País de la ausencia
extraño país,
más ligero que ángel
y seña sutil,
color de alga muerta,
color de neblí,
con edad de siempre,
sin edad feliz.

No echa granada,
no cría jazmín,
y no tiene cielos
ni mares de añil.
Nombre suyo, nombre,
nunca se lo oí,
y en país sin nombre
me voy a morir.

Ni puente ni barca
me trajo hasta aquí,
no me lo contaron
por isla o país.
Yo no lo buscaba
ni lo descubrí.

Parece una fábula
que yo me aprendí,
sueño de tomar

and letting go.
And it is my land
where I live and I die.

It was born to me of things
that are not of land,
of kingdoms and kingdoms
that I had and I lost,
of all things living
that I have seen die,
of all that was mine
and went from me.

I lost ranges of mountains
wherein I could sleep.
I lost orchards of gold
that were sweet to live.
I lost islands of indigo
and sugar cane,
and the shadows of these
I saw circling me,
and together and loving
become a land.

I saw manes of fog
without back or nape,
saw sleeping breaths
pursue me,
and in years of wandering
become a land,
and in a land without name
I shall die.

Translation by Doris Dana

y de desasir.
Y es mi patria donde
vivir y morir.

Me nació de cosas
que no son país;
de patrias y patrias
que tuve y perdí;
de las criaturas
que yo vi morir;
de lo que era mío
y se fué de mí.

Perdí cordilleras
en donde dormí;
perdí huertos de oro
dulces de vivir;
perdí yo las islas
de caña y añil,
y las sombras de ellos
me las vi ceñir
y juntas y amantes
hacerse país.

Guedejas de nieblas
sin dorso y cerviz,
alientos dormidos
me los vi seguir,
y en años errantes
volverse país,
y en país sin nombre
me voy a morir.

Felling

Missive about a Birth for Chile

My friend writes to me: "A baby girl was born to us."
From that moan
the puffy letter arrives; I open it
placing to my face the warm infant's cry.

Their girl was born with his eyes
that are so beautiful when they have joy,
and perhaps, with the neck of the mother
that resembles the neck of a vicuña*.*

As a surprise she was born one night,
as when a banana leaf opens.
The mother did not have the diapers cut
tearing the cloth the moment of her shout.

And for an hour the little one
like baby Jesus in the night,
was left with naked skin
while covered by the Zodiac of January
licked by Gemini, the Lion and the Crab.

At the mother's breast the child was placed
she looked like a one hour old newborn
her eyes shut tight
with wax...

To the little bundle she whispered the same
    delicate phrases
uttered by Maria of the cows and Maria of the goats:
"Untamed rabbit," "self-confident child"...

220

Recado de nacimiento para Chile

Mi amigo me escribe: "Nos nació una niña".
La carta esponjada me llega
de aquel vagido; y yo la abro y pongo
el vagido caliente en mi cara.

Les nació una niña con los ojos suyos,
que son tan bellos cuando tiene dicha,
y tal vez con el cuello de la madre
que es parecido a cuello de vicuña.

Les nació de sorpresa una noche
como se abre la hoja del plátano.
No tenía pañales cortados
la madre, y rasgó el lienzo al dar su grito.

Y la chiquita se quedó una hora
con su piel de suspiro,
como el niño Jesús en la noche,
lamida del Géminis, el León y el Cangrejo,
cubierta del Zodíaco de enero.

Se la pusieron a la madre al pecho
y ella se vio como recién nacida,
con una hora de vida y los ojos
pegados de cera…

Le decía al bultito los mismos primores
que María la de las vacas, y María la de las cabras:
"Conejo cimarrón", "Suelta de talle"…

And the girl cried out begging
to return where without four seasons she had been...

When she opened her eyes
the newly arrived monsters kissed her:
Aunt Rosa, servant Juana,
bent as enormous quillay trees
over a partridge of two hours.

And she cried again awakening neighbors
notifying them,
as important as the British Army,
without wanting to stop until all had been alerted...
She was given my name,
for her to eat fruit bravely,
to break the grasses where she rests;
and to look at the world with such familiarity
as if she had created it, by grace...

But in that invocation they added
for her never have my reckless imprudence,
and not to grow honeycombs for bears
or to whip at the winds...

I now think about things from the past,
and the night when she was born, there
at a clearing of my Cordillera.

I dreamt of a fig tree from Elqui
its milk would flow upon my face.
The landscape was dry, the stones,
great thirst, and the nap, a rage.

I have awakened and my dream has revealed:
—"A beautiful event is coming to your house."

Y la niña gritaba pidiéndole
volver donde estuvo sin cuatro estaciones...

Cuando abrió los ojos,
la besaron los monstruos arribados:
la tía Rosa, la "china" Juana,
dobladas como los grandes quillayes
sobre la perdiz de dos horas.

Y volvió a llorar despertando vecinos,
noticiando al barrio,
importante como la Armada británica,
sin querer aplacarse hasta que todos hubiesen sabido...
Le pusieron mi nombre,
para que coma salvajemente fruta,
quiebre las hierbas donde repose
y mire el mundo tan familiarmente
como si ella lo hubiese creado, y por gracia...

Mas añadieron en aquel conjuro
que no tenga nunca mi suelta imprudencia,
que no labre panales para osos
ni se ponga a azotar a los vientos...

Pienso ahora en las cosas pasadas,
en esa noche cuando ella nacía
allá en un claro de mi Cordillera.

Yo soñaba una higuera de Elqui
que manaba su leche en mi cara.
El paisaje era seco, las piedras,
mucha sed, y la siesta, una rabia.

Me he despertado y me ha dicho mi sueño:
—"Lindo suceso camina a tu casa".

I now send you my messages:
Do not tighten with a corset her chest.
Take her to the green fields of Aconcagua,
as I want to find her under an acacia tree
in a clutter of wools, and as if discovered.

Save the oil from her hair,
because I must comb it first
and lick it as an ancient wolf.
Rock her without song, with only the sole rhythm
of distant ancient stars.

Hopefully she will be a late talker and slow to grow;
like chamomile would be fine.
And for the woman in labor to leave her
under the protection of Martha or Theresa.
Martha made bread
to feed a hungry Christ
and Theresa governed her nuns
as the ancient Favre with his wild wasps…

I think I will return for Christmas
at the time of overripe prickly fruit
and when in stained glass windows the lizards burn.
I am very cold here in Lyon
and by invoking the sun of Vicuña I bring warmth.

Some nights you will allow her
to sleep with me.
I no longer have those nasty nightmares
and wrapped in ermine, for three months I am asleep.

I will sleep with my face
touching her tiny ear,
so that I can blow onto her Sybil's breath.

Ahora les escribo los encargos:
No me le opriman el pecho con faja.
Llévenla al campo verde de Aconcagua,
pues quiero hallármela bajo un aromo
en desorden de lanas, y como encontrada.

Guárdenle la cerilla del cabello,
porque debo peinarla la primera
y lamérsela como vieja loba.
Mézanla sin canto, con el puro ritmo
de las viejas estrellase.

Ojalá que hable tarde y que crezca poco;
como la manzanilla está bien.
Que la parturienta la deje
bajo advocación de Marta o Teresa.

Marta hacía panes
para alimentar al Cristo hambreado
y Teresa gobernó sus monjas
como el viejo Favre sus avispas bravas...

Yo creo volver para Pascua
en el tiempo de tunas fundidas
y cuando en vitrales arden los lagartos.
Tengo mucho frío en Lyon
y me abrigo nombrando el sol de Vicuña.

Me la dejarán unas noches
a dormir conmigo.
Ya no tengo aquellas pesadillas duras
y vuelta el armiño, me duermo tres meses.

Dormiré con mi cara tocando
su oreja pequeña,
y así le echaré soplo de Sibila.

(Kipling tells of some female panther
that slept while sniffing a grain
of a thorny myrrh stuck in its paw...)

With her tiny ear on my face,
so that, if I die, she would feel me
as I am so lonely
that the mocking heavens are astonished
that there is a woman so alone,

and the Zodiac stops in droves
to see if its true or a fable
this woman who is asleep and alone.

* Vicuña, *is one of two South American camelids that live in high alpine areas of the Andes Mountains.*

(Kipling cuenta de alguna pantera
que dormía olfateando un granito
de mirra pegado en su pata...)

Con su oreja pequeña en mi cara,
para que, si me muero, me sienta,
pues estoy tan sola
que se asombra de que haya mujer así sola
el cielo burlón,

y se para en tropel el Zodíaco
a mirar si es verdad o si es fábula
esta mujer que está sola y dormida.

Felling

Song of the Dead Maidens[1]

And the poor dead girls who in April
vanished at the trick of a hand,
those who peeked out and submerged again
like dolphins among the waves?

Where did they go? Where can we find them
crouched on their heels, rocking with a laughter,
or hiding, waiting the voice
of a lover they long to follow?

Were they erased like pictures
that God would not color again?
Or immersed, little by little,
like a garden by brooks and rain?

At times they yearn to reshape
their fleeting profiles in water,
and in profusion and flesh of roses
almost break into smile.

They alter their tremulous forms
to the girth of plant and sapling,
and almost beguile a cloud
into lending them shape and body.

They almost mend their shattered selves,
almost burst out into a joyous sun,
they almost renounce their journey
remembering where they were from;

Tala

Canción de las muchachas muertas[1]

¿Y las pobres muchachas muertas,
escamoteadas en abril,
las que asomáronse y hundiéronse
como en las olas el delfín?

¿Adónde fueron y se hallan,
encuclilladas por reír
o agazapadas esperando
voz de un amante que seguir?

¿Borrándose como dibujos
que Dios no quiso reteñir
o anegadas poquito a poco
como en sus fuentes un jardín?

A veces quieren en las aguas
ir componiendo su perfil,
y en las carnudas rosas-rosas
casi consiguen sonreír.

En los pastales acomodan
su talle y bulto de ceñir
y casi logran que una nube
les preste cuerpo por ardid;

Casi se juntan las deshechas;
casi llegan al sol feliz;
casi reniegan su camino
recordando que eran de aquí;

they almost undo their betrayal
and almost regain the fold.
In the afternoon skies we can almost see
millions of maidens approach!

Translation by Doris Dana

1 *Gabriela dedicated the poem to her niece Graciela who died very young.*

casi deshacen su traición
y van llegando a su redil.
¡Y casi vemos en la tarde
el divino millón venir!

---

1   Gabriela dedicó este poema a su sobrina Graciela quien murió muy joven.

Felling

The Foreigner

To Francis de Miomandre

She still speaks with the moisture of her
  barbarous seas,
still on her tongue, with the taste
of sands and algae unknown to me.
She prays to a god without form or weight,
and is so old she is ready to die.
In our garden which has become strange to us
she grows cactus and clawing grass.
She was nourished by breath of the desert
and loved with a scorching passion
she never tells. If she told us,
it would be like the map of another star.
She will live with us eighty years,
always as if just arriving,
speaking a language that pants and moans
and that only little beasts understand.
And she will die among us
on a night when she suffers most,
only her fate for a pillow,
a death silent and foreign.

Translation by Doris Dana

Tala

La extranjera

A Francis de Miomandre

Habla con dejo de sus mares bárbaros,
con no sé qué algas y no sé qué arenas;
reza oración a dios sin bulto y peso,
envejecida como si muriera.
Ese huerto nuestro que nos hizo extraño,
ha puesto cactus y zarpadas hierbas.
Alienta del resuello del desierto
y ha amado con pasión de que blanquea,
que nunca cuenta y que si nos contase
sería como el mapa de otra estrella.
Vivirá entre nosotros ochenta años,
pero siempre será como si llega,
hablando lengua que jadea y gime
y que le entienden sólo bestezuelas.
Y va morirse en medio de nosotros,
en una noche en la que más padezca,
con sólo una su destino por almohada,
De una muerte callada y *extranjera*.

233

IV

IV

Prose

Prose

*"The creature who wrote the best
Hispano-American prose of this time"*[1]

"Tall, majestic, humble and proud," are some of the adjectives that have been used to describe Gabriela Mistral. These adjectives could also apply to her prose, which, although less known, is as important as her poetry.

At age fifteen, on August 11th, 1904, Lucila Godoy Alcayaga, published in El Coquimbo a local newspaper, her first prose *"The Forgiveness of a Victim,"* signed L. Godoy A. Subsequently,—in her simple, profound and intimate language—she wrote extensively for many regional, national and international magazines and newspapers. The themes of her prose are complex and varied. Their subjects range from her beloved Elqui Valley, its people, landscape, beauty, nature and to her deep relation with the Old and New Testaments. She presented the reader with topics that reflected her preoccupation with social issues that, since an early age, were present in her writings, such as: the rights of women and children, the indigenous people; the ever changing and

238

Prosa

"Aquella criatura que escribió la mejor prosa
hispanoamericana de este tiempo"[1]

"Alta, majestuosa, humilde y altiva," han sido los adjetivos con lo que a través de los años se ha descrito a Gabriela Mistral. Estos adjetivos podrían aplicar también a su prosa, la cuál, aunque menos conocida, es tan importante como su poesía.

El 11 de Agosto de 1904, Lucila Godoy, a la edad de quince años, publicó en *El Coquimbo*, su primera prosa "El Perdón de una Víctima", firmado por L. Godoy A. Posteriormente, escribió extensamente—en su lenguage simple, profundo e íntimo—para revistas y periódicos regionales, nacionales e internacionales. Los temas de la prosa de Mistral son complejos y variados. Abarcan una serie de temas como su amado Valle de Elqui, su gente, paisaje, belleza; la naturaleza y su profunda relación con el Nuevo y Antiguo Testamento; presentando al lector temas que reflejan las preocupaciones sociales que fueron centrales para ella desde muy temprana edad: los derechos de la mujer, de los niños, de los pueblos indígenas;

sometimes violent world that surrounded her; as well as her extensive religious prose.

Through this prose—humble and generous—her voice is present in what Don Miguel the Basque called "conversational language," which brings us close to her, to her everyday way of communicating and that makes us feel as if we know her and that she knows us.

1   *Esther de Cáceres,* Mistral, *[1966]: LXXX.*

el mundo siempre cambiante—y muchas veces violento—que la rodeaba; y también su extensa prosa religiosa.

A través de esta prosa—humilde y generosa—se perfila su voz, lo que Don Miguel el Vasco, se refería como "lenguaje conversacional," el cuál nos acerca a su forma de ser, a su lenguaje cotidiano y nos hace sentir que la conocemos y que ella nos conoce.

1   Esther de Cáceres, *Mistral*, [1966]: LXXX.

Prose

The Forgiveness of a Victim

Among the foliage of the forest and the green of the leaves, the stark white dress of a woman stood out. She was sitting on the trunk of a tree; her pale face shaded by dark curls, clearly reflected the woes that wilt one's soul forever.

She was young; her blue eyes were like a piece of sky, and they appeared fixed on the new green shoots of the bushes.

But it was not as it seemed; the breeze was singing its soft song, the flowers opening their buds, the brook gliding through the green carpet of grass did not impress her soul; the whisper of the leaves did not reach her hearing, and the aroma of the flowers that embalmed the breeze that afternoon did not give her any joy.

She was Esther, the mad woman of the village, that beautiful young woman who had been, at one time, the joy of this lovely town, and the delight of her home, the home that surrounded by trees and vines could be seen

Prosa

El perdón de una víctima

Entre el ramaje del bosque, resaltaba entre el verde de las hojas, el albo traje de una mujer. Sobre el tronco de un árbol estaba sentada, y en su pálida frente sombreada por oscuros rizos, se veia reflejarse claramente esos pesares que marchitan el alma para siempre.

Era joven; sus ojos azules semejaban un retazo de cielo, y al parecer se fijaban en los verdes retoños de los arrayanes.

Mas no era así, la brisa entonando su suave canción, las flores abriendo sus capullos, el arroyo deslizándose entre la suave alfombra de césped no impresionaban su alma; el susurro de las hojas no llegaban a sus oidos, y el aroma de las flores que embalsamaba las brisas no deleitaba su mente aquella tarde.

Era Esther, la pobre loca de la aldea, aquella linda joven que habia sido en un tiempo la alegría de aquella simpática población y el encanto de su hogar, aquel que se divisaba alla a lo lejos rodeado de árboles y enredaderas,

243

from afar, where nature boasted a beauty that would have filled a poet's mind with anticipation.

It was she, who now resembled one of those flowers that the sun and the waters of the creek want, in vain, to give life to one of those flowers that not even a light breeze moves.

Poor young woman! in her sweet and misty gaze, where one could see that in the greatness of her pure and beautiful soul as if awakening from a dream, there was a hint of a bitter smile, and her heart, poor and meek, that travels though the mist of a dismal night, harbored the existence of one those dead creatures, suffering a death that makes her life a martyrdom.

Every day, since the day of her moral death, she walked though her father's forest, old John. When he guided his steps searching for her, he was sure to find her lying on that tree trunk, and he would then seem to find similarities between her and those beings surrounded by mystery (fairies), and with his eyes filled with tears, he would take her hand and say: "Esther, my daughter, let's go, your mother awaits." This is how she passed her days until the afternoon when, as usual, we find her in her favorite place.

With a deep sigh, she heavily lowered her head into her hands and then smiled, with the smile of those who suffer a mental disorder; that childish smile in which you can read a poem stricken by tears, sighs, moans and anguish.

donde la naturaleza ostentaba sus bellezas que habrían llenado de ilusiones la mente de un poeta.

Era ella, que semejaba hoy una de esas flores a que en vano los rayos del sol y las aguas del arroyo quieren darle vida, una de esas flores que ni siquiera se mueven al soplo de la brisa.

Pobre joven! en su mirada dulce y vaporosa, donde se adivinaba la grandeza de su alma pura y hermosa como el despertar de un sueño, vagaba una sonrisa amarga, y su corazón, pobre ave, pobre ave que avanza entre las nieblas de una noche tenebrosa, sostenía la existencia de uno de esos seres muertos, pero con una muerte de suplicio que hace de su vida la de un mártir.

Desde aquel día, aquel de su muerte moral, recorría diariamente el bosque propiedad de su padre, el anciano Juan. Cuando él encaminaba sus pasos al bosque, en busca de su hija, iba seguro de hallarla recostada en aquel tronco, y entonces le parecía encontrar semejanza entre ella y esos seres envueltos en el misterio (las hadas), y la tomaba de la mano con los ojos nublados de lágrimas y le decía: "Esther, hija mía, vamos, vuestra madre os aguarda". Y así habian pasado sus días hasta la tarde en que, como de costumbre, la encontramos en el sitio de su predilección.

Lanzó un profundo suspiro, dejo caer pesadamente la cabeza entre sus manos y después sonrió con esa sonrisa propia de los que sufren de enajenación mental; de esa sonrisa de niño en la cual puede leerse todo un poema enlutado de lágrimas y suspiros, de quejas y angustias.

Suddenly, a noise as if made by the quick step of someone walking through leaves was heard. Esther raised her eyes and saw a man with a lost gaze that, was quickly making his way through the bushes. She, as it was her custom, looked at him and at the same time her throat let out a loud hysterical laugh. Upon hearing her, the young man looked at where Esther was; but as he set his eyes on her, he felt he had no strength and exhausted fell to the ground whispering: "My God!"

Esther kept looking around her, the unknown, with his face buried in his hands, he cried; his cheeks wet with tears. He directed his eyes towards the young woman; but he saw her gaze fixed on him and it seemed to burn him; he thought he heard her voice curse him. At the same time, he heard a mysterious noise in the forest, as if the enormous poplar trees, witnessing this scene, would fall over him; but, it was simply the cry of his conscious that continuously repeated: "There you have your victim!"

He then pulled himself together; came to the feet of the young woman and kneeled; his dry lips shivered with emotion and finally he opened them to speak: "Esther, angel of the heavens, he said with trembling voice, do you know me!"

She smiled again and the most terrifying silence followed the young man's question: "Poor unhappy soul, he continued with his voice drowned in tears, I am the miserable man that slandered your purity, an enormous horror; I am the one who murdered your life; remorse, gnawing at my heart, has taken me around the world and at each step, I have only found the image of my crime."

Oyose de repente un ruido como el que produce el paso precipitado de alguien que atraviesa entre las hojas. Esther levantó los ojos y vió un hombre de mirada extraviada que, con paso ligero, se abría paso entre las ramas. Ella, como lo hacía de costumbre, lo miró al mismo tiempo que una carcajada histérica resonaba en su garganta. El joven al oirla buscó el sitio donde Esther se hallaba; pero sintió, al fijar su mirada en ella, que las fuerzas le faltaban, y cayó exánime en tierra murmurando: "¡Dios mío!"

Esther seguía recorriendo con la vista su redor; el desconocido, con el rostro oculto entre las manos lloraba, empapando las mejillas con su llanto. Enderezó sus ojos a donde la joven estaba; pero vio que ella tenía su mirada fija en él y le pareció que ésta lo quemaba; le pareció oir su voz, que le maldecia. Sintió al mismo tiempo en el bosque un ruido misterioso, como que los enormes álamos, testigos de esa escena, se desplomaban sobre él; pero era simplemente el grito de su conciencia que le repetía sin cesar: "¡Ahí tienes tu víctima!"

Y entonces se incorporó; llego hasta los pies de la joven y alli se arrodilló; sus labios secos temblaban por la emoción, pero al fin se entreabrieron para hablar. "¡Esther, ángel del cielo, exclamó con sus voz temblorosa, me conoces!"

Ella sonrió nuevamente y el mas aterrador silencio siguió a la pregunta del joven "Pobre desdichada, continuó con su voz ahogada por las lágrimas, soy el miserable que amargó tus días, aquel que te calumnió arrojando sobre tu honra pura, un enorme horror; soy yo el asesino de tu vida; los remordimientos, royéndome el corazón, me han llevado proscrito por el mundo encontrando a cada paso sólo la imagen de mi crimen".

"And here I am, I have returned following of my cursed destiny, surrounded by disgrace, carrying my miserable existence, sealed by this crime! Oh! Esther, if you knew the weight of this crime, if you understood the remorseful hours, if you read in my soul the black lines where your pure name is written! Woman forgive me, your forgiveness is all I await for in this world before I die; I was a criminal, forgive me I beg you; my death approaches at a fast pace and I have little left until I am drowned in its arms. Esther! I know that my crime, my slander brought unhappiness and that since then, you feel dead while still alive, but believe me when I say that in my dreams I have found no rest; believe me that when I crossed mountains and trees it seemed that they call me assassin! My daily bread has been very bitter, more bitter than yours because it has been devoured in the hours of horrible anguish!!"

He took a breath and then, bringing his hands together and in a moment of despair in his agony he screamed:

Come back to yourself, Esther, give me your forgiveness as I will die, I ask your in the name of the heavens!!

The young woman sighed deeply; after two years, tears once again dampened her pale dead-like cheeks.

He continued:
—Do you remember who I am? Do you remember that I slandered you in the most miserable way? Do you remember?

"Y aquí estoy, aqui he vuelto siguiendo la corriente de mi destino maldito, envuelto en la ignominia, arrastrando mi existencia miserable sellada con el sello del crimen! Oh! Si supieras, Esther, el peso de mi delito, si comprendieras las horas de remordimiento, si leyeras en mi alma los rayos negros con que llevo escrito en ella tu nombre puro! Mujer, perdóname, tu perdón es lo único que espero en el mundo antes de morir; fui criminal, perdóname os lo ruego; mira que la muerte se acerca con paso presuroso, y me resta [sic] muy poco antes que me ahogue entre sus brazos. Esther! Yo sé que mi crimen, mi calumnia te hizo infeliz, yo sé que desde entonces estas muerta en vida, pero cree que aún en mis sueños no he encontrado reposo; créeme que al atravesar los montes y los arboles éstos me ha parecido que me hablan y me llaman ¡asesino! El pan de mis días ha sido muy amargo, más que el tuyo porque ha sido devorado en mis horas de atroz angustia!!"

Tomo aliento y entonces, juntando sus manos en un momento de desesperación, gritó loco en medio de su martirio:

¡Vuelve en ti, Esther, dame tu perdón, mira que voy a morir, yo te lo pido en el nombre del cielo!!

La joven lanzó un inmenso suspiro, el llanto volvió después de dos años a empapar sus mejillas pálidas, como de una muerta.

El continuó:
—Recuerdas quién soy? Recuerdas que te calumnié de la manera más miserable? Lo recuerdas?

-Yes, she whispered sweetly, you are Gabriel and I forgive you, I hope the heavens forgive you as well!

-Thank you, God, said the young man and addressing her he continued:

-Yes...forgive me because these lips implore you, these lips that should have burnt upon such ruinous slander, tomorrow they will already be stiff.

-Yes..., she said again, I forgive you poor man for the crime, leave and live the life you snatched from me...

But upon finishing, Esther saw that Gabriel had rolled over the grass and did not move, she moved closer and looked at him; but what a horror! He was already dead!

He waited for the forgiveness of his victim and had died!!!

Among the cypresses of the village cemetery a white cross can be seen: a woman kneeling at the tomb.

It is the tomb of Gabriel; the woman is Esther, the poor crazy woman, now back to herself, there she is, praying for the one who embittered her days with the most terrible of slanders...

It is Esther, the victim who has forgiven...because forgiveness is the child of noble souls...

L. GODOY A.
La Serena, August 10, 1904

Published in El Coquimbo, La Serena on August 11, 1904 (Year XXV, Nº 3951).

-Sí…murmuró ella dulcemente, tú eres Gabriel y te perdono, que el cielo te perdone también!

-Gracias, Dios mío, exclamó el joven y dirigiéndose a ella prosiguió:

-Si…perdóname porque estos labios que te imploran, estos que debieron quemarse al proferir una calumnia ruin, tremenda, ya mañana estaran yertos.

-Sí…volvió a decir ella, te perdono pobre hijo del crimen, vete, y vive con la vida que me arrebataste…

Pero al terminar Esther vió que Gabriel habia rodado sobre la yerba y que no se movía, se acercó a él y lo miró; pero horror! Ya era cadáver!

Esperaba el perdón de su víctima y habia muerto!!!

Entre los cipreses del cementerio de la aldea una cruz blanca se ve: arrodillada en esa tumba esta una mujer.

Es la tumba de Gabriel; la mujer es Esther, la pobre loca, vuelta a la razón, allí esta orando por aquel que le amargó sus días con la más enorme de las calumnias…

Es Esther, la víctima que ha perdonado…porque el perdón es hijo de las almas nobles…

L. GODOY A.
La Serena, 10 de Agosto de 1904

Publicado el día 11 de agosto de 1904 en *El Coquimbo* de La Serena (Año XXV, N° 3951).

Prose

The Education of a Woman

Let us look back at the history of humanity in search of the silhouette of the women in the different ages of the World. The further we go back in history we will find her more humiliated and vilified. Her greatness follows the same pace of civilization; as the light of progress shines stronger over our world, she, overwhelmed raises herself up more and more.

And, as her mind is enlightened, her mission and value is understood, and today she is no longer the slave of the past but the companion, the equal. For her primitive humiliation, she has already conquered much, but she still has much to explore to be able to sing the song of victory.

If socially she occupies her rightful place, this is not the same in the intellectual world, even when many assert that she has achieved enough; her role in it is not null, but too weak.

Prosa

La instrucción de la mujer

Retrocedamos en la historia de la humanidad buscando la silueta de la mujer, en las diferentes edades de la Tierra. La encontraremos más humillada y más envilecida mientras más nos internemos en la antigüedad. Su engrandecimiento lleva la misma marcha de la civilización; mientras la luz del progreso irradia más poderosa sobre nuestro globo, ella, agobiada va irguiéndose más y más.

Y, es que a medida que la luz se hace en las inteligencias, se va comprendiendo su misión y su valor y hoy ya no es la esclava de ayer sino la compañera igual. Para su humillación primitiva, ha conquistado ya lo bastante, pero aún le queda mucho que explorar para entonar un canto de victoria.

Si en la vida social ocupa un puesto que le corresponde, no es lo mismo en la intelectual aunque muchos se empeñen en asegurar que ya ha obtenido bastante; su figura en ella, si no es nula, es sí demasiado pálida.

It has been said that a woman needs only an average education; because still, there are some, that only see her as able to manage a home.

Her education, is a great undertaking that carries within itself the reform of an entire gender. Because an educated women is no longer that ridiculous fanatic that only attracts mockery; because she ceases to be the boring wife that to maintain conjugal love her only asset is her physical beauty and in the end, feels her life with nuisance. Because and educated woman ceases to be a helpless being, who when weak to fight against Misery, ends up selling herself miserably if her physical strength does not allow her to do that work.

To educate a woman is to make her worthy and to elevate her. To open a wider range of opportunities, it is to tear away the degradation of many of its victims.

It is necessary for the woman to cease being a beggar of protection; and to be able to live without sacrificing her happiness with one of those horrible modern marriages; or her virtue by the unworthy sale of her honor.

Because almost always, the degradation of a woman is because of her helplessness.

Why that unwise idea of some parents, to remove from their children's hands the access to scientific works with the pretext that its reading may change their beliefs?

Se ha dicho que la mujer no necesita sino una mediana instrucción; y es que aún hay quienes ven en ella al ser capaz sólo de gobernar el hogar.

La instrucción suya, es una obra magna que lleva en sí la reforma completa de todo un sexo. Porque la mujer instruida deja de ser esa fanática ridícula que no atrae a ella sino la burla; porque deja de ser esa esposa monótona que para mantener el amor conyugal no cuenta más que con su belleza física y acaba por llenar de fastidio esa vida en que la contemplación acaba. Porque la mujer instruida deja de ser ese ser desvalido que, débil para luchar con la Miseria, acaba por venderse miserablemente si sus fuerzas físicas no le permiten ese trabajo.

Instruir a la mujer es hacerla digna y levantarla. Abrirle un campo más vasto de porvenir, es arrancar a la degradación muchas de sus víctimas.

Es preciso que la mujer deje de ser mendiga de protección; y pueda vivir sin que tenga que sacrificar su felicidad con uno de los repugnantes matrimonios modernos; o su virtud con la venta indigna de su honra.

Porque casi siempre la degradación de la mujer se debe a su desvalimiento.

¿Por qué esa idea torpe de ciertos padres, de apartar de las manos de sus hijos las obras científicas con el pretexto de que cambie su lectura los sentimientos religiosos del corazón?

Is there a more worthy religion than the one from the learned?

Is there a greater God than the one the astronomer kneels in front of after having observed the dark depths of the skies?

For young people, I would make available the readings of all the greats of science, for them to plunge into the study of Nature, to have an idea of its Creator. I would show him the sky of the astronomer, not of the theologian; I would make him know the space filled with worlds not sparkles; I would show him all the secrets of the skies. And then, after they would have known all the writings, and after they would know what the Earth in space is, they would have a religion dictated by their intelligence, reason and their soul. Why ascertain that a woman needs only a basic instruction?

Throughout all the ages of the world when a woman has been the beast of the savages and the slave of those civilized, how much intelligence has been lost in the darkness of its gender! How many geniuses may have lived in despicable slavery, untapped, ignored! Educate the woman; there is nothing for which she should be placed lower than a man.

For her heart to feel more dignity in her life; the dignity of the enlightenment.

For her to attain respect, admiration and love for more than virtue.

¿Qué religión más digna que la que tiene el sabio?

¿Qué Dios más inmenso que aquel ante el cual se postra el astrónomo después de haber escudriñado los abismos de la altura?

Yo pondría al alcance de la juventud toda la lectura de esos grandes soles de la ciencia, para que se abismara en el estudio de la Naturaleza de cuyo Creador debe formarse una idea. Yo le mostraría el cielo del astrónomo, no el del teólogo; le haría conocer ese espacio poblado de mundos, no poblado de centellos; le mostraría todos los secretos de esas alturas. Y, después que hubiera conocido todas las obras; y, después que supiera lo que es la tierra en el espacio, que formara su religión de lo que le dictara su inteligencia, su razón y su alma. ¿Por qué asegurar que la mujer no necesita sino una instrucción elemental?

En todas las edades del mundo en que la mujer ha sido la bestia de los bárbaros y la esclava de los civilizados, ¡cuánta inteligencia perdida en la oscuridad de su sexo!, ¡cuántos genios no habrán vivido en la esclavitud vil, inexplotados, ignorados! Instrúyase a la mujer; no hay nada en ella que le haga ser colocada en un lugar más bajo que el del hombre.

Que lleve una dignidad más al corazón por la vida: la dignidad de la ilustración.

Que algo más que la virtud le haga acreedora al respeto, a la admiración y al amor.

In an educated beautiful gender, you will have women that are less miserable, less fanatic and less inept.

For the Sun, that is science, to illuminate their intellect with all its power.

For the enlightenment, to make her see the vileness of a woman sold, an immoral woman. And to strengthen her for the struggles of life.

For her to be able to be self-sufficient and stop being that creature that agonizes and is destitute if the father, husband or son do not protect her.

More future for the woman, more help!

Help her find the means with which she can live without begging for protection.

And less of them will be humiliated. And there would be less darkness for that half of humanity. And, more dignity in the home. Education dignifies the lower spirits and instills great emotions in them.

Make them love science more than jewels and silks.

She should devote to it the best years of her life. Scientific books should be placed in her hands in the same manner as the Piety Manual.

And she will rise up with all her pride and majesty, she who has dragged herself defenseless and humiliated.

Tendréis en el bello sexo instruido, menos miserables, menos fanáticas y menos mujeres nulas.

Que con todo su poder, la ciencia que es Sol, irradie en su cerebro.

Que la ilustración le haga conocer la vileza de la mujer vendida, la mujer depravada. Y le fortalezca para las luchas de la vida.

Que pueda llegar a valerse por sí sola y deje de ser aquella creatura que agoniza y miseria si el padre, el esposo o el hijo no le amparan.

¡Más porvenir para la mujer, más ayuda!

Búsquesele todos los medios para que pueda vivir sin mendigar la protección,

Y habrán así menos degradadas. Y habrá así menos sombra en esa mitad de la humanidad. Y, más dignidad en el hogar. La instrucción hace noble los espíritus bajos y les inculca sentimientos grandes.

Hágasele amar la ciencia más que las joyas y las sedas.

Que consagre a ella los mejores años de su vida. Que los libros científicos se coloquen en sus manos como se coloca el Manual de la Piedad.

Y se alzará con toda su altivez y su majestad, ella que se ha arrastrado desvalida y humillada.

For glory to shine on her and for her name to be heard in the intellectual world.

So that next to the learned man, she would no longer be that ignorant being annoyed by scientific articles and who does not understand the beauty and greatness of that Goddess for great souls.

To be the Estelle that Flammarion dreams with in his work; sharing with the astronomer the great solitude of her life; the Estelle that does not cry over the loss of her diamonds, or lives unhappily far from adulation, one of the most deplorable vices of an elegant woman.

Honor to the representatives of the people that include the education of women in their work programs; to those who are determined to fight for their greatness; success and victory!

Lucila Godoy y Alcayaga

This essay was published in La Voz de Elqui *of Vicuña on Thursday, March 8, 1906.*

Que la gloria resplandezca en su frente y vibre su nombre en el mundo intelectual.

Y no sea al lado del hombre ilustrado ese ser ignorante a quien fastidian las crónicas científicas y no comprende el encanto y la alteza que tiene esa diosa para las almas grandes.

Que sea la Estela que sueña en su obra Flammarion; compartiendo con el astrónomo la soledad excelsa de su vida; la Estela que no llora la pérdida de sus diamantes ni vive infeliz lejos de la adulación que forma el vicio deplorable de la mujer elegante.

Honor a los representantes del pueblo que en sus programas de trabajo por él incluya la instrucción de la mujer; a ellos que se proponen luchar por su engrandecimiento, ¡éxito y victoria!

Lucila Godoy y Alcayaga

Este ensayo fue publicado en *La Voz de Elqui* de Vicuña, el jueves 8 de marzo de 1906.

Prose

The Teacher's Prayer

To César Duáyen

Lord, you who taught, forgive me that I teach; forgive me that I bear the name of teacher, the name you bore on earth.

Grant me such devoted love for my school that not even beauty's flame will detract from my faithful tenderness.

Master, make my fervor long-lasting and my disillusion brief. Uproot from me this impure desire for justice that still troubles me, the petty protest that rises up within me when I am hurt. Let not the incomprehension of others trouble me, or the forgetfulness of those I have taught sadden me.

Let me be more maternal than a mother; able to love and defend with all of a mother's fervor the child that is not flesh of my flesh. Grant that I may be successful in molding one of my pupils into a perfect poem, and let me leave within her my deepest-felt melody that she may sing for you when my lips shall sing no more.

La oración de la maestra

A César Duáyen

¡Señor! Tú que enseñaste, perdona que yo enseñe; que lleve el nombre de maestra, que Tú llevaste por la Tierra.

Dame el amor único de mi escuela; que ni la quemadura de la belleza sea capaz de robarle mi ternura de todos los instantes.

Maestro, hazme perdurable el fervor y pasajero el desencanto. Arranca de mí este impuro deseo de justicia que aún me turba, la mezquina insinuación de protesta que sube de mí cuando me hieren. No me duela la incomprensión ni me entristezca el olvido de las que enseñé.

Dame el ser más madre que las madres, para poder amar y defender como ellas lo que no es carne de mis carnes. Dame que alcance a hacer de una de mis niñas mi verso perfecto y a dejarte en ella clavada mi más penetrante melodía, para cuando mis labios no canten más.

Make me strong in my faith that your Gospel is possible in my time, so that I do not renounce the daily battle to make it live.

Let your luminous radiance descend upon my modest school as it did upon the barefoot children who surrounded you.

Make me strong even in my weakness as a woman, and particularly as a poor woman. Make me scorn all power that is not pure, and all duress that is not your flaming will upon my life.

Friend, accompany me, sustain me! Many times I will have only you at my side. When my teaching becomes more pure and my truth more burning, the worldly will forsake me; but you will press me to your heart that was so utterly lonely and forsaken. I shall not seek the sweetness of approbation except in your eyes.

Give me the simplicity and depth; let me be neither complicated nor commonplace in my everyday teaching.

Each morning when I enter my school, let my vision rise above my own hurt. Let me never carry to me work desk my own small material cares or my personal sorrows.

Let my hand be light in punishment, and my caresses ever more tender. May I reprimand with regret so that I may know I have corrected with love.

Muéstrame posible tu Evangelio en mi tiempo, para que no renuncie a la batalla de cada día y de cada hora por él.

Pon en mi escuela democrática el resplandor que se cernía sobre tu corro de niños descalzos.

Hazme fuerte, aun en mi desvalimiento de mujer, y de mujer pobre; hazme despreciadora de todo poder que no sea puro, de toda presión que no sea la de tu voluntad ardiente sobre mi vida.

¡Amigo, acompáñame! ¡Sosténme! Muchas veces no tendré sino a Ti a mi lado. Cuando mi doctrina sea más casta y más quemante mi verdad, me quedaré sin los mundanos; pero Tú me oprimirás entonces contra tu corazón, el que supo harto de soledad y desamparo. Yo no buscaré sino en tu mirada la dulzura de las aprobaciones.

Dame sencillez y dame profundidad; líbrame de ser complicada o banal en mi lección cotidiana.

Dame el levantar los ojos de mi pecho con heridas, al entrar cada mañana a mi escuela. Que no lleve a mi mesa de trabajo mis pequeños afanes materiales, mis mezquinos dolores de cada hora.

Alígérame la mano en el castigo y suavízamela más en la caricia. ¡Reprenda con dolor, para saber que he corregido amando!

Let me make my brick schoolhouse into a spiritual temple. Let the radiance of my enthusiasm envelop the poor courtyard and the bare classroom. Let my heart be a stronger column and my goodwill purer gold than the columns and gold of rich schools.

And, finally, let the pale canvas of Velázquez ever remind me that to teach and to love intensely means to arrive at the last day with the spear of Longinus[1] piercing the heart aflame with love.

Punta Arenas, January 1919

Translation by Doris Dana

---

1   *The Roman centurion at Calvary who pierced the side of the dying Christ, and who cried out at His death: "Truly, this man was the Son of God."*

Haz que haga de espíritu mi escuela de ladrillos. Le envuelva la llamarada de mi entusiasmo su atrio pobre, su sala desnuda. Mi corazón le sea más columna y mi buena voluntad más horas que las columnas y el oro de las escuelas ricas.

Y, por fin, recuérdame desde la palidez del lienzo de Velázquez, que enseñar y amar intensamente sobre la Tierra es llegar al último día con el lanzazo de Longinos[1] en el costado ardiente de amor.

Punta Arenas, enero de 1919

---

1 Centurión romano que clavó su lanza en el costado de Cristo agonizante, exclamando después: "Verdaderamente, este hombre era Hijo de Dios".

Prose

How I Write

We women, do not write solemnly like Buffon, who for the trance donned his jacket with lace sleeves and sat down with great solemnity at his mahogany desk.

I write over the knees; a writing desk has never been of any use to me, neither in Chile, nor in Paris, nor in Lisbon.

I write in the morning or at night; the afternoon has never given me any inspiration, without understanding the reason for its sterility or its negative attitude towards me...

I do not think that I have ever written a verse in a closed room, or in a room with a window facing a building's wall. I always lean on a piece of sky, which Chile gave me in brilliant blue, and that Europe gives me in shades of gray. My mood improves if my old eyes rest upon a mass of trees.

Prosa

Como escribo

Las mujeres no escribimos solemnemente como Buffon, que se ponía para el trance su chaqueta de mangas con encajes y se sentaba con toda solemnidad a su mesa de caoba.

Yo escribo sobre mis rodillas y la mesa escritorio nunca me sirvió de nada, ni en Chile, ni en París, ni en Lisboa.

Escribo de mañana o de noche, y la tarde no me ha dado nunca inspiración, sin que yo entienda la razón de su esterilidad o de su mala gana para mí...

Creo no haber hecho jamás un verso en cuarto cerrado ni en cuarto cuya ventana diese a un horrible muro de casa; siempre me afirmo en un pedazo de cielo, que Chile me dio azul y Europa me da borroneado. Mejor se ponen mis humores si afirmo mis ojos viejos en una masa de árboles.

While I was a steady creature of my race and country, I wrote about what I saw or what I had close by, fresh and near. Since I became a vagabond, voluntarily exiled, it seems as if I only write in the midst of a breath of phantoms. The land of America and my people, alive or dead, have become a faithful melancholic procession which more than involving me, shrouds and crushes me, and it rarely allows me to see the landscape and the foreigners. In general, I write unhurriedly, and other times with the vertical speed of an avalanche of stones down the Cordilleran range. It always irritates me, to stand up, and I always have four or six sharpened pencils beside me, I am a bit lazy and I have been spoiled by the habit of having everything done for me, except the verses...

At the time that I struggled with language, demanding its intensity, while I wrote, I tended to hear a furious grinding of teeth, the enraged sound of the sandpaper against the blunt edge of language.

I no longer fight with words, but with something else...I have grown to dislike and feel detached from my poems, those in which I do not recognize my spoken word, the one that Don Miguel the Basque called, "conversational language."

I make many more corrections than what people may think, reading some verses that, even when revised, are barbaric. I came from a labyrinth of hills and a bit of that toothless knot, is present in what I do, in verse or prose.

Mientras fui criatura estable de mi raza y mi país, escribí lo que veía o tenía muy inmediato, sobre la carne caliente del asunto. Desde que soy criatura vagabunda, desterrada voluntaria, parece que no escribo sino en medio de un vaho de fantasmas. La tierra de América y la gente mía, viva o muerta, se me han vuelto un cortejo melancólico pero muy fiel, que más que envolverme, me forra y me oprime y rara vez me deja ver el paisaje y la gente extranjeros. Escribo sin prisa, generalmente, y otras veces con una rapidez vertical de rodado de piedras en la Cordillera. Me irrita, en todo caso, pararme, y tengo siempre al lado, cuatro o seis lápices con punta porque soy bastante perezosa, y tengo el hábito regalón de que me den todo hecho, excepto los versos...

En el tiempo en que yo me peleaba con la lengua, exigiéndole intensidad, me solía oír, mientras escribía, un crujido de dientes bastante colérico, el rechinar de la lija sobre el filo romo del idioma.

Ahora ya no me peleo con las palabras sino con otro cosa...He cobrado el disgusto y el desapego de mis poesías cuyo tono no es el mío por ser demasiado enfático. No me excuso sino aquellos poemas donde reconozco mi lengua hablada, eso que llamaba Don Miguel el vasco, la "lengua conversacional".

Corrijo bastante más de lo que la gente puede creer, leyendo unos versos que aun así se me quedan bárbaros. Salí de un laberinto de cerros y algo de ese nudo sin dentadura posible, queda en lo que hago, sea verso o prosa.

Writing tends to make me happy; always softens my spirit and gives me the gift of an innocent, tender, childlike day. It is the sensation of having spent a few hours in my real country, with my customs, as I wish, in total freedom.

Although I am quite disorganized, I like to write in a neat room. Order seems to grant me space and this appetite for space is in my eyes and my soul.

On occasion, I have written following the rhythm of a pipe that runs along the street by my side or following the sounds of nature, those that melt like a lullaby.

On the other hand, I still have the anecdotal poetry that is so despised by young poets.

Poetry comforts my senses and what they call the soul; another's poetry much more than my own. Both make my blood flows more smoothly; they defend my childlike character, they rejuvenate me, and they give me a sort of asepsis with respect to the world.

Poetry in me is simply my lap, a residue of an obscured infancy. Even if it results being bitter and hard, the poetry I write cleanses the dust of the world off me and who knows what other essential vileness we know as original sin, that I carry with me with great affliction. Perhaps, original sin, is nothing more than our fall into the rational and arrhythmic expression of the human race, that hurts us women more, beacause of the joy we

Escribir me suele alegrar; siempre me suaviza el ánimo y me regala un día ingenuo, tierno, infantil. Es la sensación de haber estado por unas horas en mi patria real, en mi costumbre, en mi suelto antojo, en mi libertad total.

Me gusta escribir en cuarto pulcro, aunque soy persona harto desordenada. El orden parece regalarme *espacio*, y este apetito de espacio lo tienen mi vista o mi alma.

En algunas ocasiones he escrito siguiendo un ritmo recogido en caño que iba por la calle lado a lado conmigo, o siguiendo los ruidos de la naturaleza, que ellos se me funden en una especie de canción de cuna.

Por otra parte, tengo aún la poesía anecdótica que tanto desprecian los poetas mozos.

La poesía me conforta los sentidos y eso que llaman el alma; pero la ajena mucho más que la mía. Ambas me hacen correr mejor la sangre; me defienden la infantilidad del carácter, me aniñan y me dan una especie de asepsia respecto al mundo.

La poesía es en mí, sencillamente, un regazo, un sedimento de la infancia sumergida. Aunque resulte amarga y dura, la poesía que hago me lava de los polvos del mundo y hasta no sé de qué vileza esencial parecida a lo que llamamos el pecado original, que llevo conmigo y que llevo con aflicción. Tal vez el pecado original no

lost in the grace of an intuitive and musical language that was to be the language of the human race.

This is all can say about me, and do not try to discover more…

sea sino nuestra caída en la expresión racional y anti-rrítmica a la cual bajó el género humano y que más nos duele a las mujeres por el gozo que perdimos en la gracia de una lengua de intuición y de música que iba a ser le lengua del género humano.

Es todo cuanto sé decir de mí y no me pongáis vosotros a averiguar más…

Prose

Prayer to Our Lord Jesus for Yin

Jesus Christ, Our Lord, at dawn we entrust Juan Miguel to you and before falling asleep we once again deliver him to you.

He was yours and then ours, Jesus Christ; but now he is only yours. Look after him, provide for him, and watch over him. Before he was with us and wherever he went he was within our sight. He now has the bright day of Eternity upon on which we cannot rest our poor eyes.

[We pray] For him to feel you, to recognize you, to know that he has arrived to your Kingdom and to understand that from now on You, Christ, are his father, his mother, his country and his redemption.

He was always yours, but now he is only and forever yours. Give him joy, Lord, it is in Your power; comfort him, it is in Your will and to move him is within Your grace.

Prosa

Oración a Nuestro Señor Jesús por Yin

Jesucristo Nuestro señor, al amanecer te fiamos a Juan Miguel y antes de dormir te lo entregamos de nuevo.

Él era tuyo y después de nosotras, Jesucristo; pero ahora él es nada más que tuyo. Mira por él, provee por él, cela por él. Antes él estaba entre nosotras y a donde fuese quedaba al alcance de nuestras vistas. Ahora él tiene el día uno y blanco de la Eternidad al cual no caen nuestros pobres ojos.

Que él te sienta, que él te reconozca, que él sepa que ha llegado Tu Reino y comprenda que desde ahora, Tú, el Cristo, eres su padre, su madre, su patria y su redención.

Tuyo fue de siempre, pero ahora es nada más que tuyo y es para siempre tuyo. Alegrarlo, Señor, está en Tu poder; confortarlo está en Tu voluntad y mudarlo está en Tu gracia.

Purify him Lord, until he is worthy of the heavens. Move him, Lord, until he only does Your will and does it filled with joy. Recreate his nature. Christ restorer, until he resembles your just ones, and the law of the Earth no longer reigns over him, and the memory of the Earth no longer distracts him.

Before Juan Miguel had our meager words and our poor wisdom. Now he has Christ for the Living Word and for the living dwelling.

Carry him Christ, behind you; then carry him with you and finally carry him within You, as a mother carries her son in her bosom.

May Juan Miguel reach the glimmer of your glory; may he receive the warmth of your divine wealth and may your glory return to him unendingly the joy of his infancy that the Earth burned.

Before Christ, we looked after him, listened for him, and watched over him. But now he is entirely under your governance and submerged in your mercy.

Make him walk without drifting; allow him to realize when he has finally understood and give him the grace to guess while he is striving to know.

Give him, Lord, your new senses, give his hew new strengths. Let him be illuminated by You, driven by You, and carried away by You.

Límpialo, Señor, hasta que sea digno de los cielos. Muévelo, Señor, hasta que él no haga sino Tu voluntad y la haga lleno de gozo. Recrea su naturaleza. Cristo renovador, hasta que se parezca a tus justos y la ley de la Tierra no pueda más en él, y la memoria de la Tierra no lo distraiga ya más.

Antes Juan Miguel tenía nuestras pobres palabras y nuestra pobre "sagesse". Ahora él tiene a su Cristo por Verbo vivo y por morada viva.

Llévalo, Cristo, tras de ti; llévalo después contigo y llévalo, al fin, en Ti, como la madre lleva al hijo en su seno.

Alcance Juan Miguel la vislumbre tuya; reciba el calor de tu hornaza divina y tu gloria le devuelva a raudales la alegría de su infancia que le quemó la Tierra.

Antes, Cristo, nos era dado ver por él, oír por él, vigilar por él. Ahora él se halla entero bajo tu gobierno y sumergido en tu misericordia.

Hazlo caminar sin desvío; permítele presentir en tanto que logra entender y dale gracia de adivinar mientras alcanza a saber.

Dale, Señor, sus nuevos sentidos, trasmítele sus nuevas potencias. Sea de Ti iluminado, de Ti conducido y de Ti arrebatado.

Before, Christ, we were able to supplant his weakness and aid his discouragement. Now he can only be helped by the Heavens, warned by the Heavens, and lifted up by the Heavens to his original source.

May he be forgiven, saved and glorified, Jesus Christ, Our Redeemer.

Antes, Cristo, podíamos suplir su flaqueza y socorrer su desaliento. Ahora él sólo del Cielo puede ser ayudado, del Cielo advertido, del Cielo aupado hacia su fuente original.

Perdonado sea, salvado sea, glorificado sea, Jesucristo Nuestro Redentor.

Prose

Prayer to Jesus Christ for Yin

Christ, our Redeemer, receive your son Juan Miguel, do not let him get lost, for him not to have lived in vain.

By a supernatural act of mercy, by force of pure compassion, do not allow him to be in lengthy pain and call him to your kingdom.

Today, Lord, today, let Juan Miguel be with you in your glory.

Breaking the ancient law, only by your grace still, seeing in him the tenderness of childhood, call him Christ, to the reconciliation and to eternal bliss.

Let Juan Miguel be with you in paradise today.

He never renounced you, nor sought out other gods, he only had prayer and adoration for you, and at the hour of his death it was you whom he embraced with marvelous fidelity.

Grant him, as you do to your other sons, your just and glorious love.

Today, may Juan Miguel, today by grace be in paradise.

Prosa

Oración a Jesucristo por Yin

Cristo, Redentor nuestro, recibe a tu hijo Juan Miguel, que él no se pierda, que él no haya vivido en vano.

Por acto sobrenatural de misericordia, por ímpetu de pura compasión, no lo dejes en pena larga y llámalo a tu reino.

Hoy Señor, hoy, Juan Miguel esté contigo en tu gloria.

Quebrando la vieja ley, usando solamente de tu gracia, viendo sobre él todavía la cera tierna de la infancia, llámalo, Cristo, a reconciliación y a bienaventuranza.

Que Juan Miguel esté hoy contigo en el paraíso.

Nunca renegó de ti, no buscó otros dioses, no tuvo oración y adoración sino para ti, y a la hora de su muerte a ti se abrazó con maravillosa fidelidad.

Válgale como a tus demás hijos su recto y hermoso amor.

Hoy esté Juan Miguel, hoy esté por gracia en el paraíso.

Turn your face to him that tears and opens the worst of nights.

Remember his weak body and his soul, not served well by his body.

Look at him, and by seeing and knowing he is yours, tell him:

Today you will be in paradise with me.

We continue living because of our hope in you; we are encouraged and offer our daily prayers to you with the confidence of live roots; we can work, sleep, and endure our task only because of the hope and love for you.

Have compassion for him and for us; answer to us within our hearts that today Juan Miguel will reach the path and signal for paradise.

We ask nothing for ourselves; nothing besides what we seek; for no other grace do we beseech your divine heart. Answer us. Reply to us.

Jesus Christ, our Lord, in vigil or in dreams like the relatives of Dimas, the blessed:

Today Juan Miguel will be with me in paradise.

Vuelve hacia él tu rostro que rasga y abre la peor noche.

Acuérdate de su cuerpo enfermo y de su alma, mal servida por su cuerpo.

Míralo, y con verlo y saberlo tuyo, le has de decir: *Hoy estarás conmigo en el paraíso.*

Vamos viviendo a causa de nuestra esperanza en ti; alentamos y hacemos tu oración cotidiana aferradas a la confianza tuya como raíces vivas; podemos trabajar, dormir y sobrellevar nuestra prueba solamente por la esperanza y el amor vivos de ti.

Ten piedad de él y de nosotras; respóndenos dentro de nuestro corazón que *hoy Juan Miguel alcanzará el rumbo y la señal del paraíso.*

Nada más pedimos para nosotras; nada fuera de esto andamos buscando; por ninguna otra gracia urgimos vuestro corazón divino. Contéstanos. Respóndenos.

Jesucristo nuestro Señor, en vigilia o en sueños como a los deudos de Dimas, el bienaventurado:

Hoy Juan Miguel estará conmigo en el paraíso.

V

CONTRIBUCIONES

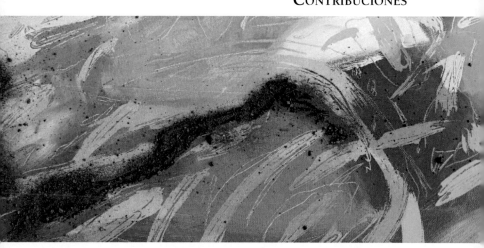

CONTRIBUCIONES

Contributions

PAUL VALÉRY

Gabriela Mistral

— The following text is an excerpt of the review by the famed influential French poet and essayist Paul Valéry of the French edition of the poems of Gabriela Mistral by Mathilde Pommès and Francis de Miomandre. Preparations for this publication began in 1939, but the start of the Second World War prevented its completion until 1946. The review was first published in the February 1946 edition of Revue de Paris; and was published in Chile in Atenea magazine (Concepción), year XXIV, volume LXXXVIII, nos. 269-270, November/December 1947.

Abstract

Valéry begins by highlighting the fact that his commentary on the Chilean poet's work might seem strange to the reader who knows his preferences in poetry; nevertheless, he develops justifications for his interest. He considers Gabriela Mistral's work to be great poetry, a natural

PAUL VALÉRY

Gabriela Mistral

— El siguiente texto es un extracto del comentario efectuado por el afamado e influyente poeta y ensayista
francés Paul Valéry a la edición francesa de los poemas
de Gabriela Mistral, realizada por Mathilde Pommès
y Francis de Miomandre. Esa edición comenzó a pre-
pararse en 1939, pero el advenimiento de la Segunda
Guerra Mundial impidió su finalización hasta 1946.
Dicho comentario fue publicado por primera vez en
el número de febrero de 1946 de la *Revue de Paris* y
publicado en Chile en la revista *Atenea* (Concepción),
año XXIV, tomo LXXXVIII, nos. 269-270, noviembre/
diciembre de 1947. Traducción del idioma francés de
Luis Oyarzún.

Resumen

Valéry comienza por destacar el hecho de que su comentario de la obra de la poeta chilena puede parecer extraño
al lector que conozca los gustos del escritor en materia

production that distances itself from the affected aesthe-
ticism of many vanguard or experimental poets. He thinks
that the author "limits herself to extracting from its substance (that of its language) the extraordinary expression
of a profound life, which is organic and sometimes violently lived." When Valéry refers to the themes of the poet,
he mentions among the principle ones those of childhood
("The transcendental fact par excellence, the production of
a living being by a living being") and, tied to the previous
theme, that of "the material of simple things: bread, salt,
water, rock…" Valéry understands the harmony that exists
between these motifs: "the substantial identity of mother
and son…" and "The intimacy of the material." Finally,
the French critic points out the importance that Mistral's
work has for its time since "it owes very little to the European tradition," although it uses one of the languages that
has made one of the greatest contributions to the constitu-
tion of the master works of European literature.

Without a doubt, nobody would seem less quali-
fied than I to present the reader with a work so far removed as this one from my well-known likings, ideals
and habits regarding poetry. About this matter, I have
said it and repeated it, what I have been able to do, the
conditions I have believed I ought to have imposed on
myself, the essays that I have published, all of them the
result of a spirit nurtured by the oldest European literary tradition, appear to render me the world's most
unlikely to appreciate a work that is essentially natural, open beyond the ocean, by its mere call, encounter
or designation of what it is. Moreover, what would the

de poesía. Sin embargo, desarrolla luego las justificaciones de su interés. Considera la obra de Gabriela Mistral una gran poesía, una producción natural que se distancia de la estética efectista de muchos poetas de vanguardia o experimentales. Piensa que la autora "se limita a extraer de su substancia (de la del lenguaje) tal cual la expresión extraordinaria de una vida profunda, orgánica y a veces violentamente vivida". Cuando Valéry se refiere a los temas de la poetisa menciona como los principales a la niñez ("el hecho trascendente por excelencia, la producción del ser vivo por el ser vivo") y, ligado de alguna manera al tema anterior, el de la "materia de las cosas simples: el pan, la sal, el agua, la piedra…" Valéry comprende la armonía existente entre ambos motivos: "la identidad substancial de la madre y su hijo…" y "la intimidad con la materia". Por último, el crítico francés destaca la importancia que la obra de la Mistral tiene para su época, ya que "debe muy poco a la tradición literaria europea", aunque utilice una de las lenguas que mayor aporte ha realizado a la constitución de las obras maestras de la literatura europea.

Nadie, sin duda, parecerá menos calificado que yo para presentar al lector una obra tan distante como esta de los gustos, ideales y hábitos que se me conocen en materia de poesía. Lo que he dicho y vuelto a decir sobre este tema, lo que he podido hacer, las condiciones que he creído de mi deber imponerme, los ensayos que he publicado, todos ellos frutos de un espíritu nutrido por la más vieja tradición literaria europea, parecen designarme lo menos del mundo para apreciar una producción esencialmente natural, abierta más allá del océano, por el

value of culture be if it did not, in the end, teach you how to return to it and if, due to its generalized ambitions, made us lose our inner strength to consider it as a very unique case? I do not think that a man could live his life if he was not also able to live an infinite amount of others, completely different, and I feel that in some cases, all external, they would have certainly brought me to produce works very different to those I have written. We would cruelly impoverish ourselves if we wanted to be ourselves to the point of not being who we are. I love what I like, as per my peculiarities or not, to my habits and even to my mandates, even if I must necessarily consider them insurmountable at times, just their constancy irritates my soul. This is why I do not fully hate those dissimilar from me and I can be marveled at finding what they do, in other words, with what I leave from me. More than one of Gabriela Mistral's poems have given me this happy surprise. I cannot resist the pleasure of these verses:

> Son of mine, still
> without head or agaves
> in this chest turning
> bloody granades,

I had the honor of meeting the author, Gabriela Mistral, at one of those meetings, of yesteryear, when delegates from all the nations of the world attempted to build a nation of the human spirit, an initiative that should be done, but that it will always clash with the difference that is always revealed between men and spirit. Ms. Mistral represented her country with such grace

solo llamado, choque o designio de lo que es. Más, ¿qué valdría la cultura si no enseñara por fin a volver sobre ella misma y si, por la generalidad de sus ambiciones, nos hiciera perder la fuerza de considerarla como un caso muy particular? Creo que un hombre no podría vivir su vida si no fuera capaz de vivir también una infinidad de otras, completamente diversas, y siento que algunas circunstancias, del todo externas, me habrían llevado a producir ciertamente obras muy distintas a las que he escrito. Nos empobreceríamos cruelmente si quisiéramos ser nosotros mismos hasta el punto de no ser sino nosotros mismos. Amo lo que me gusta, conforme o no a mis manías, a mis hábitos y aun a mis preceptos, pues, aunque deba considerarlos necesariamente como insuperables, su sola fijeza a veces me irrita el alma. He aquí por qué no odio del todo a mis desemejantes y puedo encontrar en lo que ellos hacen con qué maravillarme, o sea, con qué salir de mí. Más de un poema de Gabriela Mistral me ha causado ésta feliz sorpresa. No me resisto al placer de gustar estos versos:

> Hijo mío, todavía
> sin piñas ni agaves,
> y volteando en mi pecho
> granadas de sangre,

Tuve el honor de conocer a la autora, Gabriela Mistral, en esas reuniones en que, antaño, personas delegadas por todas las naciones del globo intentaban constituir una nación del espíritu humano, tentativa que debía ser hecha, pero que chocará acaso siempre con la diferencia que siempre se revela entre el hombre y el espíritu. Madame Mistral representaba a su país con una

and a simplicity that surrounded her with the respect and liking of all of us who took part in the work. I noticed that within her, there was a mix of attentiveness and daydream, of absences and of immediate light which are the natural characteristics of poets, but I must confess that at the time, I did not know anything about her work, and that I had to wait until the release of this publication to appreciate what can be appreciated in a poem once translated to a foreign language. The metamorphosis of a text is always a serious thing, sometimes fatal, because in the end it means, to try to attain an effect, almost identical to the original in a completely different way. The problem is not completely desperate when we are confronted with prose, with poetry, in other words, its form and depth must be unbreakable, the desperation is de rigour. However, in regards to faithfulness and respect for its poetic tone and movement, I am certain that Mathilde Pommès, to whom we happily owe the French language translation of the poems of Gabriela Mistral, has resorted to her intimate knowledge of the Spanish language and her own gifts as a poet have allowed her to favor the great work and the noble cause of the communion and exchange of the lyrical values in the world.

I will now say a few words about the person and the career of the poet. Gabriela Mistral is Chilean. There is in her Basque blood, from her father's side, but also the blood of her indigenous race. An educator first, followed by a number of different missions abroad, and then finally, diplomatic or consular activities filled the part of her life that cannot be consecrated to a more inner mission. Nonetheless, this is manifested through works that are

gracia y una simplicidad que la rodearon del respeto y la simpatía de todos los que participaban en nuestros trabajos. Me daba cuenta de que había en ella esa alianza de atención y de ensueño, de ausencias externas y de luces inmediatas que son características de la naturaleza de los poetas, pero debo confesar que entonces no conocía nada de su obra, y que he debido esperar hasta la presente traducción para apreciar en ella lo que se puede apreciar de una poesía en su traducción a una lengua extraña. La metamorfosis de un texto es siempre cosa grave, a veces mortal, pues se trata, en suma, de obtener un efecto más o menos idéntico al original por medio de una causa completamente diversa. El problema no es del todo desesperante cuando nos enfrentamos a la prosa, pero en verso, es decir, en el caso en que por definición la forma y el fondo deben ser indisolubles, la desesperación es de rigor. Sin embargo, en lo que toca a la fidelidad y al respeto por el tono y el movimiento poéticos, estoy seguro de que Mathilde Pommès, a quien se debe felizmente la expresión francesa de los poemas de Gabriela Mistral, ha hecho lo que su conocimiento íntimo de la lengua española y sus propios dones de poeta le permitían hacer en favor de una gran obra y de la noble causa de la comunión e intercambio de los valores líricos en el mundo.

Diré aquí algunas palabras de la persona y de la carrera del autor. Gabriela Mistral es chilena. Hay en ella sangre vasca, que le viene de su padre, pero también la sangre misma de la raza autóctona. La enseñanza, primero, diversas misiones en el exterior, después y, por fin, funciones diplomáticas o consulares llenan esa parte de su vida que no puede consagrarse a una misión más

disseminated, that are imposed and are admired throughout all of Latin America, that arrive in Europe and have become known in France by the articles that Francis de Miomandre, Max Daireaux and others have written about them.

The first impression I have had from the collection of these texts, has been that of finding an object, a perfectly foreign being, but essentially truthful, that astonishes in the same way that nature does, when it shows us that it knows how to create many more types and values of existence that we could have imagined. I say nature, to clearly indicate that the kind of strangeness I speak about is not the one that ends in surprise that can be produced by a literary extravagance, the kind that is usually produced everywhere. No. The prediction of others surprise is not in Gabriela Mistral's genre of poems that, neither speculate on the effects of chance that come about by the association of ideas nor about the untidiness that it is possible to impose on paper of the ordinary function of language. She limits herself to extract from its substance the extraordinary expression of a profound, organic and sometime violently lived life.

This woman sings to the child as no one before her has done. While poets have exalted, celebrated, cursed or invoked death, or built, deepened, divinized the passion of love, a few appear to have meditated on the act itself, the result of being alive by the one alive. In particular, in the intimate confrontation of a mother with her child—this great topic has been exploited mostly by old religious paintings—there is an unlimited potential of sensibility, which sometimes can reach an attack—

interior. Sin embargo, ésta se manifiesta por obras que se difunden, se imponen y son admiradas en toda la América del sur, que llegan a Europa y se dan a conocer en Francia por los artículos que escriben sobre ellas Francis de Miomandre, Max Daireaux y algunos otros.

La primera impresión que me ha producido la recopilación de estos textos ha sido la que da el encuentro de un objeto, de un ser perfectamente extraño, pero esencialmente verdadero, que sorprende de la misma manera que la naturaleza, cuando nos muestra que sabe crear muchos más tipos y valores de existencia de lo que podíamos imaginar. Digo la naturaleza, para señalar bien que la extrañeza de que hablo no se reduce a la sorpresa que puede producir la fabricación de una extravagancia literaria, como las que se elaboran a menudo en todas partes. No. La previsión del asombro en los demás no entra en la generación de los poemas de Gabriela Mistral, que no especula sobre los efectos del azar de las asociaciones de ideas ni sobre los desarreglos que es posible imponer en el papel a las funciones ordinarias del lenguaje. Ella se limita a extraer de su substancia tal cual la expresión extraordinaria de una vida profunda, orgánica y a veces violentamente vivida.

Esta mujer canta al niño como nadie lo ha hecho antes que ella. Mientras tanto poetas han exaltado, celebrado, maldecido o invocado a muerte, o edificado, ahondado, divinizado la pasión del amor, pocos hay que parezcan haber meditado en el hecho trascendente por excelencia, la producción del ser vivo por el ser vivo. Hay, en particular, en la íntima confrontación de una madre con su hijo— ese gran tema explotado sobre todo por la antigua pintura

almost savage—of tenderness, so that it is exclusive and zealous. The extreme form of this sentiment does not possess the resources of love...

As you can appreciate by the few verses I have cited, Gabriela Mistral expresses in a most intense and simple manner the emotion of life when confronted with the life she has given. I do not know what type of physiological mysticism in the "Song of Blood," in which maternity in its purest state exalts in lyrical and realistic terms: the mother sees her own blood in the newborn that is asleep "with is taste of blood and milk..."

In a lullaby entitled "Dream," the sweet movement of the cradle puts to sleep the rocker and the newborn. The woman is taken over by sleep. It seems to her that she rocks the Universe and that the Universe fades like her "with her body and her five senses."

I also wanted to point out a series of works collected under the title "The World-Teller." The mother tells the child of the different beauties of the world: the air, the water, the mountain, the light...In this I find captivating ideas. Here is the water:

> My Little boy, how frightened you are
> with the Water where I brought you,
> and all the fright for the joy of
> the waterfall that spreads out!
> Falls and falls as a woman,
> blinded by a foam of nappies.
> This is the Water, this is the holy
> Water that came by.

religiosa—una potencia de sensibilidad ilimitada, que puede alcanzar a veces un paroxismo de ternura casi salvaje, de tal modo es exclusivo y celoso. El extremo de este sentimiento no posee los recursos del amor...

Como se ha visto por los pocos versos que he citado, Gabriela Mistral expresa de la manera más intensa y más simple la emoción de la vida ante la vida que ella ha formado. Hay no sé qué mística fisiológica en esa "Canción de la Sangre", en que la maternidad en estado puro se exhala en términos líricos y realistas: la madre ve su propia sangre en el recién nacido que duerme "con su gusto de leche y de sangre..."

En una canción de cuna que se llama "Sueño", el dulce movimiento de la cuna adormece al mecedor y al recién nacido. El sueño se apodera de la mujer. Le parece que ella mece al Universo y que el Universo se desvanece como ella misma "con su cuerpo y sus cinco sentidos".

Querría también señalar una serie de obras reunidas bajo el título La Cuentamundo. La madre cuenta al hijo las diversas bellezas del mundo: el aire, el agua, la montaña, la luz...Encuentro allí cautivantes ideas. He aquí el agua:

> ¡Niñito mío, qué susto tienes
> con el Agua adonde te traje,
> y todo el susto por el gozo
> de la cascada que se reparte!
> Cae y cae como mujer,
> ciega en espuma de pañales.
> Esta es el Agua, ésta es el Agua,
> santa que vino de pasaje.

With a low body running,
signaling with the foam.

Another theme appears to me in the collection of these poems. It is no longer the maternal sentiment, it is that of the matter of the simple things: the bread, the salt, the water, and the stone... These two moments of the author's sensibilities they seem to be in harmony with each other. A moment ago, the poet, tried to communicate the sensation of identity of the mother and the child: the mother holds against her, her flesh, her blood and her milk. The child, so young still, is not yet another. But the matter that surrounds us, that feeds us is not strange to us but naturally completely superficial to our knowledge: can we not know by being unaware. It suffices to think about this to consider in another way, what we touch and what touches us, all those bodies that surround ours, which is also one of theirs...

Gabriela's intimacy with matter is perceived in her entire body of work. Prays strongly charged, prays delicately suggested, there are almost no poems in which the substance of things is not present. This special feature is singularly pleasing to me, as I confess to be more moved, when it comes to things from the exterior world, by the call of the substance of things instead of the decor. The shape of a mountain speaks to me less than the rock of which it is made and the pulp of a flower is sweeter to me than its drawing.

There are many other aspects to attempt to define in the work I have called foreign and true. But I will stop here over a reflection that feel and that compels me to explain in the best possible way I will call the importance

Corriendo va con cuerpo bajo,
y con espumas de señales.

Otro tema se me aparece en la recopilación de estas poesías. Ya no es el sentimiento materno, es el de la materia de las cosas simples: el pan, la sal, el agua, la piedra...Por lo demás, estos dos momentos de la sensibilidad del autor me parecen armónicos uno de otro. El poeta, hace un instante, trataba de comunicarnos la sensación de la identidad substancial de la madre y de su hijo: la madre oprime contra ella su carne, su sangre y su leche. El niño, tan joven, no es todavía otro. Pero la materia que nos rodea y nos alimenta no nos es extraña sino por la naturaleza completamente superficial de nuestro conocimiento: acaso no podamos conocer sino desconociendo. Basta pensar en esto para considerar de otro modo lo que tocamos y lo que nos toca, todos esos cuerpos que limitan el nuestro, el cual es también uno de ellos...

La intimidad con la materia es sensible en toda la obra de Gabriela Mistral. Ora fuertemente acusada, ora delicadamente sugerida, no hay casi poema en que no esté presente la substancia de las cosas. Esta particularidad me complace singularmente, pues confieso conmoverme mucho más, en materia de impresiones del mundo exterior, por la llamada substancia de las cosas que por el decorado. La forma de una montaña me habla menos que la roca de que esté hecha, y la pulpa de una flor me es más dulce que su dibujo.

Habría muchos otros aspectos que intentar definir en la obra que he llamado extraña y verdadera. Pero me

of this work today. It is evident that she owes very little to the European literary tradition. It is indigenous, but it is written in one of the languages of our continent that has greatly and magnificently participated in the creation of other masterpieces of Europe. It is then possible to harbor doubts of the future of culture in our ancient land, one in which need and its problems leave us only with the preoccupation of not dying. Everything must make us fear that the production and intake of the works of the spirit are now reduced, for I do not know for how long, to the most mediocre and uncertain activity of exchanges.

This is why, it has happened to me more than once, I turn my gaze towards Latin America. There I have seen the preservation of those of our spiritual richnesses that can become separated from us, and also a laboratory in which the essences of our creations and the crystallizations of our ideals will mix with the virgin principles and the natural energies of a land entirely promised to poetic adventure and the intellectual fruitfulness of times to come.

The tender and sometimes fierce poetry of Gabriela Mistral, appears to me, on the horizon of the West, adorned with its unique beauty, but, on the other hand, weighed with a sense, given or imposed by the critical state of the noblest things in the world.

detendré aquí sobre una reflexión que me viene y que me compromete a explicar lo mejor posible lo que llamaré la importancia actual de esta obra. Es evidente que ella debe muy poco a la tradición literaria europea. Es autóctona, pero está escrita en una de las lenguas de nuestro continente que grande y magníficamente han participado en la constitución del capital de las obras maestras de Europa. Pues bien, es posible abrigar dudas acerca del porvenir de la cultura en nuestra vieja tierra, en la que la necesidad y sus problemas no dejan casi vida sino a la preocupación de no morir. Todo debe hacernos temer que la producción y el consumo de las obras del espíritu sea aquí reducido, durante no sé qué miserable plazo, a la más mediocre e incierta actividad de sus intercambios.

He aquí por qué me ha sucedido más de una vez el volver mi mirada hacia la América Latina. Allí he visto el conservatorio de aquellas de nuestras riquezas espirituales que pueden separarse de nosotros, y también un laboratorio en el que las esencias de nuestras creaciones y las cristalizaciones de nuestros ideales se combinarán con los principios vírgenes y las energías naturales de una tierra enteramente prometida a la aventura poética y a la fecundidad intelectual de los tiempos que vienen.

La poesía tierna, y a veces feroz, de Gabriela Mistral, se me aparece, en el horizonte de Occidente, ataviada con sus singulares bellezas; pero, por otra parte, cargada de un sentido que le da o que le impone el estado crítico de las más nobles cosas del mundo.

DORIS S. ATKINSON

Gabriela...Returning Home

In early November 2006 my partner, Susan Smith, and I traveled throughout Chile as tourists on a natural history tour, starting in the far South in Punta Arenas and ending in the far North, visiting Arica along the arid coast of the far North and Putre—a tiny village high in the Andes. During those three weeks we could see the visible signs of the important place Gabriela Mistral has in Chile. Immediately upon arrival at the airport when getting currency, we encountered Mistral's portrait on the 5.000 peso note—a high honor for a poet. But beyond this, Mistral's presence is visibly present along the roadsides of so many towns and cities in this exceedingly beautiful country. We drove past the mural of Mistral at the school where she taught in Punta Arenas; in downtown Santiago we saw the huge mural in her honor along one of the capital's busiest streets. Statues and schools named in honor of this remarkable woman can be found all over the country. In markets that cater to tourists from around the world we found little Chilean copper boxes with her image. This, was our introduction to the importance of Mistral to Chile.

DORIS S. ATKINSON

Gabriela…Regresando a casa

A comienzos de noviembre del año 2006, mi compañera Susan Smith y yo, realizamos un viaje turístico a través de Chile en un tour de historia natural, comenzando en Punta Arenas en el extremo sur, visitando Arica y su costa árida en el extremo norte y Putre, un pueblito en los altos de los Andes. Durante esas tres semanas, pudimos apreciar, directamente, el importante lugar que Gabriela Mistral tiene en Chile. Tan pronto aterrizamos, al ir a cambiar dinero en el aeropuerto nos encontramos con el retrato de Gabriela en el billete de 5.000 pesos— un gran honor para un poeta. Pero, aparte de esto su presencia se ve en las calles de tantos pueblos y ciudades de este inmensamente maravilloso país. Pasamos al frente del mural de Mistral en la escuela en donde enseñó en Punta Arenas; en el centro de Santiago vimos un inmenso mural en su honor en una de las avenidas más importantes. En los mercados para turistas encontramos cajitas de cobre con su imagen. Esta, fue nuestra introducción a la importancia de Mistral en Chile.

Four days after we returned from that first trip to Chile, my aunt, Doris Dana died, setting off in an adventure in which I became the unlikely literary executor for Latin America's first Nobel laureate in Literature. Doris Dana had been friend and companion to Mistral during the last nine years of Mistral's life. In 1957 Mistral died, leaving Dana as executor and principal heir to her estate which included thousands of pages of original manuscripts and notebooks, tens of thousands of pages of correspondence, thousands of volumes of Mistral's personal library, as well as treasured personal memorabilia. Fifty years later, the vast majority of this material was still in my aunt's possession in the United States.

My aunt left it to me—as her executor—to decide which organizations should receive the Mistral literary estate. I was suddenly removed from my life as an engineer—not at all well versed in literature or Mistral's works and knowing virtually no Spanish—to be placed into a world of literary specialists, lawyers and diplomats. While Doris Dana left the choice of institutions to me, in her will my aunt had also expressed a preference, but not a requirement, that the Mistral material be left to the Library of Congress of the United States. It was Susan who first clearly realized that this material did not belong in the United States, but in Chile where it would be truly valued and treasured. She was right.

We did ultimately decide to donate the manuscripts and correspondence to the National Library of Chile and the memorabilia and books to the Gabriela Mistral Museum in Vicuña under the auspices of the Division of

Cuatro días después de regresar de nuestro primer viaje a Chile, mi tía, Doris Dana falleció, lo que suscito una aventura en la que yo me convertí en la improbable albacea literaria de la primera galardonada del Premio Nobel de Latino América. Doris Dana fue amiga y compañera de Mistral durante los últimos nueve años de su vida. Mistral falleció en 1957, dejando a Doris Dana como su albacea y heredera principal de su propiedad, lo que incluía miles de páginas de manuscritos originales y libretas, miles de páginas de correspondencia, miles de volúmenes que eran parte de la biblioteca personal de Mistral, al igual que atesorados objetos personales. Cincuenta años después, la gran mayoría de este material estaba aún en posesión de mi tía en los Estados Unidos.

Mi tía dejo que yo—como su albacea—tomara la decisión de que organización recibiría el legado literario de Mistral. Súbitamente, mi vida cotidiana como ingeniero terminó—y sin mayor preparación en literatura o en la obra de Mistral y prácticamente sin hablar español, comenzó la vida en el mundo de los especialistas de literatura, abogados y diplomáticos. Afortunadamente, Susan había jubilado algunos meses antes y me pudo ayudar durante esta increíble etapa. Aunque Doris Dana dejo a mi elección la institución que recibiría este legado en su testamento, mi tía expresa su preferencia, pero no requerimiento, de que el material Mistraliano fuese donado a la Biblioteca del Congreso de Estados Unidos. Fue Susan quien primero se dio cuenta de que este material no pertenecía en Estados Unidos, sino que en Chile en donde sería realmente valorado y atesorado. Estaba correcta.

Libraries, Archives and Museums (DIBAM) of the Government of Chile. When the Mistral literary estate, the "Legado," finally arrived in Chile at the end of 2007, we had a profound sense that Mistral was finally "home."

Since then, the work that has been accomplished by so many is astounding. There has been a great public and academic interest, as well as a very substantial commitment of funds to make the "Mistral Legado" a truly national, as well as an international, resource. Less than five years after receiving the material, the National Library had completed the major undertaking of restoring, cataloguing and digitizing over 17,000 documents.

Our connection with Chile has not only continued but it has strengthened. In 2008 we were able to observe how not only this painstaking work is done but also the pride and joy with which the work was being done was evident on each worker's face. It is because of this work, that now these documents are available online for research, study or just the pleasure of being able to view Mistral's manuscripts and correspondence online. During this same trip, we attended the inauguration of the traveling exhibit of the "Mistral Legado" in Calama, and were present at the rededication of one of Chile's larger and most modern copper mines, now named Gabriela Mistral Mine.

In 2014 we visited Chile once again, this time spending time in Mistral's Elqui Valley. This visit confirmed how right our decision had been. We visited the Mistral Museum in Vicuña which has been substantially enlarged and renovated to house the new material.

No contaré la larga historia de cómo finamente decidimos entregar los manuscritos y correspondencia a la Biblioteca Nacional de Chile y los objetos y libros al Museo Gabriela Mistral de Vicuña, administrado por la Dirección de Bibliotecas, Archivos y Museos (DIBAM). Cuando el "Legado" de Mistral finalmente llego a Chile, tuvimos el profundo sentimiento de que finalmente Gabriela había regresado a "casa".

A partir de esa fecha, los logros alcanzados son indudablemente impresionantes. Ha habido gran interés por parte del público y académicos, y también el compromiso de un importante apoyo financiero para convertir el Legado de Mistral, en un recurso tanto nacional como internacional. A menos de cinco años de su entrega, la Biblioteca Nacional ha completado la gran tarea de restaurar, catalogar y digitar más de 17,000 documentos.

Nuestra conexión con Chile no sólo ha continuado sino que se ha hecho más fuerte. En el 2008, pudimos apreciar a primera vista el proceso de este esmerado trabajo. El orgullo y felicidad con el que este trabajo se hace es aparente en el semblante de cada una de las personas. Ahora, estos documentos están disponibles para todos los que tienen una conexión de internet y desde sus casas podrán también disfrutar los manuscritos y correspondencia de Mistral. En ese mismo viaje, asistimos a la inauguración de la exposición itinerante del Legado de Mistral en Calama y estuvimos presente en la re-dedicación de una de las minas de cobre más grandes y más modernas de Chile, ahora llamada Mina Gabriela Mistral.

The new exhibits show a much fuller picture of Mistral's life, and, as so many people comment, also show the visitor a previously unknown side of Mistral with many new photographs showing a smiling, happy, laughing Mistral. This new image is so striking that as a result, even the portrait on the currency has been changed. In Mistral's beloved Montegrande the grounds surrounding her mausoleum have also been transformed—they are now surrounded by new plantings and the steep ascent to her tomb has been made wheel chair accessible. In Santiago, a previous civic center after suffering a fire, was renovated and renamed GAM Cultural Center—Gabriela Mistral Cultural Center.

Royalties from numerous new publications and documentaries help provide funding to the beneficiaries of Mistral's will—the children of Montegrande—through the work of the Franciscan Order in Chile in compliance with her directive. Publications include some of Mistral's previously unpublished poetry—over two hundred have been discovered—as well as letters and new translations. The University of La Serena has inaugurated a new academic Mistral Center, and in New York City (US) a non-for-profit organization, the Gabriela Mistral Foundation, Inc., was founded in 2007 and through programs and events promotes the life and work of Mistral and delivers projects in Chile that benefit those in need. Seeing how the "Mistral Legado" flourishes and bears fruit among all generations, we begin to fully grasp just how important the return of the "Mistral Legado" has been to Chile.

En el 2014, visitamos Chile una vez más, pasando un tiempo en el Valle de Elqui de Mistral. Esta visita confirmó lo correcta que fue nuestra decisión. Visitamos el Museo Mistral en Vicuña, el cual ha sido expandido y renovado notablemente para poder mostrar el nuevo material. Las nuevas exposiciones muestran una más completa imagen de la vida de Mistral y, como comenta mucha gente, le ofrece al visitante un lado desconocido de Mistral por medio de fotografías de una sonriente, feliz y risueña Mistral. Ésta imagen es tan potente que como resultado, incluso su retrato en el billete ha sido cambiado. En el amado Montegrande de Mistral, el jardín que rodea su mausoleo también ha sido transformado—ahora está rodeado de plantas y el empinado ascenso a su tumba ahora tiene acceso para silla de ruedas. En Santiago, un centro cívico, después de un incendio, fue renovado y re-nombrado Centro Cultural GAM—Centro Cultural Gabriela Mistral.

Los derechos de autor de numerosas publicaciones y documentales ayudan a recaudar fondos para los beneficiarios del testamento de Mistral—los niños de Montegrande—a través de la obra de la Orden Franciscana de Chile en cumplimento con la directiva del testamento. Las publicaciones incluyen algunas de las poesías inéditas de Mistral—se han descubierto más de doscientas—al igual que cartas y nuevas traducciones. La Universidad de La Serena ha inaugurado un nuevo Centro Académico Mistral y en la ciudad de Nueva York (US), una corporación sin fines de lucro, Gabriela Mistral Foundation, Inc., fue fundada en el 2007 y a través de programas y eventos promueve la vida y la obra de

Learning about Mistral for me, was part of my own personal "Legado"; this is the legacy that that stays within. I hope that this book will help others discover her unique legacy to the world as well as the continued relevance of her message today. I have been deeply moved by Mistral's humanitarianism as well as the depth of her poetic imagery in her writing. Some of the pieces in this special edition that celebrates the 70ᵗʰ anniversary of her Nobel Prize, center in the three books for which she received this important award. Included in this edition the works that have moved me most include:

"Decalogue of the Artist" published in Desolación, Mistral's first book, defines some of Mistral's lifelong aims as an artist. A particular passage that resonates with me is "You shall love beauty which is the shadow of God over the universe."

"Piececitos" or "Little Feet" included in Tenura, is perhaps one of Mistral's most universally known poems. I remember listening to the children of Montegrande and Vicuña reciting this poem, which brings into sharp focus Mistral's humanitarian focus on the needs of children with the exhortation to us all not to ignore suffering. "How can the people pass without seeing?" is an important and timeless message.

In Tala, the poem "Country of Absence" holds a strong emotional impact for me, especially as Mistral's final executor. While written for a friend of hers more than twenty years before her own death, it also describes her own final years in

Mistral y entrega proyectos en Chile que benefician a personas en necesidad. Viendo como prospera el Legado de Mistral y da frutos a todas las generaciones, comenzamos a entender realmente lo importante que el regreso del Legado de Mistral ha sido para Chile.

Aprender sobre Mistral ha sido para mí, parte de mi "Legado" personal, este es el legado queda con nosotras. Espero que este libro ayude a otros a descubrir su legado único al mundo y como también la continua relevancia de su mensaje hoy. La humanidad y profunda imaginación poética de Mistral en sus escritos me han cnmovido profundamente. Algunos de los escritos en esta edición especial en conmemoración del 70^{avo} aniversario de su Premio Nobel, se centran en los tres libros por los que recibió este importante premio. Incluidos en este libro están los que más me han conmovido:

> "Decálogo del Artista", publicado en *Desolación*—el primer libro de Mistral, define algunos de los propósitos artísticos de su vida como artista. Resuena en forma particular su frase "Amarás la belleza que es la sombra de Dios en el universo".

> "Piececitos", incluido en *Tenura*, es quizás el poema más conocido universalmente. Recuerdo haber escuchado a los niños de Montegrande y Vicuña recitar este poema, que ofrece el foco directo al humanismo de Mistral enfocado en las necesidades de los niños con el consejo a todos nosotros de no ignorar el sufrimiento. "¿Como puede la gente pasar sin ver?", es un mensaje importante y eterno.

a prescient manner. Writing, "I lost mountains where I used to sleep" she speaks of a deep sad longing for homeland, and her refrain, "and in a nameless country I am going to die." is haunting. Part of me feels that with the return of the Legado to Chile, Mistral is no longer left in that nameless country where so few knew her or her worth.

From her other collections, published after she received the Nobel Prize, and not included in this book, the poem "Jewish Immigrant" in Lagar, shows Mistral's as an extraordinary humanitarian with a depth of compassion for the pain of those who suffer. Well before the outbreak of World War II, Mistral saw the situation of Jews in Germany and advocated that all Latin American countries increase the number of Jewish refugees given visas. Lines such as "They cut my Earth away from me" and "the nape of my neck seethes with goodbyes," give voice to so many who have lost so much. These words are still so painfully relevant in too many places in the world today. Poema de Chile, a book she worked on for many years and that was published posthumously describes a mythical journey through Chile and is a wonderful literary natural history of the country. It is Mistral's spiritual return to Chile. The book travels the length of Chile, North to South. Many of the places in the book are places we have visited, including the Atacama Desert, the Elqui Valley, and islands in the far South of Chile. For me, there is somewhat of a sense that the return of the "Mistral Legado" to Chile is a type of completion of the journey of longing Mistral created in Poema de Chile. However, personally, the most emotional of Mistral's writings

En *Tala*, el poema "País de la Ausencia", tiene un impacto emocional para mí, especialmente por ser la última albacea de Mistral. Escrito para una amiga más de veinte años antes de su muerte, el poema describe sus propios últimos años de manera profética. Escribiendo: "Perdí cordilleras en donde dormí" habla sobre un triste anhelo por su tierra, y su abstención, "y en país sin nombre me voy a morir", es emotivo. Parte de mí siente que con el regreso a Chile del Legado, Mistral ya no está en el país sin nombre en donde tan pocos la conocían o sabían su valor.

De sus otras colecciones, publicadas después que ella recibió el Premio Nobel, y no incluidas en este libro, el poema "Inmigrante Judía", de *Lagar*, muestra a Mistral como la extraordinaria humanitaria con su profunda compasión hacia el dolor de los que sufren. Mucho antes del estallido de la Segunda Guerra Mundial, Mistral vio la situación de los judíos en Alemania y abogó para que todos los países Latinoamericanos aumentaran el número de visas para refugiados judíos. Líneas como "Me rebanaron la Tierra", y "mi nuca hierva de adioses", es la voz a muchos que perdieron tanto. Estas palabras son tan dolorosamente relevantes en muchos lugares del mundo hoy. *Poema de Chile*, el libro en el que trabajo por muchos años y que fue publicado póstumo describe un viaje mítico por Chile y es un maravilloso trabajo de historia natural literaria del país. Es el retorno espiritual de Gabriela a Chile. El libro viaja a través de todo el largo de Chile, de norte a sur. Muchos de los lugares que hemos visitado, incluyendo el Desierto de Atacama, el Valle de

are the selections from Prayer for Yin, Mistral's private meditations after the suicide of her adopted son. I have had the extraordinary experience of reading for hours the originals of these writings.

Although the transfer of the "Mistral Legado" to Chile is now years past, its impact in our lives is constant and enriching as we encounter deeper levels of understanding of who Mistral was and ways in which she continues to have a living presence in today's world. We hope this selection of her writings will give a deeper sense of the fullness of Mistral's writings. Susan and I are blessed by the number of remarkable people we have met through this experience and the number of deep lasting friendships that have been created. This has been Mistral's gift to us.

Elqui y las islas en el extremo sur de Chile. Para mí, el regreso del Legado Mistral a Chile es una manera de terminar el viaje de anhelo que Mistral creo en *Poema de Chile*. Sin embargo, en lo personal, los escritos más conmovedores de Mistral son las selecciones de la "Oración a Yin"; las meditaciones privadas de Mistral después del suicidio de su hijo adoptivo. He tenido la extraordinaria experiencia de leer por largas horas los originales de estos escritos.

Aunque ya han pasado años desde la transferencia del Legado de Mistral a Chile, su impacto en nuestras vidas es constante y enriquecedor a medida que encontramos profundos niveles de comprensión y entendimiento de quien fue Mistral y como ella continúa teniendo una presencia en al mundo de hoy. Esperamos que esta selección de su obra entregué un más profundo sentido de la plenitud de la obra de Mistral. A través de esta experiencia Susan y yo hemos sido bendecidas al conocer personas notables y formar profundas y duraderas amistades. Éste ha sido el regalo que hemos recibido de Mistral.

HNO. JAIME CAMPOS FONSECA, OFM

Legacy to the People

Gabriela Mistral was a Third Order Franciscan[1] who, when she travelled to Assisi in 1924, became enamored with the spirituality and with the life of St. Francis, thus becoming closer to the Third Order and admiring the figure of the Saint that marked her life. This event inspired her to write the texts she wrote about Il Poverello on the occasion of the Franciscan centenary which was being celebrated at the time, and that resulted in "Motives of San Francisco."

Mistral lived her love for Christ and for St. Francis in a peculiar way. She called him the "Brother of all things." It was her mother who showed her the path towards the faith, her Christian life was apparent at the different stages: in her naïve and spontaneous youth which was defined by reading the Bible—which accompanied her throughout her life. Later on, she explored different forms of spirituality in her search for God, but constantly returning to her original faith in Christ.

HNO. JAIME CAMPOS FONSECA, OFM

Legado al pueblo

La poeta chilena Gabriela Mistral fue hermana terciaria franciscana[1], en su viaje a Asís en 1924, se enamoró de la espiritualidad de San Francisco y de su vida, acercándose a la tercera orden y admirando la figura del santo que la marcó profundamente. Esto la inspiró para crear los textos que escribe en México sobre *Il Poverello*, en ocasión del centenario franciscano que se celebraba en aquella época, dando vida a "Motivos de San Francisco".

Gabriela Mistral vivió de manera peculiar, su amor por Cristo y a San Francisco al cual llamaba "Hermano de todas las cosas. Fue su madre quien la llevó hacia la fe, representándose su vida cristiana en distintas etapas: en su juventud ingenua y espontánea marcada por la lectura de la biblia, cuya lectura la acompaño toda su vida. Luego, experimento con nuevas espiritualidades buscando acercarse a Dios, para volver constantemente a su primera fe en Cristo.

Mistral became close to the Franciscan ideals through her literary body of work, which can be found in her poems about Mother Nature, love of God and in her writings on the theme of social justice and her constant concern about the word events of her time. The concern for these subject matters were not only in her writings, but throughout her life she was a woman of action who took an active role in the education of children, visiting prisoners and promoting their education, as well as donating a percentage of her royalties to benefit the institutions that received the children of the Spanish Civil War.

In her last will and testament she expressed her desire to promote the education of the children of Montegrande by entrusting the Franciscan Order of Chile to administer all the proceeds from her works as well as to be the custodians of the Nobel Prize Medal and the original parchment diploma. The Franciscan Order is honored to be the custodians of such a precious gift to the people of Chile and Latin America. Why to us? This question resonates with that of St. Francis's upon God's calling. Why me?

Being the heirs and keepers of the Nobel Prize, is humbling and gives us pride. It allows us to appreciate the history and life of Gabriela Mistral and to be attuned to her conviction and closeness to the Franciscan spirituality. Whoever is capable of transcending, of discovering the depth of life beyond our passage in this world, can find the Other and others. And thus leaving—emptying—and passing on the history that stays in the warmth of the

Se acercó a los ideales franciscanos a través de su obra literaria que queda de manifiesto en sus poemas a la naturaleza, al amor, a Dios y en sus escritos de justicia social y la constante preocupación por los acontecimientos que sucedían a su alrededor. Esto no se quedó sólo en palabras, sino que a lo largo de su vida fue una mujer de acción preocupándose de la educación de los niños, visitando a los presos y fomentando la educación de estos, además de donar algunas ganancias obtenidas por su obra a los niños afectados por la guerra civil española.

En su testamento prolongó su deseo de impulsar la educación de los niños de Montegrande, a quienes van las donaciones de su obra póstuma, cuya administración confió a la Orden Franciscana en Chile, como también la medalla del Premio Nobel y el Pergamino recibido en 1945. Los franciscanos estamos honrados, como custodios, de tan preciado regalo al Pueblo de Chile y Latinoamérica. ¿Por qué a nosotros?, resuena la pregunta originaria de San Francisco ante el llamado de Dios ¿por qué a mí?

Ser herederos y custodios del premio Nobel, en sencillas palabras nos llena de orgullo. Nos hace leer la historia y vida de Gabriela Mistral en sintonía con su convicción y acercamiento a la espiritualidad franciscana. Quien es capaz de trascender, de descubrir la profundidad de la vida más allá de nuestro paso por este mundo, encuentra al Otro y a los/as otros/as. Saliendo de sí—vaciándose—traspasa la historia, y se queda en el cálido corazón de un pueblo "…se los lego al pueblo de

people's hearts. "...I bestow it to the people of Chile," and to the future generations "...I bestow it to the children in need of Montegrande."

Gabriela Mistral living simply, universally and humbly, like St. Francis, is capable of giving something so precious and desired for the pride of humanity, recognition. For the Franciscan Order, and especial for the Sister Gabriela Mistral Franciscan Fund[2]..., to be the recipients of the Mistral legacy is a recognition that challenges us to carry out the will of the poet, to promote her work and to have solidarity with the children of Montegrande.

---

1   *In Chile, the Third Order Franciscan has included men and women from different socio-economic levels and professions: Presidents, diplomats, Archbishops, noted professionals, worker, countryside workers and housewives among others.*
2   *Entity created to administer Gabriela Mistral's copyright and royalties.*

Chile" y de las futuras generaciones "...se los lego a los niños pobres del pueblo de Montegrande".

Gabriela Mistral, viviendo desde la sencillez, universalidad y humildad de San Francisco, es capaz de entregar algo tan preciado y deseado para el orgullo humano, el reconocimiento. Para la Orden Franciscana, especialmente para el Fondo Franciscano Hermana Gabriela Mistral[2], ser depositarios del Legado Mistraliano es un reconocimiento que nos desafía a responder a la voluntad testamentaria de la poeta, a promover su obra y a solidarizar con los niños de Montegrande.

---

1 En Chile la Tercera Orden Franciscana, ha estado integrada por mujeres y hombres de distintas clases sociales y oficios: presidentes, diplomáticos, arzobispos, profesionales destacados, obreros, campesinos, dueñas de casa, entre otros.
2 Entidad creada para la administración de los Derechos de Autor de Gabriela Mistral.

LILY GARAFULIC

Homage to Gabriela Mistral

A few years after Gabriela Mistral's death, Lily Gara-
fulic was commissioned to design the piece that would
hold Gabriela Mistral's Nobel Prize Medal, to be exhib-
ited at St. Francis Colonial Art Museum in Santiago—
she named it "Homage to Gabriela Mistral"...an homage
for whom she greatly admired as a woman, a poet and a
humanitarian.

Years later, when asked why she chose black mar-
ble and not travertine marble—one of her favorite ma-
terials—Lily said that she felt the only material worthy
of holding such an important prize of such an important
woman was black marble—it was strong, durable and al-
though the color was dark, its light would always shine,
like Gabriela. How right she was!

In a 2009 interview, Lily Garafulic speaks about
her "Homage to Gabriela Mistral:"

> *I received a call from Rosa Puga, who was the director*
> *of the Franciscan Museum. Gabriela Mistral was a*

LILY GARAFULIC

Homenaje a Gabriela Mistral

Algunos años después de la muerte de Gabriela Mistral, Lily Garafulic fue comisionada a diseñar la base en donde se alojaría la Medalla del Premio Nobel de Gabriela Mistral y que se exhibiría en el Museo de Arte Colonial de San Francisco en Santiago—Lily llamó a esta base "Homenaje a Gabriela Mistral"...un homenaje a quien admiraba profundamente como mujer, poeta y humanista.

Años después, cuando se le preguntó porque había elegido mármol negro y no mármol travertino—que era uno de sus materiales favoritos—Lily dijo que pensó que el único material digno de tener un premio tan importante de una mujer tan importante era el mármol negro—un material fuerte, duradero y aunque su color era oscuro, la luz siempre brillaría, como la luz de Gabriela. ¡Que acertada!

En una entrevista, en el 2009, Lily cuenta sus recuerdos del "Homenaje a Gabriela Mistral":

> Me llamó Rosa Puga que era la directora del Museo de San Francisco. Gabriela Mistral que era Hermana

Third Order Franciscan and she left part of her legacy, including the Nobel Prize Medal to the Franciscan Order. We had to consider something that was utilitarian as well as spiritual, which is the reason I used the medal as the theme...with the hands that offered this medal. It was done modestly, in line with Gabriela Mistral's spirit. I felt it was important to have this simple homage at the Church.

I have an enormous admiration for Gabriela Mistral, so I worked on it with much love. It is something simple, it does not grab your attention, which I think is appropriate because Gabriela Mistral was not a person that dazzled with her presence...you had to know her. Unfortunately, I did not meet her—I would have liked to...

Gabriela Mistral is for us, a small treasure or a great treasure—for me, an outstanding poet. She was a woman who suffered and who had many happy moments as well as many worries, but that is something we all have, what sets us apart is the spirit with which we receive them [the worries].

Our conversation often centered in the arts—literature and the visual arts mostly. Very often we spoke about Gabriela Mistral, her life, her poetry, her impact in the world. Lily was quite certain that Gabriela Mistral had never heard about who she was, but it did not matter as she said: "She [Gabriela] was and is our treasure. What is important is that we know who she was and what she accomplished."

Lily was correct in her reasons for choosing the right material for the sculpture but she incorrectly

Tercera de San Francisco, dejó parte de su legado incluyendo la medalla del Premio Nobel a la Orden Franciscana. Había que buscar lo útil con lo espiritual, por lo que ocupe la medalla como tema...con unas manos que ofrecían la medalla. Es algo modesto, en línea con el espíritu de Gabriela Mistral. Pensé que era importante dejar un recuerdo modesto en la Iglesia.

Siento una enorme admiración por Gabriela Mistral, así es que lo hice con mucho cariño. Es algo sencillo que no llama la atención, lo que pienso que es apropiado, porque Gabriela no era una persona que deslumbraba apareciendo...tenías que conocerla. Desgraciadamente yo no la conocí—me hubiese gustado...

Gabriela Mistral es para nosotros un pequeño tesoro o un gran tesoro—para mi es una poetisa sensacional. Fue una mujer que sufrió y tuvo muchos buenos momentos y también muchas preocupaciones, pero eso lo tenemos todos, lo único que nos diferencia es con que espíritu lo recibes.

Las conversaciones con Lily frecuentemente se centraban en el tema de las artes—literatura y artes visuales mayormente. En muchas ocasiones conversamos sobre Gabriela Mistral, su vida, su poesía y el impacto que tuvo en el mundo. Lily estaba muy segura de que Gabriela Mistral nunca había escuchado hablar de ella, pero no importaba ya que decía: "Ella [Gabriela] fue y es nuestro tesoro. Lo importante es que nosotros sepamos quien fue y lo que logró".

Lily acertó muy bien en sus razones para elegir el material de la escultura pero incorrectamente creyó que

believed that Gabriela Mistral did not know who she was. We have discovered that in 1944, Mistral wrote an article entitled "Six sculptors," published in A Manhã, a Rio de Janeiro newspaper,[1] in which she comments on the works of six sculptors including the photos of two of Lily's works: "The portraits of her two nieces—especially the young girl—are depicted with a happy demeanor. There is also—in the one with the "long neck"—a freshness that is rarely present in a finished work as it is in this one by Lily Garafulic. There is nothing left undone: there is no female recklessness in any of her works."

Born a quarter of a century earlier, Gabriela was a source of inspiration and an example to women, not only to women in the arts, but to women that, inspired by Gabriela, opened new doors for women; they, like Gabriela, believed in the education of women, as well as in their intellectual and artistic development. Lily Garafulic was one of them.

The admiration that Lily Garafulic felt for Gabriela Mistral was profound and long lasting. How appropriate then, that as we celebrate this important Mistralian milestone we can finally bring these two women together, each one with their tool of communication at hand: Gabriela with her pen and Lily with her chisel.

1   A Manhã, Rio de Janeiro, November 12, 1944, pp. 4, 6.

Gabriela Mistral no sabía quién era ella. Hemos descubierto que en 1955, Gabriela Mistral escribió un artículo titulado "Seis escultores", que fue publicado en el diario *A Manhã*[1] de Río de Janeiro, en el que comenta las obras de seis escultores incluyendo dos fotos de dos esculturas de Lily: "Sus dos sobrinas—la niña especialmente—están tratadas con una complacencia feliz. Hay, además, sobre la pequeña 'cuelluda' aquella frescura que rara vez escapa integra a una voluntad rigurosa de acabamiento como es la de Lily Garafulic. Nada deja por hacer: el atolondramiento mujeril no aparece en ninguna de sus obras".

Con una diferencia de veinticinco años, Gabriela ofreció inspiración y un ejemplo a las mujeres, no solamente a las mujeres en las artes, sino que a las mujeres que inspiradas por ella abrieron y mantuvieron las puertas abiertas para otras mujeres; a quienes, como Gabriela, creyeron en la importancia de la educación de la mujer y su desarrollo intelectual y artístico. Lily Garafulic fue una de ellas.

La admiración de Lily Garafulic por Gabriela Mistral fue profunda y duradera. Que apropiado entonces que al celebrar este importante hito Mistraliano finalmente podemos unir a estas dos mujeres, cada una con su herramienta de comunicación en mano: Gabriela con su pluma y Lily con su cincel.

---

1   *A Manhã*, Rio de Janeiro, Noviembre 12, 1944, pp. 4, 6.

PEDRO PABLO ZEGERS BLACHET

My Victory belongs to America

Gabriela Mistral's candidacy to the Nobel Prize in Literature dates to 1939, the year when an opinion based initiative starts in Ecuador and spreads throughout America, claiming the prize for the Chilean writer. It had the support of the press of the entire continent as well as Chilean literary organizations and those from almost all of the American countries. The official Academies of Letters, among those, the one from Spain, joined this initiative.

Upon receipt of the official notification of the Nobel Prize, Gabriela begins to make the arrangements for her trip to Sweden. The award ceremony was scheduled for December 10th and her departure from Brazil for November 18th. She had little time to prepare the trip and her preoccupation was centered in the dress that she would wear for the ceremony and on the cold weather of the Nordic countries. She was assisted by the wife of the Swedish Minister who forced her to borrow her fur coat.

PEDRO PABLO ZEGERS BLACHET

Mi victoria es de América

La candidatura de Gabriela Mistral al Premio Nobel de Literatura data de 1939, año en el que surge un movimiento de opinión, que nació en el Ecuador y que se propagó por toda América, reclamando el premio para la escritora chilena. Fue apoyado por la prensa de todo el continente y por las instituciones literarias de Chile y de la casi totalidad de los países americanos. Se adscriben a este llamado, las Academias de Letras oficiales, entre ellas la española.

Recibida oficialmente la noticia de la adjudicación del premio Nobel, Gabriela comienza sus preparativos para viajar a Suecia. La premiación se iba a realizar el 10 de diciembre y su partida de Brasil había sido fijada para el día 18 de noviembre. Tenía poco tiempo para los preparativos del viaje y su preocupación se centraba en el vestido que usaría para la ceremonia y en el frío que reinaba en los países nórdicos. Fue asesorada por la esposa del ministro de Suecia quien la obligó a aceptar en préstamo su abrigo de piel.

On her trip, she was accompanied by María Ana de Terra—as certified in her travel passport to Sweden—she was the wife of the nephew of Gabriel Terra, former President of Uruguay. Gabriela's health was not well. On November 18th they boarded the steamship Ecuador. Various authorities see them off. Among them: Dr. Raúl Morales Beltrami, Ambassador of Chile, and Mr. Ragnar Kamlin, Plenipotentiary Minister of Sweden. Before she left, she remarked to a journalist from the Reuter News Agency: "The new world has been honored in me. Therefore, my victory is not mine, but America's."

The Ecuador arrived in Göteborg on December 8th, and Gabriela Mistral and María Ana de Terra boarded a train en route to Stockholm. Upon their arrival, they were met by Mr. Enrique Gajardo Villarroel, Minister of Chile; Mr. Ragnar Sohlman, the President of the Nobel Foundation and Mr. Bill Hagen, Secretary of the Ministry of Foreign Affairs.

The award ceremony, on December 10th at 5:00 pm would be held at the "Konserthuset"(Philharmonic Palace) in Stockholm. Over three thousand guests were invited, among them, members of the royal family, the diplomatic corps and the Swedish Prime Minister and others. She would receive the award from King Gustav V.

Among the accounts of the ceremony, it is worth noting those of the then minister of Chile in Sweden, Enrique Gajardo Villarroel and of the Argentinian writer Manuel Mujica Láinez, who was special envoy from La Nación to cover this news. Mujica Láinez mentions that he saw

La acompaña en este viaje María Ana de Terra—como lo certifica el pasaporte con el cual viajan a Estocolmo—esposa del sobrino del ex-presidente Gabriel Terra del Uruguay. Gabriela se encontraba en muy mal estado de salud. El 18 de noviembre, ambas se embarcan en el vapor *Ecuador*. Acuden a despedirla numerosas autoridades. Entre los presentes se encontraba el embajador de Chile, Dr. Raúl Morales Beltrami, y el ministro plenipotenciario de Suecia, señor Ragnar Kamlin. Antes de partir, Gabriela declara a un periodista de la Agencia Reuter: "El nuevo mundo ha sido honrado en mi persona. Por lo tanto mi victoria no es mía, sino de América".

El *Ecuador* arriba al puerto de Gotemburgo el 8 de diciembre y el mismo día, Gabriela Mistral y María Ana de Terra toman el tren con destino a Estocolmo. A su llegada, la esperaban el ministro de Chile, Enrique Gajardo Villarroel, el presidente de la Fundación Nobel, Ragnar Sohlman y el secretario de la cancillería sueca, Bill Hagen.

La ceremonia se realizaría el 10 de diciembre a las 17:00 horas en el "Konserthuset" (Palacio de la Filarmónica) de Estocolmo. Asistirían más de tres mil invitados, entre los que se contaban los miembros de la familia real, el cuerpo diplomático, el primer ministro sueco, entre otras personalidades. La entrega del premio la haría el rey Gustavo V.

Entre los testimonios de esta ceremonia cabe rescatar los del entonces ministro de Chile en Suecia, Enrique Gajardo Villarroel y el del escritor argentino Manuel Mujica Láinez, enviado especial del diario *La Nación* para

Gabriela Mistral when she arrived to the hotel in Göteborg: "The journalists besieged her and she complied with their requests with her own gracious nobility, allowing them to photograph her wearing an enormous coat brought from Brazil, which had been lent to her because the poet had not had the time to properly prepare for this weather."

"…Evidently—Gabriela commented to Mujica Láinez—Sweden wished for this high honor to be bestowed in South America. There are others that could have received it with as much or more merits than I… If I celebrate anyone, it is the multitude of the children of yesterday that are the men of today. In the continent they knew me and loved me, because I knew them and I loved them."

"The Swedish National Anthem was played, a short speech from the President of the Foundation was heard and the awardees proceeded to be presented. As they were announced, they descended the stage and received from the hands of the King the diploma and the medal. The monarch said a few words and the applause was heard in the hall. When it was Gabriela Mistral's turn, the applause became more intense as she was the first Hispano-American writer to receive the prize and the fifth woman to be given this award."

cubrir esta noticia. Cuenta Mujica Láinez que se encontró con Gabriela Mistral en el hotel a su llegada de Göteborg: "Los periodistas la asediaban y ella accedía a sus solicitudes con la graciosa hidalguía que le es propia, dejándose retratar con el enorme abrigo que ha traído del Brasil, pues la poetisa no ha tenido tiempo materialmente para preparar un ajuar adecuado a los rigores de este clima".

"...Evidentemente—le comenta Gabriela a Mujica Láinez—, lo que Suecia deseaba es que la alta recompensa recayera en la América del sur. Otros hubo que pudieron recibirla con tantos o más méritos que yo...Si a alguno creo celebrar es a esa multitud de niños de ayer que son los hombres de hoy y que en todo el continente, me conocieron y me quisieron, porque yo los conocí y los quise".

"Se ejecutó el himno sueco, se escuchó un breve discurso del presidente de la Fundación y luego se procedió a presentar a los premiados. A medida que éstos eran proclamados, descendían del estrado y recibían de manos del Rey el diploma y la medalla. El monarca pronunciaba unas breves palabras y los aplausos se oían en la sala. Cuando le tocó el turno a Gabriela Mistral, los aplausos se hicieron más intensos, probablemente porque se trataba del primer escritor hispanoamericano que recibía el premio y la quinta mujer a quien se otorgaba esa recompensa".

CECILIA MOREL MONTES

The Greatness of Gabriela Mistral

"...You shall love beauty, which is the shadow of God over the Universe...," writes Gabriela Mistral in her "Decalogue of the Artist." This poem is representative of our Nobel Prize winner and her approach to artistic creation. How many artists in the world—believers and non-believers—would have imposed this condition in their own work?

Through her work, for Gabriela Mistral, beauty involved not only the search for beauty but the search for truth and of the feelings that unite us as human beings. Beauty, as the possibility to reach our deep self, to reach our true dignity.

When Gabriela Mistral received the Nobel Prize in Literature in 1945, in her speech she remarked: "I am here to represent the voice of America,"and she became united as one with the voice of our American Continent. Her poems represent a language of unusual force. In her poems she not only calls on God as a wounded creature at the death of her loved in Desolation; she also cries for

CECILIA MOREL MONTES

La grandeza de Gabriela Mistral

"...Amarás la belleza, que es la sombra de Dios sobre el Universo", dice Gabriela Mistral en, "El Decálogo del Artista". Este poema representa el sentir de nuestra Premio Nobel con respecto a su forma de abordar la creación artística. ¿Cuántos artistas del mundo, creyentes o no creyentes se habrán puesto ese nivel de exigencia en su propio quehacer?

A través de su obra, la belleza implicaba para Gabriela no sólo la búsqueda de lo bello, sino la búsqueda de la verdad y de los sentimientos que realmente nos unen como seres humanos. La belleza como posibilidad de acceder a nuestro yo más profundo, para alcanzar nuestra verdadera dignidad.

Cuando Gabriela Mistral recibió el Premio Nobel de Literatura señaló en su discurso: "Vengo a representar la voz de América" y se hizo una con la voz de nuestro continente americano. Sus poemas presentan un lenguaje de una fuerza inusitada. Poemas en los cuales ella no sólo clama a Dios por la muerte de su amado como una bestia herida en su obra *Desolación*, sino que también

poverty, loneliness and heartbreak, with words and a sentiment particular to her land.

This woman, born in Vicuña, a dusty city in the Elqui Valley in the North of Chile, played with stones as if they were her most prized treasure and at night, through a small window, she looked at the stars over the mountains. This poor woman who was raised without a father and had an unhappy childhood felt an endless love for her land and it was this love that helped her overcome the boundaries and barriers of suffering and love, becoming a devoted teacher, diplomat and most of all a poet who left such a deep mark in the people that seventy years ago she was awarded the highest distinction: the Nobel Prize in Literature, becoming the first Latin American to receive the Nobel Prize.

It is somewhat ironic that this simple woman from Chile was able to reach this, the highest recognition at a time when in our country, women had not yet obtained the right to vote. And even worst yet, when more than six years had to pass for Chile to recognize her by awarding her in 1951 the National Prize in Literature. How sad was this late decision to recognize this woman who brought our name to such high places.

Gabriela represented and represents not only the voice of our race, but also the voice of the woman who is a fighter, the woman who suffers, that has experienced poverty, the suicide of her adopted son, and of her great love, the abandonment of her father, the rejection and humiliation of her fellow teachers. A woman whose life was forged as a precious stone. As time goes by, her figure and her art

llora la pobreza, la soledad y el desamor, con palabras y un sentir muy propio de su tierra.

Esta mujer nacida en un polvoriento pueblo del norte de Chile, llamado Vicuña en el Valle de Elqui, jugaba con las piedras como sus más preciados tesoros y de noche se asomaba a una pequeña ventana para mirar las estrellas entre las montañas. Esta mujer pobre que creció sin padre y tuvo una infancia desdichada, amó a su tierra hasta el infinito y fue ese amor el que la llevó a superar todas las fronteras y barreras del sufrimiento y del dolor, llegando a convertirse en una dedicada maestra, en una diplomática, y sobre todo en una poeta que caló tan hondo en los corazones de la gente, que hace setenta años su obra fue galardonada con la máxima distinción que puede lograr un artista: el Premio Nobel de Literatura. De esta manera, ella se convirtió en la primera figura latinoamericana en recibir el Nobel.

Que esta humilde mujer chilena haya alcanzado estas alturas, resulta al menos una ironía cuando sucede que durante ese mismo período, en nuestro país las mujeres ni siquiera habían alcanzado el derecho a voto. Y peor aún, cuando pasaron más de seis años para que Chile se dignara otorgarle el Premio Nacional de Literatura. Qué triste aquella tardía decisión para reconocer a esta mujer que llevo nuestro nombre a tan alto sitial.

Gabriela representó y representa no sólo la voz de nuestra raza, sino también la voz de la mujer luchadora, de la mujer sufriente, de la que vivió la pobreza, el suicidio del hijo adoptivo y el suicidio de su gran amor; la que vivió el abandono del padre, el rechazo y la humillación de sus

are valued more and more. More and more humanity, in other words more and more poetry. Gabriela: a model of consistency and of humility, an example of suffering and fierceness.

Gabriela, how can we not bless your language that has made our children sing your rounds from the Cordillera to the sea? How can we not bless your name when you dignified us women with such high distinction? How can we not bless your name when so many times us, Chilean women, have recited your famous poem, "We were all going to be queens."

The greatness of Gabriela's body of work is born from the greatness of her heart, from her mysticism, from the strength of her feelings and, this is not just mere coincidence when we have closely seen that same strength, which represents the Chilean woman as the great support and pillar of the family.

Gabriela Mistral received the Nobel Prize after the end of World War II. It is not a coincidence that the Swedish Academy recognized her song of mercy and to humanity in a world where death and destruction prevailed. In this way, the Academy, presented the award to Gabriela not only for her poetic work but also for the human and social values transmitted in her poetry and the sentiment of the people of the American Continent.

colegas profesoras. Mujer a quien la vida forjó como una piedra preciosa. Con el paso del tiempo su figura y su arte van cobrando más y más valor. Más y más humanidad, es decir más y más poesía. Gabriela: ejemplo de coherencia y de humildad, ejemplo de sufrimiento y fiereza.

Gabriela, cómo no bendecir tu lengua que ha llevado a nuestros niños a cantar en las escuelas tus rondas infantiles desde la Cordillera al mar. Cómo no bendecir tu nombre cuando nos dignificaste como mujeres con tan alta distinción. Cómo no bendecir tu nombre cuando muchas veces, nosotras, las mujeres chilenas hemos repetido ese famoso poema, "Todas íbamos a ser reinas".

La grandeza de la obra de Mistral proviene de la grandeza de su corazón, de su misticismo, de la fuerza de sus sentimientos y esto no es una mera coincidencia cuando nos ha correspondido conocer tan de cerca esa misma fuerza que representa la mujer chilena como sostén y pilar de la familia.

Gabriela Mistral, recibió el Premio Nobel después de la Segunda Guerra Mundial. No es casualidad que la Academia Sueca haya valorado su canto a la misericordia y a la humanidad, en un mundo donde prevalecía la muerte y la destrucción. Así, la Academia premió a Gabriela no sólo por el talento poético sino también por la transmisión de valores humanistas, sociales y el sentir del continente americano.

GLORIA GARAFULICH-GRABOIS

My memories of Gabriela
—a conversation with Beritta Sjöberg

On January 17ᵗʰ, 2014, I had the opportunity to meet Beritta Sjöberg, a meeting facilitated by the Honorable Eva Zetterberg, who at the time was the Swedish Ambassador in Chile. At the start of the meeting, Eva remarked on the strong bond that exists between Sweden and Chile and how important Gabriela Mistral's Nobel Prize was for Sweden, as it opened the world to Chile and to Latin America for Sweden. There is also a special bond through Beritta—who was Gabriela Mistral's secretary in Sweden in 1945. At ninety-six years old, Beritta—the widow of Chilean Diplomat Francisco José Oyarzún—resides in Chile and is the only person, still alive, that was present at the ceremony.

Beritta remembers…

> In 1945, I was a Secretary at the Mission of Chile in Stockholm [at that time they were Missions, they are now Embassies.] One day, Minister [Ambassador] Gajardo said to me: 'Beritta, Beritta, you have to go to pick Gabriela Mistral up when her ship arrives from Brazil!'

GLORIA GARAFULICH-GRABOIS

Mis recuerdos de Gabriela
—conversando con Beritta Sjöberg

El 17 de enero, 2014, tuve la oportunidad de conocer a Beritta Sjöberg en un encuentro facilitado por la Honorable Eva Zetterberg, quien en ese momento se desempeñaba como Embajadora de Suecia en Chile. Al presentarnos, Eva indicó que Suecia y Chile tienen un lazo muy especial y que el Premio Nobel a Gabriela Mistral fue muy importante para Suecia ya que abrió el mundo de Chile y de América Latina a Suecia. Existe también un lazo muy especial a través de Beritta, quien fue la asistente de Gabriela Mistral en Suecia en 1945. A sus noventa y seis años, Beritta—viuda del diplomático chileno Francisco José Oyarzún—reside en Chile y es la única persona aún viva que estuvo presente en la ceremonia.

Beritta recuerda…

> En 1945, yo era secretaria de la Legación de Chile en Estocolmo [antes eran Legaciones, ahora son Embajadas]. Un día, llegó el Ministro [Embajador] Gajardo y me dice: '¡Beritta, Beritta tú tienes que ir a buscar a Gabriela Mistral cuando llegue en el barco de Brasil!'

345

This was my first contact with Gabriela. I arrived on the same day that the ship was due to arrive in Göteborg, but the ship was not able to come to the dock because it had a shipment of cotton—it was more of a cargo ship than a passenger ship—and this cargo had a fire and could not come to the dock. A small boat arrived to take me to meet Gabriela and her Secretary [María Ana de Terra]. That's where I met her...aboard that small boat.

I told her: 'Gabriela, I will be with you and I will help you during your stay in Sweden. We will start by brining you to the dock.' I had reserved tickets in the sleeper train to Stockholm, but as we were leaving the port, a young girl came running and grabbed Gabriela by the arm, saying that Gabriela needed to go with her because a group of students had organized a welcome reunion and were waiting for her. I told the student it was not possible because Gabriela had to be in Stockholm the next day. Finally, I won and brought Gabriela to the train. I told her it was important for her to sleep because we would arrive in Stockholm very early. But it was impossible...Gabriela was a great conversationalist...As the train moved towards to Stockholm I realized that I had not seen her Secretary—I was also responsible for her. I walked through the entire train and in the last car—third class passage—I found her talking to someone she had apparently met on the ship.

In Stockholm, Gabriela had an enormous reception, with flowers and the attendance of the most important members of the Academy. After the welcoming reception we went to the best hotel in Stockholm where she had her reservation. I asked her if she wanted to rest and that I would come over the next day. Gabriela said she

Así tuve yo el primer contacto con Gabriela. Llegué el mismo día que llegaba el barco a Gotemburgo, pero el barco no podía acercarse al muelle porque tenía algodón a bordo—no era un barco de pasajeros, era más bien de carga y había fuego en la carga por lo que no podía acercarse al muelle. Llegó entonces un pequeño barco para ir a buscar a Gabriela y a su secretaria [María Ana de Terra]. Ahí la conocí...a bordo de ese pequeño barco.

Yo le dije: 'Gabriela, te voy a acompañar y a ayudar durante tu estadía en Suecia, y vamos a empezar por llevarte al muelle'. Yo había encargado pasajes en el tren cama, pero al salir del puerto llegó una chica corriendo y tomó a Gabriela del brazo diciendo que Gabriela tenía que ir con ella porque un grupo de estudiantes había organizado una reunión de bienvenida y la estaban esperando. Le dije que no era posible ya que Gabriela tenía que estar en Estocolmo al día siguiente. Finalmente yo gané y me llevé a Gabriela al tren. Le dije que era importante que se fuera a dormir ya que llegaría muy temprano a Estocolmo. Pero fue imposible...Gabriela era muy conversadora...Mientras el tren avanzaba a Estocolmo me doy cuenta que no veo a la secretaria—yo era responsable por ella también. Recorrí todo el tren y en el último vagón, en tercera clase, la secretaria estaba sentada conversando con alguien que al parecer había conocido en el barco.

En Estocolmo, Gabriela tuvo una recepción enorme con flores y las personas más importantes de la Academia. Después de la recepción fuimos al mejor hotel de Estocolmo en donde tenía la reservación. Al llegar le pregunté a si quería descansar y yo vendría al otro día. Gabriela dijo que no estaba cansada y preguntó qué

was not tired and asked what we were going to do—and said that she wanted to go shopping because it was very cold—as she never imagined. We went out to buy a few warm things and then went back to the hotel. People began to arrive wanting to see her but she wanted to rest.

My father arrived later. He had prepared a surprise for Gabriela and told her that he would take her to do something she had never done before—my father had rented a horse drawn sleigh, with torches and bells to bring her to our house for dinner. She was greatly impressed by the sleigh and the horses and remarked that this was something unforgettable.

For dinner we first had a smorgasbord...Gabriela had a good appetite and had two servings. As she went to sit down, my mother opened the doors to the dining room. Gabriela said; 'What is this? We already ate!' To what I replied: 'No, Gabriela that was only the smorgasbord.' When went into the dining room, we were fourteen people and the dinner was lovely. When it was time for dessert—we must remember that Europe was going through a very difficult time and you could not buy things like bananas, grapes, etc.. My father had arranged with a company to bring something very special for Gabriela Mistral and by plane arrived a bunch of dark grapes, from Syria I think. It was a very special request and very expensive, but it was in honor of Gabriela. At the moment of serving the dessert...the lights were turned down, the door opened and the chef entered with a great piece of ice and on top of the ice there was this enormous bunch of grapes. Naturally, Gabriela was the first one to be served. Next to the grapes there was a small silver pair of scissors with which each guest could cut

íbamos a hacer—y que quería ir de compras, ya que hacía mucho frío—como nunca se había imaginado. Fuimos a comprar algunas cosas 'calientitas,' y después se instaló en el hotel. La gente comenzó a querer verla pero ella quiso descansar.

Más tarde llego mi padre, quien había preparado una sorpresa para Gabriela. Le dijo que la llevaría a hacer algo que ella nunca antes había hecho—mi padre había arrendado un trineo tirado por dos caballos, con antorchas y campanas para ir a cenar nuestra casa. Ella estaba muy impresionada con el trineo, los caballos y dijo que sería algo inolvidable.

En la cena, primero había un smogarsbord...Gabriela tenía buen apetito y se sirvió dos veces. Al momento de sentarse, mi madre abrió las puertas del comedor. Gabriela dijo "¡pero que es esto, ya comimos!" Le dijimos, "No, Gabriela, eso era solamente un smogarsbord." Pasamos al comedor, en donde éramos catorce personas. La cena estuvo muy agradable. Cuando llego el momento del postre—hay que recordar que Europa estaba pasando por un momento muy difícil y no se podía comprar cosas como plátanos, uvas o cosas así. Pero mi padre había arreglado con una compañía para mandar a buscar algo muy especial para Gabriela Mistral y por avión llego un racimo de uvas, de Siria creo. Fue una petición muy especial y muy costosa pero era en honor a Gabriela. Llegó el momento en que iba a servir el postre...se apagaron las luces, se abrió la puerta y llego el cocinero con un gran pedazo de hielo y sobre el hielo había un maravilloso racimo de uvas negras. La primera persona a quien se le sirvió fue naturalmente a Gabriela. Al lado de las uvas había una pequeña tijera de plata con la que cada uno

a few grapes. Gabriela saw the grapes, took the bunch and placed it on her plate—the rest of the people sat and waited—my mother almost fainted…that was the famous dessert. My father offered an explanation but unfortunately, we did not have another dessert!

Gabriela felt very well in Sweden and she began to receive guests, give interviews and to be photographed. One or two days before the Nobel Prize ceremony, Gabriela said to me: 'Beritta, Beritta, I do not have anything to wear, what are we going to do!' I said, 'I will take care of it!' I went to the most elegant and most expensive shops, because Gabriela had said that she wanted a long black velvet dress with long sleeves. I went to these shops and in one of them I did find a long black velvet dress with long sleeves. I told them: 'Gabriela Mistral, the Nobel Prize winner wishes to buy this dress. Can you go to the hotel for her to try it on?' They were very happy because this was very good business. Gabriela tried on a few dresses and chose one. The next day the shop had a sign on the window saying 'Gabriela Mistral bought her dress here,' next to a bouquet of flowers. I received flowers from the shop as well.

The day after the ceremony, the first thing she asked was: Am I in the newspapers? And, there she was, in all of the newspapers. She asked for them to be clipped to bring them home. She was very happy and said: 'the only thing I do not like in this country is the cold, and I found the King of Sweden to be very handsome.' 'I am very much impressed by the applause and the welcoming…as soon as I enter a room they start applauding… at first I was scared but I am now used to the applause.'

podía cortar algunas uvas. Gabriela vió las uvas, tomó el racimo y lo puso en su plato—el resto de la gente se quedó esperando y mi madre casi se desmaya—ése era el famoso postre. Mi padre dio una explicación pero desgraciadamente, ¡no teníamos otro postre!

Gabriela se sintió muy bien en Suecia y comenzó a recibir visitas, a dar entrevistas y a ser fotografiada. Uno o dos días antes de la entrega del Premio Nobel, Gabriela me dice: 'Beritta, no tengo que ponerme, ¡que vamos a hacer!' Yo le dije, yo lo veré! Recorrí las tiendas más elegantes y más caras porque Gabriela había dicho que quería un vestido de terciopelo negro, largo y con mangas. Yo fui a estas tiendas y efectivamente en una encontré un vestido de terciopelo negro con mangas largas y les dije que 'este vestido lo quiere comprar la ganadora del Premio Nobel Gabriela Mistral. ¿Podría ir Ud. al hotel para que ella se lo pruebe?' Estaban felices porque era muy buena propaganda. Ella se probó varios y se quedó con uno. Al día siguiente, en la vitrina de la tienda había un ramo de rosas y un letrero que decía: 'aquí compró Gabriela Mistral su vestido'. Yo también recibí un ramo de flores.

Al día siguiente de la ceremonia, lo primero que me preguntó fue: ¿salgo en los diarios? Y ahí estaba, en todos los diarios. Pidió que se los recortaran para llevárselos. Estaba feliz y dijo: 'la única cosa que no me gusta de este país es el frío y encontré al Rey de Suecia muy buenmozo.' 'Estoy muy impresionada por los aplausos y la acogida…apenas yo entro a una sala todos comienzan a aplaudir…al principio me daba miedo pero me acostumbre a los aplausos'.

After a month, the time came when we naturally had to say goodbye. Before getting in the car that would take her to the airport she said: 'Beritta, I do not want to leave this country without knowing at least one word in Swedish, could you help me with a word, something not hard to pronounce?' I said: 'Yes, I will teach you a very easy word: 'Tack!' 'What does it mean?', she asked. Thank you! I said. Very happily Gabriela then said 'I already speak Swedish!' and got in the car.

For Beritta, it was an encounter with her memories, and for me a privilege. During those hours, through Beritta, we were transported to the Stockholm of 1945 and, listening to her sharing her memories, it was impossible not to imagine the depth of emotions Gabriela must have felt.

Lucila from Elqui, was a simple and authentic woman, that although she never sought fame, adulation, or prizes, she was recognized not only for her literary and humanitarian work but also for her authenticity with which she reaped more admiration than she could have ever imagined.

Tack, *Gabriela!*
Tack, *Beritta!*
Tack, *Eva!*

Después de un mes, llego el momento cuando naturalmente había que decir adiós. Al subir al auto que la llevaría al aeropuerto me dijo: 'Beritta yo no me quiero ir de este país sin saber al menos una palabra en Sueco, ¿podrías ayudarme con alguna palabra que no sea difícil de pronunciar?' Le dije: 'Si, yo te voy a enseñar una palabra muy fácil: *Tack!*' ¿Qué significa?, me preguntó '¡Muchas gracias!' Entonces Gabriela subió al auto y muy feliz dijo: '¡Yo ya hablo sueco!'

Para Beritta, fue un encuentro de recuerdos y para mí un privilegio. Por esas horas, por medio de Beritta, nos transportamos al Estocolmo de 1945 y al escucharla relatar estos recuerdos, era imposible no imaginar la profundidad del sentir de Gabriela en esos momentos

Lucila de Elqui, una mujer sencilla y auténtica, que a pesar de no haber buscado la fama, ni la adulación ni los premios fue reconocida no sólo por su labor literaria y humanitaria sino que también por su sencillez con la que cosechó más admiración de la que ella nunca hubiese imaginado.

¡*Tack*, Gabriela!
¡*Tack*, Beritta!
¡*Tack*, Eva!

EVA ZETTERBERG

Gabriela Mistral and Sweden

As I write these lines, from my window I can see Stockholm's City Hall—considered one of the most beautiful buildings in the world—and where, since 1930, the Nobel Prize Banquet is held to mark the closing of the Award Ceremony. It was in this building that on December 10th, 1945, Gabriela Mistral's Nobel Prize in Literature was celebrated.

Days like today, make me think of the cold and dark winter days that Gabriela spent in my country, Sweden, that led her to remark: "It seems as if the sun never comes out in Stockholm." However, the light, admiration and affection with which she was received in this city illuminated her heart.

The passing of these seventy years has allowed us to reflect on the importance of Mistral for Sweden, her stay in this country and the interesting process which culminated in her being awarded the most prestigious literary prize in the world. The Nobel Prize,

EVA ZETTERBERG

Gabriela Mistral y Suecia

Escribo estas líneas mirando desde mi ventana el edificio de la Alcaldía de Estocolmo—un edificio considerado como uno de los más bellos del mundo—y donde, desde 1930, al caer la tarde se realiza el banquete con el que culmina la ceremonia de entrega del Premio Nobel. Fue en ese edificio que el 10 de diciembre de 1945, se celebró el Premio Nobel de Literatura otorgado a Gabriela Mistral.

Días como hoy, me hacen pensar en los días de invierno fríos y oscuros que le tocaron a vivir a Gabriela en mi país, Suecia, y que la llevaron a comentar: "Parece que el sol nunca sale en Estocolmo". Sin embargo, la luz, admiración y el cariño con que fue recibida en esta ciudad iluminaron su corazón.

El paso de estos setenta años, nos ha dado el tiempo suficiente para permitirnos reflexionar sobre la importancia de Mistral en Suecia, su estadía en este país y el interesante proceso que culminó con el otorgamiento del premio de literatura más prestigioso del mundo.

established by Alfred Nobel, was first presented in 1901 to European writers, and with the exception of prizes awarded to the Indian poet Rabindranath Tagore in 1913 and to two Northamerican writers, Eugene O'Neill in 1936 and Pearl Buck in 1938—it was never awarded to a Latin-American writer.

It is worth noting the world's political situation at the time. World War II had recently come to an end and Chile, a country that had not participated in the War, was far removed from the European conflicts. In 1939, the prize was awarded to the Finish writer Frans Eemil Sillanpää—and given the situation that Finland was experiencing due to the Soviet invasion in November of that year—this award was considered humanitarian as well as political. By a royal decree, Sweden, a neutral country during the War, ordered not to award the Nobel Prize during the years of the world conflict. However, the Academy continued their work receiving proposals of candidates for the Nobel. The prize resumed in 1944 when it was awarded to the Danish writer Johannes V. Jensen. During the war years, one of the names that was frequently mentioned was that of Gabriela Mistral—in 1945, it was a name that did not generate any conflict.

The grand scale campaign in favor of Gabriela Mistral started in 1939 with the first candidacy coming from the National University of Colombia which was received on the 19th of January; followed by another in November from the University of Chile, and the Chilean-German Institute of Culture in Chile; at the time, its President, Miguel Cruchaga Tocornal, was the President

El premio, establecido por Alfred Nobel, fue otorgado por primera vez en 1901 a escritores Europeos a excepción del premio entregado al poeta indio Rabindranath Tagore en 1913 y a dos escritores norteamericanos Eugene O'Neill en 1936 y Pearl Buck en 1938, pero no había sido entregado a un escritor latinoamericano.

Cabe mencionar la situación política mundial de la época. La Segunda Guerra Mundial había llegado recientemente a su fin y Chile, un país que no había participado en la guerra representaba un país alejado de los conflictos europeos. En 1939, el premio fue otorgado al escritor finlandés Frans Eemil Sillanpää—y debido a la situación en la que se encontraba Finlandia debido a la invasión Soviética en Noviembre de ese año—este premio fue considerado tanto humanitario como político. Suecia, un país neutral durante la guerra, a través de un decreto real dispuso no otorgar el Premio Nobel durante los años del conflicto mundial, pero sí la Academia continuó su trabajo recibiendo propuestas de posibles candidatos al Nobel. El premio se resumió en 1944 cuando le fue otorgado al escritor danés Johannes V. Jensen. Durante los años de receso, uno de los nombres que se vió con frecuencia fue el de Gabriela Mistral—en 1945 era un nombre políticamente correcto que no generaba conflicto.

La campaña—de gran envergadura—a favor de Gabriela Mistral comenzó en 1939, con la primera postulación proveniente de la Universidad Nacional de Colombia la cual se recibió el 19 de enero; y en noviembre una proveniente de la Universidad de Chile y el Instituto Chileno-Alemán de Cultura en Chile; su

of the Senate and was able to gather the signatures from other members of Congress. But in 1940, the most important support came from the Association of Writers, Universities, Academia and the governments of El Salvador, Cuba, Brazil, Peru, Costa Rica, Uruguay and Venezuela. In 1945 a proposal from the Dean of Vassar College in Poughkeepsie, New York [USA], Mildred Thompson was added. Besides Chile, Ecuador was perhaps the Latin American country that provided the most support.

This campaign, initiated in Latin America, had great international importance as Gabriela Mistral was not only considered the Chilean candidate but the candidate of the entire American Continent where she was known as "the spiritual mother of Latin America."

Mistral already had admirers far from her country, in places where few people had command of the Spanish language. One of her most noted Swedish admirers was Hjalmar Hammarskjöld, a member of the Royal Academy and ex-Prime Minister. The first translations of Mistral's works into Swedish were done by Karl August Hagberg— the Royal Academy's Spanish Literature specialist—these translations were correct but undoubtedly, the translations of the Swedish poet, Hjalmar Gullberg created a following for Mistral in Sweden.

When Chile received the news that Nobel Prizes were not going to be awarded in 1940, the business attaché of Chile in Stockholm, Carlos Errázuriz, wrote a letter to Per Hallström—then President of the Academy— who gave his assurance that Gabriela Mistral's candidacy

presidente, Miguel Cruchaga Tocornal era en ese momento el presidente del senado y logro obtener las firmas de otros parlamentarios. Pero el impulso principal llego en 1940 proveniente de la Asociación de Escritores, Universidades, Academias y gobiernos de El Salvador, Cuba, Brasil, Perú, Costa Rica, Uruguay y Venezuela. En 1941 se añadió una propuesta de la decana de Vassar College en Poughkeepsie, Nueva York [Estados Unidos], Mildred Thompson. Aparte de Chile, Ecuador fue tal vez, el país latinoamericano que más impulso la campaña.

Esta campaña, impulsada desde América Latina, tuvo importancia internacional ya que Gabriela Mistral era considerada no sólo la candidata de Chile sino que de todo el continente Americano en donde se le conocía como "la madre espiritual de América Latina".

Mistral también ya tenía admiradores lejos de su país en lugares en donde pocas personas dominaban el español. Uno de sus más destacados admiradores suecos era Hjalmar Hammarskjöld, miembro de la Academia Real y ex primer ministro. Las primeras traducciones de Mistral al idioma sueco fueron hechas por Karl August Hagberg—especialista de la Academia en literatura española—estas traducciones fueron muy correctas pero sin duda fue con las traducciones del poeta sueco Hjalmar Gullberg que estas traducciones alcanzaron la forma poética para ser apreciados en Suecia.

Cuando Chile recibió la información que no se entregarían premios en 1940, el encargado de negocios de Chile en Estocolmo, Carlos Errázuriz, escribió una carta a

remained active and that it already had the support of other Latin American countries. as well as the constant boost of Hammarskjöld. In a letter dated January 28th, 1945, Elin Wägner, a Swedish writer and a member of the Academy proposed Mistral.

The internal commission of the Academy, composed of five members—did not include Wägner—had the task of analyzing the proposals. At a meeting on May 31st, 1945, Hammarskjöld was the only member that proposed Mistral as the first option. However, during the final discussion of September 6th, 1945, three other members of the commission voted in favor of Mistral: Hjalmar Hammarskjöld, Anders Österling and Sigfrid Siwertz. The other two members: Fredrik Böök y Per Hallström proposed to award the prize posthumously to the Frenchman, Paul Valéry, who had died in July. Mistral competed against other literature greats such as T. S. Eliot and John Steinbeck among others. Eliot received the Nobel in 1948 and Steinbeck in 1962. There is no doubt that it was the firm support of Hammarskjöld and Gullberg what persuaded the Nobel commission to deposit the award into the hands of Gabriela Mistral. In November 1945, Johannes Edfeldt wrote in the Swedish press, "the spiritual trade borders have been knocked down in America."

After the ceremony, at the Nobel Banquet, Dr. A. H. T. Theorell, remarked on Gabriela's long journey to the land of Gösta Berling to receive the prize and in her speech Mistral praised the Swedish democracy and remarked that she identified herself as "a direct voice of my race and the indirect voice of the noble Spanish and

Per Hallström, entonces presidente de la Academia, quien le afirmó que la candidatura de Gabriela Mistral se mantenía y ya contaba con el apoyo de países latinoamericanos y el impulso constante de Hammarskjöld. En una carta de fecha enero 28, 1945, Elin Wägner, escritora y miembro de la Academia también propuso a Mistral.

La comisión de interna de la Academia compuesta por cinco miembros—no incluyó a Wagner—tuvo la tarea de analizar las propuestas. En la reunión realizada el 31 de mayo, 1945 Hammarskjöld fue el único miembro que presento a Mistral como primera opción. No obstante, en la discusión final de fecha 6 de septiembre, tres de los miembros de la comisión votaron a su favor: Hjalmar Hammarskjöld, Anders Österling y Sigfrid Siwertz. Los otros dos miembros, Fredrik Böök y Per Hallström propusieron el premio póstumo al francés Paul Valéry quien había fallecido recientemente en el mes de julio. Mistral compitió con otros gigantes de la literatura como T. S. Eliot y John Steinbeck entre otros. Eliot recibió el Nobel en 1948 y Steinback en 1962. Sin duda el apoyo decisivo de Hammarskjöld y Gullberg logró convencer a la comisión Nobel para que el galardón quedara en manos de Gabriela Mistral. En noviembre 1945, Johannes Edfeldt escribió en la prensa sueca que "las fronteras aduaneras espirituales han sido derribadas en América".

Después de la ceremonia en el banquete del Nobel, el Dr. A. H. T. Theorell, hizo notar el largo viaje de Gabriela a la tierra de *Gösta Berling* para recibir el premio y en su discurso de agradecimiento Mistral alabó la democracia sueca y subrayó que se identificó como

Portuguese languages." During a radio interview, she thanked Sweden: her hosts, her translator and to the people for their hospitality, openness and generosity, remarking: "everyone has given me more than I deserve." She ended her speech by saying: "as Sweden has been able to do so much, it can now devote itself to the salvation of Europe, to the multitude of wounded people that surround its borders...Sweden is called on to be the Good Samaritan to a wounded world."

After her arrival in Sweden, on December 8th, Gabriela Mistral had the opportunity to closely share her time with the Swedish people through an excellent representative of our country Beritta Sjöberg—a young Swedish woman who worked at the Chilean Embassy in Stockholm. As she spoke Spanish very well, she was selected as the official translator for Mistral during her visit to Sweden. Beritta is now ninety-six years old, is the widow of a Chilean diplomat living in the land of Gabriela. Beritta is the only person still alive who was present at the ceremony and that spent time with her. In her biography as well as in videos and conversations, Beritta has shared some of the adventures with Gabriela during the time they spent together. She stayed in Sweden for one month and during this time she gave lectures at schools and at event organized in her honor.

Gabriela Mistral can be easily compared with two Swedish writers. The extraordinary teacher and writer who also had great interest in children and the youth, Selma Lagerlöf, who we know that Mistral admired and to whom in 1928 she writes: "It seems to me, that countries

"una voz directa de mi raza y la voz indirecta de las lenguas nobles españolas y portuguesas". En un discurso en la radio sueca, agradeció a Suecia: a sus anfitriones, a su traductor y a su pueblo por la hospitalidad, actitud abierta y generosidad, diciendo que "todos me han dado más de lo que merezco". Terminó su discurso diciendo "como Suecia ha logrado hacer tanto, ahora puede dedicarse a la salvación de Europa, a el mundo de heridos que rodean sus fronteras...Suecia es llamado a ser el buen samaritano de un mundo herido".

Desde su llegada a Suecia, el 8 de diciembre, Gabriela Mistral tuvo la oportunidad de compartir muy cercanamente con el pueblo sueco y a través de una excelente representante en la persona de Beritta Sjöberg— una joven sueca que trabajaba en la Legación de Chile en Estocolmo. Como hablaba muy bien en español fue elegida para ser la traductora oficial de Mistral durante su visita a Suecia. Beritta tiene ahora noventa y seis años, es viuda de un diplomático chileno viviendo en el país de Gabriela. Beritta es la única persona aún viva que estuvo presente en la ceremonia y compartió con Gabriela estos días. Tanto en su biografía, como en videos y conversaciones, Beritta ha relatado las aventuras que vivió con Gabriela durante el tiempo que compartieron. Gabriela permaneció en Suecia un mes, durante el cual dictó charlas en colegios y en eventos organizados en su honor.

Gabriela Mistral puede ser fácilmente comparada con dos escritoras suecas. La extraordinaria maestra y escritora, que también tuvo un profundo interés en los niños y jóvenes, Selma Lagerlöf a quien sabemos que

are honored or dishonored by their imagination. This honor is the one given by mythologies—with the addition of its folklore—and it is just, almost more desirable than the terrible, naked and bold honor of intelligence...legends almost always have half of its root submerged in magical waters, and Selma, Swedish and all, has some of this nature's spirit, a bit nymph or mother of elves, to work with the popular language, keeper of mystics or demoniac," I think that Mistral can be described with the same words she used to describe Lagerlöf with "the nature's spirit, a bit of nymph or mother of elves..." Mistral can also be compared with Astrid Lindgren, who, although she never received the Nobel Prize, her books have influenced generations in Sweden and the world. These three writers, Lagerlöf, Mistral y Lindgren, were deeply committed against war, injustice, inequality, and children were always at the center of their work.

Our contemporary, Dr. Ebba Witt Brattström—a Modern Literature Researcher—has published an anthology of one hundred women writers in which she writes of the greatness of Mistral, and the inspiration she has been to Latin American women writers. The Sweden of today has paid homage to Mistral with a program dedicated to her poetry held at Stockholm's Municipal Theater in the 1980s—an initiative of the Swedish writer and Chilean Literature Scholar, Sun Axelsson. In the 1990s, a major seminar was organized, the proceeds of which were published in a Swedish language publication which included a contribution by Ernesto Dethorey—a Spanish writer who at the time of Mistral's death published an excellent article about her legacy—at the conference, he presented

Mistral admiraba y a quien le escribe en 1928: "Me suele parecer, como tienen los pueblos una honra o deshonra por la imaginación. Esta honra es la que dan las mitologías—con la añadidura de los folklores—y casi, casi es más deseable que la honra espantosa, desnuda y calva de la inteligencia...la leyenda tiene siempre medio tallo sumido en agua de magia, y Selma, sueca y todo, algo tiene de espíritu de la naturaleza, algo de dríada o de madre de elfos, a trabajar con el lenguaje popular, que es depósito místico o demoníaco." Pienso que se puede describir a Mistral con las mismas palabras que ella describió a Lagerlöf con "el espíritu de la naturaleza, algo de dríada o de madre de elfos"...Mistral también puede ser comparada con Astrid Lindgren, quien aunque no llegó a recibir el Premio Nobel, sus libros han formado a distintas generaciones en Suecia y en el mundo. Estas tres escritoras, Lagerlöf, Mistral y Lindgren, tuvieron un gran compromiso contra las guerras, las injusticias y la desigualdad y los niños siempre estuvieron al centro de su obra.

Nuestra contemporánea, Dra. Ebba Witt Brattström —investigadora de literatura moderna—ha publicado una antología sobre cien mujeres escritoras en donde explica la grandeza de Mistral, no sólo en términos literarios sino también como educadora y reformadora del sistema educacional en México, y la inspiración que ha ofrecido a mujeres escritoras en toda América Latina. En la Suecia moderna se ha dado atención a Mistral con un programa dedicado a su poesía en el Teatro Municipal de Estocolmo en los años 80—iniciativa impulsada por la escritora Sun Axelsson—quien es gran conocedora de la literatura chilena. En los años 90, se impartió un

a paper on the poems of Mistral, Hagberg, Gullberg and other poets.

Mistral had great interest in Sweden, expressed by the founding of the first Chilean Swedish Institute of Culture in 1948, of which Mistral was Vice-President. We do not have much information about the work of this Institute but, in 2013 this initiative was reinstated by the organization of a similar institute in Chile and in 2015 by the founding of the first Swedish Chilean Institute of Culture in Sweden—the first event is the commemoration of the seventieth anniversary of Gabriela Mistral's Nobel Prize.

References to Gabriela Mistral in Swedish:

Knut Knut Ahnlund "Spansk Öppning—essäer om Spaniens och Latinamerikas litteratur", 2003, pp. 69-85.

Anders Cullhed Minnesord.

Hjalmar Gullberg, "Tolkning av Dikter", Norstedt 1945.

Beritta Sjöberg, Gift med en främling, Författares Bokmaskin 2011, pp. 77-82, (and interviews).

Julian Vasquez—L, editor: Symbol och uppror, ABF/ Ord & Form 1996.

Ebba Witt Brattström and Birgitta Swanberg, Hundra Skrivande Kvinnor, andra delen, pp. 202-208, Natur och Kultur, 1997.

importante seminario con cuyas ponencias se publicó
un libro en el idioma sueco, incluyendo un texto de Ernesto Dethorey—escritor español quien después de la
muerte de Mistral publicó un hermoso artículo sobre su
legado—y en el seminario presentó los poemas de Mistral, Hagberg, Gullberg y otros escritores y poetas.

Mistral tuvo un gran interés por Suecia lo que se
manifestó en la fundación del primer Instituto Chileno
Sueco de Cultura en 1948 del cual Mistral fue su vice-
presidenta. No tenemos mucha información sobre la
gestión de este Instituto pero en el 2013, se retomó
esta iniciativa con la formación de un instituto similar
en Chile y ahora, en el 2015 se ha fundado el primer
Instituto Sueco Chile de Cultura en Suecia. Nuestra
primera actividad será la conmemoración de los setenta
años del Premio Nobel a Gabriela Mistral.

Referencias a Gabriela Mistral en sueco:

Knut Knut Ahnlund *"Spansk Öppning—essäer om Spaniens och
Latinamerikas litteratur"*, 2003, páginas 69-85.

Anders Cullhed Minnesord.

Hjalmar Gullberg, *"Tolkning av Dikter"*, Norstedt 1945.

Beritta Sjöberg, Gift med en främling, Författares Bokmaskin 2011, páginas
77-82, (y entrevistas).

Julian Vasquez—L, redactor: Symbol och uppror, ABF/ Ord & Form 1996.

Ebba Witt Brattström y Birgitta Swanberg, Hundra Skrivande Kvinnor,
andra delen, páginas 202-208, Natur och Kultur, 1997.

JONATHAN COHEN

Gabriela Mistral and her American Continent

Gabriela Mistral was a great American in the original sense of the word—she embraced all of the Americas. In her Nobel acceptance speech and elsewhere, she referred to the Americas as "the American Continent." She had long held the old idea that the American lands formed a single continent, and the name she used for it underscored her belief that the geographical unity of the Americas formed the basis of their peoples' common destiny. Indeed, the Pan Americanism that had begun to flourish during her youth—the ideal of political and cultural unity between the Americas—was of great appeal and moved her to champion this dream throughout her life.

As a woman truly of the Americas, Mistral had a long and intimate relationship with the United States that began in 1922 with the publication of her first book Desolación in New York. Her frequent visits to the United States starting in 1924; her long sojourns at Northeastern colleges—Barnard, Vassar, and Middlebury—where she taught Latin American literature during the early 1930s;

JONATHAN COHEN

Gabriela Mistral y su continente Americano

Gabriela Mistral fue una gran Americana, en el sentido original del término, al abarcar todas las Américas. En su discurso de aceptación del Premio Nobel y también en otras ocasiones, Mistral se refirió a las Américas como "el continente Americano" y siempre sostuvo la idea de que las tierras Americanas formaban un sólo continente; el nombre que le dio a ésto resaltaba su convicción de que la unidad geográfica de las Américas, era la base para definir el destino común de su gente. De hecho, el Pan Americanismo—que había comenzado a florecer durante su juventud—le parecía muy atractivo y la condujo a albergar este sueño durante su vida.

Como una verdadera mujer de las Américas, Mistral tuvo una larga e íntima relación con los Estados Unidos, desde 1922 con la publicación de su primer libro *Desolación* en Nueva York. A partir de 1924, sus frecuentes visitas a Estados Unidos; sus largas estadías en universidades del noreste—Barnard, Vassar y Middlebury—donde dictó clases de Literatura Latinoamericana

her years living in California just after receiving the Nobel Prize, and later in New York; as well as her close friendships with Northamericans such as—Waldo Frank, Charles and Anne Lindbergh, Leo Rowe, Erna Fergusson, Margaret Bates, and Doris Dana, to name a few—strengthened the bonds she had with the United States; the country of her final years.

The poetry Mistral wrote when living in California further expresses her embrace of North America where the human and natural landscapes moved her to compose new poems, such as "California Poppy," in which she personifies California's state flower in a song, identifying with this wildflower and the common destiny that binds them.

Like all of Mistral's poems—born of an immediate and physical contact with the world around her—the poems she produced while in the United States added a Northamerican dimension to her work. They appear in Lagar, *the last book of poetry published in her lifetime, in 1954. Thus, an array of elements derived from the entire hemisphere distinguishes the full body of her poetry, infusing it with her profound continental spirit.*

There is no doubt that Mistral was and is, as much a poet of her native Chile as a poet of the Americas—her voice and vision represent the very best of humanity of her American Continent.

a comienzos de los años 30; el tiempo que vivió en California después de haber recibido el Premio Nobel y posteriormente cuando vivió en Nueva York; al igual que su cercana amistad con norteamericanos como Waldo Frank, Charles y Anne Lindberg, Leo Rowe, Erna Fergusson, Margaret Bates y Doris Dana—para nombrar a algunos—fortaleció los lazos que tenía con los Estados Unidos; el país de sus últimos días.

La poesía escrita por Mistral durante su estadía en California, refuerza y expresa su vínculo con la América del norte. El paisaje humano y natural del lugar la instó a componer nuevos poemas como "Amapola de California", en el que en una canción personifica la flor típica del estado, identificándose con el destino común que los une.

Como todos los poemas de Mistral, que nacen de un contacto físico e inmediato con el mundo que la rodea, los poemas escritos durante su estadía en Estados Unidos, agregan una dimensión norteamericana a su obra. Estos poemas, están incluidos en *Lagar,* el último libro de poesía publicado antes de su muerte. Por ésto, una variedad de elementos derivados de todo el hemisferio distingue el total de su obra, permeándola con su profundo espíritu continental.

No hay duda alguna que Mistral fue y es, tanto una poeta de su Chile natal como una poeta de las Américas—su voz y visión representan el más alto nivel de humanidad del continente Americano.

DAVID UNGER

Gabriela

In 1945 Chilean poet Gabriela Mistral became the first Latin American—man or woman—to be awarded the Nobel Prize in Literature. The recognition of a Latin American writer was of great significance since it ushered an awakening in Europe that Spanish and Portuguese writers produced some of the greatest writing in the world. It is unfortunate that poets of the caliber of Rubén Darío from Nicaragua and César Vallejo from Peru, were not recognized by the Nobel Committee in their lifetime, but since Mistral, five other Latin Americans have received the Nobel Prize: Miguel Ángel Asturias, Guatemala, 1967; Pablo Neruda, Chile, 1971; Gabriel García Márquez, Colombia, 1982; Octavio Paz, Mexico, 1990 and most recently, Mario Vargas Llosa, Peru, 2010. To date, no other Latin American female writer has received the award...perhaps in the coming years another female Latin American writer will follow Gabriela's lead.

DAVID UNGER

Gabriela

En 1945, la poeta chilena Gabriela Mistral se convirtió en la primera Latino Americana—hombre o mujer—en recibir el Premio Nobel de Literatura. El reconocimiento a un escritor Latino Americano fue de gran significado ya que permitió a Europa reconocer que algunas de las mejores producciones literarias del mundo fueron producción de escritores de lengua Española y Portuguesa. Desgraciadamente, poetas de la altura de Rubén Darío de Nicaragua y César Vallejo de Perú, no recibieron el reconocimiento del comité nobel antes de fallecer, pero a partir de Mistral, cinco Latino Americanos han recibido el Premio Nobel: Miguel Ángel Asturias, Guatemala, 1967; Pablo Neruda, Chile, 1971; Gabriel García Márquez, Colombia, 1982; Octavio Paz, México, 1990; y recientemente, Mario Vargas Llosa, Perú, 2010. A la fecha, ninguna otra escritora Latino Americana ha recibido este premio…quizás en los próximos años otra escritora seguirá los pasos de Gabriela.

The value of a writer's literary output can often be overshadowed by symbolism. This should not be the case with Gabriela—she wrote the kind of poetry that almost demands that readers be on a first name basis with her. Her poetry was fiercely lyrical and human, even when she wrote sonnets and alexandrines. For many years she had worked as a schoolteacher in Chile. Her two earliest books, Desolación and Ternura grew out of that earlier period. Later in life, after she achieved international recognition, she lived in Europe and the United States, where she finally died of cancer in 1957 at the side of her translator and companion Doris Dana.

Regardless of where Gabriela lived, the subjects of her poetry remained the same: a mother's love, nature, and death. Her poetry often dealt with the neglect and the abuse of children. Arguably, her best known poem, "Little Feet," expressed her horror at seeing a barefoot child walking in a freezing landscape. She saw these bare, abused feet as symbols of heroism and struggle, not of victimization. Her ability to transform ordinary events and images, to make them worthy of our attention in novel ways, testifies to her great strength as a poet.

The publication of this compendium of Gabriela's poetry, prose and archival information can only serve to make her poetry better known in the English-speaking world—as well as it should be.

El simbolismo puede, en algunas ocasiones, eclipsar el valor de la producción literaria de un escritor. Éste no debiera ser el caso de Gabriela—el estilo de poesía que ella escribió, casi requiere que el lector sienta que la conoce cercanamente. Su poesía fue intensamente lírica y humana, incluso al escribir sonetos y alejandrinas. En Chile, trabajó por muchos años como maestra; sus dos primeros libros, *Desolación* y *Ternura*, nacen en ese primer periodo. Más tarde, una vez que alcanza el reconocimiento mundial, vivió en Europa y en Estados Unidos, en donde falleció de cáncer en 1957, al lado de su traductora y compañera, Doris Dana.

Sin importar en dónde Gabriela vivió, los temas de su poesía fueron constantes: el amor maternal, la naturaleza y la muerte. Su obra, frecuentemente, toca el tema del abandono y abuso de los niños. Uno de sus poemas más conocidos, "Piececitos", expresa el horror al ver un niño descalzo caminando en un entorno de frío. Ella vió en estos pies maltratados, descalzos un símbolo de lucha y heroísmo, no de victimización. Su habilidad para transformar eventos e imágenes cotidianas y convertirlos en eventos que requieren nuestra atención, son prueba de su gran fuerza como poeta.

La publicación de esta colección de poesía, prosa e información de referencia, servirá para dar a conocer su poesía en el mundo Anglo-parlante—como debiera ser.

THEODORO ELSSACA

Cornerstone of America

Cordillera, you rise, mountain among mountains
dawn and beacon of light.
Eagle-eye of peaks, Indian lips,
stone of mutations, Rosetta stone,
cornerstone of America.

Mistral, the name of the wind,
next to Petronila's fire
you reveal yourself with a silver mate.*
The barren loneliness of an absent father.

With words made of clay,
you write children's rounds,
the rooted imprint of the mystery.
From Montegrande, Montepájaros,
Montepoesía, a rhythm of syllables
flow down a river of verses towards Rivadavia.

Your voice, crystalized
by the white quartz of Elqui,
is reflected in the mineral wells
of your Paihuano.

THEODORO ELSSACA

Piedra angular de América

Emerges, montaña entre las montañas,
alborada y farola, cordillera.
Ojo avizor de cumbres, labio indio,
piedra avatar, piedra Rosetta,
piedra angular de América.

Mistral, nombre del viento,
te revelas con el mate de plata
junto al brasero de doña Petronila.
Desierto interior del padre ausente.

Haces rondas con palabras de barro
huella del misterio enraizada.
Pulso de sílabas desde Montegrande,
Montepájaros, Montepoesía,
descendiendo a Rivadavia río de versos.

Tu voz cristalizada
en el albo cuarzo del Elqui,
reflejado en pozones
minerales de tu Paihuano.

La Serena, nomadic mountain
travels on steamy clouds,
on rails of longing, southern rains.
How I long for your horizon,
Araucaria forests surrendered to death
shape your emphatic sonnet.

School and bell, the hands
that touched the empty bed.
Heartbeat of a woman, treasured troves
filled with hidden passions.
I sense your wounds, and you make tremble
the impenetrable words you express.

Ay! Queen of spades, of spears, of sorrows,
devastations. A scar, an open wound
that does not erase your pain for Chile.

*Mate: a traditional South-American caffeine rich drink. It can be drank from a
calabash or a sterling silver gourd.

La Serena montaña trashumante,
viajando en nubes de vapor,
rieles de nostalgia, lluvia del sur.
Cómo extraño tu horizonte.
bosques araucarios, rendidos a la muerte
forjan tu rotundo soneto.

Escuela y campana,
las manos que tocaron el lecho vacío.
Latido de mujer, cifrados baúles
atiborrados de ocultas pasiones.
Presiento tus llagas y estremeces
el verbo, que plasmas, insondable.

¡Hay! Reina de espadas, de picas, de penas,
desolaciones. Cicatriz, herida abierta
que no borra tu dolor de Chile.

VI

VI

Epílogo

Afterword

MARJORIE AGOSÍN
GLORIA GARAFULICH-GRABOIS

Afterword

*We conclude this commemorative edition with an After-
word that includes a selection of Gabriela Mistral's writings: a prayer of "Thanksgiving," her essay "The Pleasure of Serving," and her letter "Appeal for a Child,"—
an appeal for help that was the basis for the creation of
UNICEF, and with the less known but important "Decalogue of the Gardener," written one-hundred and three
years ago when she was twenty-four years old. This selection represents the tenacious work in which Gabriela
Mistral engaged herself after receiving the Nobel Prize—
thus continuing to voice the humanitarian concerns she
had since an early age. The issues close to her heart and
her writings are as or more relevant in our world of today.*

*Her work as a poet continued with the publication
of* Lagar *[her last collection] and her posthumous work
Poema de Chile—this powerful spiritual journey through
her country. Gabriela, a citizen of the world, was always
accompanied—in her night table—by a handful of soil
from her beloved Elqui Valley, and through her writings,
always inspired in her native land, she was able to return...This anthology is also a return to her homeland.*

384

MARJORIE AGOSÍN
GLORIA GARAFULICH-GRABOIS

Epílogo

Concluimos esta edición conmemorativa con un Epílogo que incluye una selección de escritos de Mistral: su oración "Acción de Gracias", su ensayo "El Placer de Servir" y su carta "Llamado al Niño"—un llamado a ayudar, que fue la base para la creación de UNICEF, y el menos conocido pero importante "Decálogo del jardinero", escrito hace ciento tres años atrás cuando tenía veinte y cuatro años. Esta selección representa la tenaz labor a la que Gabriela Mistral se dedicó después de recibir el Premio Nobel— continuando a expresar las preocupaciones humanitarias y por la naturaleza que tenía desde una temprana edad. Sus preocupaciones y sus escritos son tan o más relevantes en nuestro mundo de hoy.

Su obra como poeta continuó con la publicación de *Lagar* [su última colección] y su obra póstuma *Poema de Chile*—este poderoso viaje espiritual a lo largo de su patria. A Gabriela, ciudadana del mundo, la acompañó siempre—en su mesa de noche—un puñado de tierra de su amado Valle de Elqui—y a través de sus escritos siempre inspirados en su tierra Chilena, pudo regresar... Esta antología es una manera de volver a su patria.

Receiving the Nobel Prize transformed her into a world figure and this recognition gave her the platform to pursue her work as a humanitarian and as a poet activist devoted to empowering women, to the rights of children, indigenous people and those economically marginalized by society. Mistral was uniquely positioned to send the message that changes were needed and spoke about these issues with knowledge…she had experienced them.

We as Editors, deeply believe that Mistral, through her poetry and her humanitarian work represents the highest goals of our society and we hope that as you begin or continue to read her work, you will also discover these multifaceted qualities and her visionary understanding of the world around her. It is important to note that at the time she received the Nobel Prize for Literature, Europe—and the world—were devastated by World War II. Mistral understood that the arts, as well as the role of artists as humanitarians, could bring hope to a darkened world. Her writings remind us that hope, faith, gratitude and humanity are essential in our lives.

We invite you to invite Gabriela into your lives, to discover or re-discover her, to share her with others, hoping that you, the reader, can also feel a meaningful dialogue with her.

MA & GGG

El recibir el Premio Nobel la convirtió en una figura mundial y este reconocimiento le brindó la plataforma para continuar su trabajo humanitario y como poeta activista dedicada al empoderamiento de la mujer, los derechos de los niños, de los pueblos indígenas y de aquellos marginalizados por la sociedad. Mistral estaba en una posición única para hacer llegar el mensaje de que cambios eran necesarios y habló sobre estos temas con conocimiento…los había vivido.

Nosotras como editoras, creemos profundamente que Mistral, por medio de su poesía y trabajo humanitario representa los más altos logros de nuestra sociedad y esperamos que a medida que ustedes comiencen o continúen leyendo su obra, que también descubran sus múltiples facetas, cualidades y comprensión visionaria del mundo a su alrededor. Cabe hacer notar que en el momento que ella recibió el Premio Nobel en Literatura, Europa—y el mundo—habían sido devastados por la Segunda Guerra Mundial. Mistral comprendió que las artes al igual que el rol de los artistas y humanistas podían entregar esperanza a un mundo que estaba en la oscuridad. Sus escritos nos hacen recordar que la esperanza, la fe, agradecimiento y humanidad son esenciales en la vida.

Les invitamos a invitar a Gabriela a *sus* vidas, a descubrirla o a re-descubrirla, y a compartirla con otros, esperando que usted, el lector, también pueda sentir este importante diálogo con ella.

MA & GGG

Unpublished

Thanksgiving

Thank you, Lord for the day that arises
returned to us like the Father and the Son.
We wait for it, immersed in the night
but it came back as the one who comes back to love
and has returned like the one who loves much,
and with him, they come and go
the singing forest and the ardent sea
the face of a mother and child
and the blurry roads of fear.

Thank you Lord, for the path we made
blinded by malicious fog,
and for the lively eyes of the stream,
and for the song given back by the lark
Thank you for all that returns and that is given back
to the ear of man and beast,
and for the laughter of the fishermen
while winking to the wave and the catch
and to the woman waiting at the threshold
with a glass of milk and a kiss.

I give you thanks for the forceful thrush
that at sunrise, when it knows it is spring
on the chosen fig tree sings and sings,
and at dusk, there in my Valley that loves and waits for me
and where I must return because it is mine
I dream and I live in it because I am his
either awake or asleep.

Acción de gracias

Gracias, Señor, por el día que asoma
devuelto como el Padre y el Hijo.
Lo esperamos sumidos en la noche,
pero volvió como el que vuelve a amar
y regresó como el que mucho ama,
y con él van y van llegando
el bosque cantador y el mar arrebatado,
el rostro de la madre y del hijo,
y los caminos borrosos del miedo.

Gracias, Señor, por la ruta que hicimos
cegados de la niebla maldadosa,
y por los ojos vivos del arroyo,
y por el canto ya devuelto de la alondra.
Gracias por cuanto regresa devuelto
al oído del hombre y de la bestia,
y por la risa de los pescadores
que van guiñando a la ola y la pesca
y a la mujer que en el umbral espera
con el vaso de leche y con el beso.

Gracias te doy por el tordo vehemente
que canta y canta en la higuera escogida
el alba en cuanto sabe que es la primavera,
y al crepúsculo allá en mi Valle que me ama y espera
y adonde he de volver porque él es mío
y suya soy, y lo sueño y lo vivo
así despierta y lo mismo dormida.

The Pleasure of Serving

All of nature is anxious to serve.
Clouds serve. The wind serves. The groove serves.
Where there is a tree that needs to be planted, be the
    one to do it.
Where a task requires the effort everyone avoids,
    be the one to do it.
Be the one who will move the stone off the road
    between hate in the hearts and the difficulties
    of the problems.
There is happiness in being good and just.
But above all, there is the beautiful, the immense
    happiness of serving.
How sad would the world be if everything was done,
    if there was not a rose bush to be planted, a new
    enterprise to start!
Don't be only be tempted by the easy tasks. It is so
    wonderful to do the tasks that others avoid!
But don't make the mistake of thinking that the merit
    is obtained by only doing great tasks.
There are small tasks that are good tasks: arranging
    a table, organizing a home, combing a child's hair.

Let others be the ones to criticize. The ones that
    destroys. You be the one that serves.
Serving is not a task done only by inferiors.
    God, who gives the fruit and light, serves.
    We could say: He who serves, and who has his eyes
    fixed on our hands and asks us each day:
—Will you serve today? To whom: a tree, your friend,
    your mother?

El placer de servir

Toda la naturaleza es un anhelo de servicio.
Sirve la nube. Sirve el viento. Sirve el surco.
Donde haya un árbol que plantar, plántalo tú.
Donde haya un esfuerzo que todos esquiven,
    acéptalo tú.
Sé el que apartó la piedra del camino, el odio
    entre los corazones y la dificultad del problema.
Hay la alegría de ser sano y de ser justo.
Pero sobre todo, la hermosa, la inmensa alegría
    de servir.
¡Qué triste sería el mundo si todo en él
    estuviera hecho, si no hubiera un rosal que
    plantar, una empresa que emprender!
No te llamen solamente los trabajos fáciles.
    ¡Es tan bello hacer lo que los otros esquivan!
Pero no caigas en el error de que sólo se hace
    mérito con grandes trabajos.
Hay pequeños servicios que son buenos
    servicios: adornar una mesa, ordenar una
    casa, peinar a un niño.

Aquél es el que critica. Éste es el que destruye.
    Tú sé el que sirve.
El servir no es faena sólo de seres inferiores.
    Dios, que da el fruto y la luz, sirve.
Pudiera llamársele así: El que sirve. Y tiene sus
    ojos fijos en nuestras manos y nos pregunta
cada día:
—¿Servirás hoy? ¿A quién: al árbol, a tu amigo,
    a tu madre?

Appeal for a Child

This is a day of unity and also a day of reconciliation for all of us in the Child.

Today, our party discussions come to a halt: they rest, abound. Because there are many things we can discuss, but not this embarrassment called the naked and hungry Child.

He did not ask to be born and he, without much claim besides his poor body that is proof of his poor sustenance, an unhealthy room, a life scraping by.

For the first time we will give for child without mention of race or country, any child from any place in the world: South American, Chinese, Italian, Polish, Jewish, etc. And we will learn, and be surprised to know that in spite of angry chauvinisms, the concept of humanity, as the indivisible body of Christ, is concealed in the midst of our spirit, and that this "appeal" will make it rise to our hearts.

Llamado por el niño

Este es un día de unidad y, además, de reconciliación de todos nosotros en el Niño.

Nuestras discusiones partidistas hacen hoy un paro: huelgan, sobran. Porque muchas cosas podemos discutir, menos este gran bochorno que se llama el Niño desnudo y hambriento.

El no pidió nacer y él pide sin más alegato que su pobre cuerpo que nos declara el sustento a medias, el cuarto insalubre, el mal vivir.

Por primera vez vamos a dar para una criatura sin raza expresa, sin patria declarada, chiquito, de cualquier parte del mundo: sudamericano, chino, italiano, polaco, judío, etc. Y sabremos, con sorpresa de nosotros mismos, que, a pesar de los chauvinismos rabiosos, el concepto de la humanidad, como el cuerpo indivisible de Cristo, está latente a mitad de nuestro espíritu, y que éste "llamado" lo hace subir a flor de pecho.

Many of the things we need can wait: the Child cannot. Right now is when his bones are being formed, his blood is being made, and his senses are being rehearsed. To him we cannot reply: "Tomorrow." His name is "Today." After the age of seven, whatever we do will be to half-fix and correct without curing.

We are ill from many errors and many other faults; but the name of our worst crime is the abandonment of the children. Neglecting the fountain of life. It happens in some trades—a broken piece at the start, cannot be remade. The same in the case of the Child: a late fixing does not bring a cure. In this way, we damage the divine design that the child had in him.

Today is the day to give for a crowd, but at the same to time to each one, to give reaching everyone, without taking away from our own: the integrity of the United Nations in its distribution, will be without reproach.

Today's collection is the start of a bold approach that was never done before: the one to give to another, to the one from far-away, to our compatriot and to the stranger. This essay is not absurd at all: it is the first and the last letter of the Christian alphabet. We never tested this, and one day we would have needed to be guided to a spiritual activity that was postponed but inevitable, difficult but possible.

We want to save ourselves by saving the Child; we always believed that salvation could come from helping a relative, the one whose face we knew. But, He who we call

Muchas de las cosas que hemos menester tienen espera: el Niño, no. El está haciendo ahora mismo sus huesos, criando su sangre y ensayando sus sentidos. A él no se le puede responder: "Mañana". Él se llama "Ahora". Pasados los siete años, lo que se haga será un enmendar a tercias y corregir sin curar.

Estamos enfermos de muchos errores y de otras tantas culpas; pero nuestro peor delito se llama abandono de la infancia. Descuido de la fuente. Ocurre en algunos oficios—que la pieza estropeada al comienzo ya no se puede rehacer. Y en el caso del Niño hay lo mismo: la enmienda tardía no salva. De este modo, nosotros estropeamos el diseño divino que él traía.

Hoy es el día de dar para una muchedumbre, pero a la vez para cada uno, dé dar alcanzando a todos, sin despojar a los nuestros: la probidad de las Naciones Unidas en esta distribución será irreprochable.

Comienza en la colecta de hoy un aprendizaje audaz que nunca hicimos: el de dar para el próximo y el lejano, para el nacional y el forastero. Y este ensayo no tiene nada de absurdo: es la primera y la última letra del alfabeto cristiano. Nunca ensayamos esto y alguna vez habían de conducirnos hacia una operación espiritual postergada pero inevitable, dura pero posible.

Queremos salvarnos salvando al Niño; siempre creímos que la salvación podía salir de la ayuda al pariente, al de rostro sabido. Pero Aquel a quien llamamos el Salvador no vino para el mero judío; Él vino para el

the Savior, did not come just for the Jew; He came for the planet and scandalized by adopting the World, centurions and rabbis.

It could be that the weakness of Christianity comes from our homely, and regional charity and the indifference with which we look at hunger in the Orient, in Africa and others.

The stretched-out hand of today, the travelling collection box that goes through the streets, is not meant to ask, but to charge. We are all indebted to the little bundle that hides in our mountains, that lives in the valleys only receiving his share of air and light, and that wonders in cities that are both lavish and frayed by misery.

Today the collectors charge us what it is owed to the child, which is much. Let us give without a frown; let us give by either collective or individual decorum, Christian or Pagan, but let us all give. When we let go of our coins, let's try to see the invisible person who asks, so that from that image, the consciousness of a united World can be born within us, something that was tried-out in vain by the Society of Nations and that now, the United Nations Organization tries again, as one that tries for a second time, to plant a seed in the frozen and hard soil.

The United Nations are more than an assembly, politically tailored: they are the center of a universal consciousness. And the best of its initiatives and inspiration will perhaps be this "Appeal for a Child," that is also a reparation of the mother's shortcomings.

planeta y escandalizó con su adopción del Mundo a centuriones y a rabinos.

Pudiese ser que la flaqueza del cristianismo arranque de nuestra caridad casera y regional y de la indolencia con que miramos el hambre oriental y el hambre africana y las demás.

La mano estirada de hoy, la alcancía ambulante que va por las calles, no es que pida, *es que cobra*. Todos somos deudores al bulto menudito que se esconde en nuestra montaña, que vive en los valles sin más ración que el aire y la luz y que vaga por unas ciudades a la vez suntuosas y raídas de miseria.

Hoy los colectadores nos cobran cuanto se debe al Niño, lo cual es mucho. Demos sin ceño fruncido; demos por decoro colectivo e individual, cristiano o pagano, pero demos todos. Y al soltar las monedas, procuremos ver al pedigüeño invisible, para que de su imagen nazca en nosotros la conciencia del Mundo unitario, que fue ensayado en vano por la Sociedad de las Naciones y que ahora la Organización de Naciones Unidas vuelve a intentar, como quien hace segunda siembra sobre tierra helada y terca.

Las Naciones Unidas son más que una asamblea y una hechura política: ellas son la yema de una conciencia universal. Y lo mejor de sus creaciones y de su inspiración tal vez sea este "Llamado por el Niño", que es también el desagravio a la madre en falencia.

We were all children and to give today will be to look at your own childhood again. To give the daily allowance will be to recover a child's hand, one in which nothing is wasted because nothing lasts as he keeps it open because the Child is a spend thrift of the divine...

May 1948

Todos fuimos niños, y dar hoy será traer a los ojos la propia infancia. Vaciar el jornal entero será recobrar la mano infantil en la cual nada se pudre porque nada se acumula y que el lleva abierta porque el Niño es un botarate a lo divino...

Mayo de 1948

Decalogue of the Gardener
Let's cultivate the flowers

I.   To return to the earth to its primitive
     beauty, God gave it to man in bloom and
     he has each day, done nothing but to
     degrade it;

II. To put in the center of the eye and the
     soul beautiful sights, and as graves give
     thoughts of sadness; they give thoughts of
     love;

III. For the dew of the heavens to have divine
     cups where to fall and remain for some
     time, instead of falling and disappearing
     in impure earth;

IV. For the embellished butterfly and golden
     bee to have, the first, a fragrant swing
     where to rock and for the second, to make
     the food of the gods;

V.   For the House of the Lord and the house of
     man to adorn themselves with something
     nicer than cold wrought metal and lifeless
     wood;

VI. For the wind to be free to exhale the
     impurities it is given by the breath of
     humans, beast and decomposing material;

Decálogo del jardinero
Cultivemos las flores

I.   Para devolver a la tierra su belleza
primitiva, pues Dios la entregó florida al
hombre y éste no ha hecho cada día sino
envilecerla;

II.   Para poner en las retinas del ojo y del
alma visiones hermosas, y mientras las
sepulturas dan sentimientos de miseria,
ellas dan pensamientos de amor;

III.   Para que el rocío del cielo tenga copas
divinas en donde caer y conservarse
algún tiempo, en vez de caer y perderse
en la tierra impura;

IV.   Para que las mariposas esmaltadas y
las abejas rubias tengan, las primeras
columpio fragante en que mecerse, y
las segundas fabriquen el manjar de los
dioses;

V.   Para que la Casa del Señor y la casa del
hombre se engalanen con algo más gentil
que sus fríos metales labrados y sus
maderas inertes;

VI.   Para que el viento se libre con sus
exhalaciones de lo impuro que le echara
el halito humano, el de las bestias y el de
la material que se desintegra;

VII.   *For the bird to have its twin in supreme grace;*

VIII. *For the women who cannot buy pearls, rubies and amethysts, to find in roses, jasmine and violets, pearls, rubies and amethysts to adorn their head, their hands and chest;*

IX.   *For man, the poor being in pain, to have new substances to cure the leprosy of the body and the spirit;*

X.   *For them to maintain and proclaim the worship to his Highness the Ideal, today that machines and the dollar threaten to strangle its neck of sacred swan.*

Gab. Mistraly
Sucesos, April 3rd, 1913

VII. Para que el pájaro tenga su ser gemelo en
gracias suprema;

VIII. Para que las mujeres pobres que no
puedan comprar perlas, rubíes y
amatistas, tengan en las rosas, el jazmín
y las violetas, perlas, rubíes y amatistas
para adornar su cabeza, su pecho y sus
manos;

IX. Para que el pobre ser de dolores que es
el hombre, posea nuevas substancias
generosas para curar las lepras de su
carne y de su espíritu;

X. Para que mantengan ellas y proclamen
el culto a su Alteza el Ideal, hoy que la
maquina y el dolar amenazan estrangular
su cuello de cisne sagrado.

Gab. Mistraly
Sucesos, 3 de abril, 1913

Poem of Chile

It is important to remember that it was Lucila Godoy Alcayaga who gave us Gabriela Mistral and, that it was her native Chile, its people, the mountains and the Elqui Valley she loved—what inspired much of her body of work. It was because of this love that she wrote Poem of Chile—*a collection she worked on for two decades. The poem is Gabriela's journey through Chile accompanied by a young indian child and a huemul. It is evidence of her great love and longing for her homeland, its landscape and its people. As a phantom lyrical writer, she returns to contemplate and to sing to her country.*

The book, published posthumously a decade after her death, was edited by Doris Dana. In her Introduction, she writes: "…writing these poems: made her [Gabriela] return to Chile, more than remembering it, and in this return, through poetry, she found her past, her childhood in Montegrande…" It was the place she regarded as her own true homeland.

Poema de Chile

Es importante recordar que fue Lucila Godoy Alcayaga quién nos ha dado a Gabriela Mistral, y que fue su amado Chile, su tierra natal, su gente, las montañas y el Valle de Elqui lo que inspiraron gran parte de su obra. Fue éste amor por su tierra lo que la llevó a escribir el *Poema de Chile*—una colección en la que trabajó por dos décadas. El poema es el viaje de Gabriela a través de Chile acompañada por un niño indio y un huemul; evidencia de el gran amor y nostalgia por su tierra, su paisaje y su gente, en el que la escritora lírica regresa, contempla y canta a su país.

El libro, publicado póstumamente una década después de su muerte, fue editado por Doris Dana, quién en su Introducción escribe: "...el escribir estos poemas: la hizo regresar a Chile, más que recordar, y en éste regreso a través de la poesía, ella encontró su pasado, su infancia en Montegrande..." Fue el lugar que sintió como su verdadera patria.

This is why we, the Editors, find it necessary to include at least a stanza of her poems "Elqui Valley" and "My Mountains." In these poems, when she sings to her Valley and her mountains we can feel, with her, the love and longing for her country. We hope that you can as well.

Elqui Valley

I must get to the Valley
while the almond tree is still in flower
and while the fig-trees are nesting
deep blue colored figs,
to wander in the evening
with my living and my dead.

Above the Valley that burns,
hangs the lagoon of my dreams
that with ever lasting coolness
when the Elqui River shrinks,
baptizes and sprinkles
bleaching its thirsty banks.

Es por esta razón que las editoras, estiman necesario incluír al menos una estrofa de sus poemas titulados "Valle de Elqui", y "Montanas mías". En estos poemas, cuando canta a su Valle y a sus montañas, podemos sentir con ella, su amor y nostalgia por su patria. Esperamos que Ud. también lo sienta.

Valle de Elqui

Tengo de llegar al Valle
que su flor guarda el almendro
y cria los higuerales
que azulan higos extremos,
para ambular a la tarde
con mis vivos y mis muertos.

Pende sobre el Valle, que arde,
una laguna de ensueño
que lo bautiza y refresca
de un eterno refrigerio
cuando el río de Elqui merma
blanqueando el ijar sediento.

My Mountains

Among mountains I was raised
with three dozen peaks high above me.
It seems that never, never,
even when hearing my steps departing,
I lost them, neither in the day,
nor in the starlight night,
and though my snow covered hair
I can see in water fountains
I never left them, they never left me
like a forsaken child.

Montañas mías

En montañas me crié
con tres docenas alzadas.
Parece que nunca, nunca,
aunque me escuche la marcha,
las perdí, ni cuando es día,
ni cuando es noche estrellada,
y aunque me vea en las fuentes
la cabellera nevada,
las dejé ni me dejaron
como a hija trascordada.

VII

VII

FOTOGRAFÍAS

Photographs

Familia | *Family*

Juan Jerónimo Godoy Alcayaga

Petronila Alcayaga Rojas

Isabel Villanueva & Lucila

Emelina Molina Alcayaga

Casa natal Lucila Godoy Alcayaga en Vicuña
Birthplace of Lucila Godoy Alcayaga in Vicuña

Vista de Montegrande – *View of Montegrande*

Jóven Lucila | *Young Lucila*

Lucila

Primera Comunión, 1899
First Communion, 1899

Lucila

Gabriela, 1905

Gabriela Mistral, 1920

Gabriela Mistral, 1922

Juan Miguel Godoy Mendoza

Gabriela Mistral y su sobrino Juan Miguel Godoy Mendoza, "Yin Yin"
Gabriela Mistral and her nephew Juan Miguel Godoy Mendoza, "Yin Yin"

Juan Miguel Godoy Mendoza, "Yin Yin"

Premio Nobel | *Nobel Prize*

LEGACIÓN DE CHILE

Respecto a propuesta al Premio Nobel de algun autor o autora chilena.

G.G.G. CONF. No.1. Estocolmo,17-I-1928.

Señor Ministro,

Como U.S.sabe existe en Suecia una institución,llamada la Institución Nobel que tiene el objeto de discernir premios anuales a prominentes sabios científicos y a autores literarios. - Hasta ahora ningun chileno ha alcanzado este honor,ni en ciencias ni en literatura,pero creo que ahora el momento es mui propicio para que se presente la candidatura de alguno de nuestros connacionales,por lo menos al premio de literatura. Me permito hacer esta aceveración porque sé de fuente segura que le seria mui grato a más de un miembro del Comité Nobel poder entregar el premio a algun autor que no tuviera la ventaja de ser europeo y mui especialmente a un sud-americano o a una sudamericana.

Si en la estimación de U.S.hubiera algun autor o autora en Chile que mereciera figurar cómo candidato al premio de literatura, creo que debiera ser propuesto lo más pronto posible,porque el comité necesita,como es natural,bastante tiempo para tomar conocimiento y juzgar las obras de un autor absolutamente desconocido aquí,como lo son generalmente los autores chilenos.

La época estipulada para la recepción de las propuestas al premio de literatura que se dará en el presete año,está ya casi concluida; la fecha fatal es el 1 de Febrero,asi que no hay que pensar en el premio de este año,pero si,en él de 1929.

Me he acercado a uno de los miembros del comité que se interesa especialmente por las obras literarias escritas en idioma castellano y le he hablado de la poetisa chilena "Gabriela Mistral"

SEÑOR MINISTRO DE RELACIONES EXTERIORES.
SANTIAGO.
CHILE.

2.

LEGACIÓN DE CHILE

CONF. No.1. Estocolmo, 17-I-1928.

y demostró mucho interes por conocer su producción.

Fuí enseguida a la Biblioteca Nobel que aqui existe y encontré
que en ella no habia una sola obra de la autora chilena en cuestión,
por lo cual no es posible para ningun miembro del comité formarse id
de la personalidad literaria de Mistral. Para subsanar ese inconve-
niente me permito rogar a U.S.se sirva tomar las medidas necesarias
para que una buena selección de las mejores obras en poesía y en
prosa de Gabriela Mistral me sean enviadas con el objeto de que sean
entregadas por mí a la Biblioteca Nobel en esta.   Sinembargo,no
basta con sus obras; seria mui conveniente remitir tambien lo que
se haya escrito en Chile,en España,en Méjico y en otras partes respecto a ella,como críticas,juicios sobre sus obras,biografías etc.
Todo eso daría más relieve a su persona y facilitaría grandemente
la apreciación de su producción.

Ademas,es de absoluta necesidad que un candidato al premio Nobel sea propuesto en debida forma,es decir,por una autoridad competente en el sentido que se encuentra prescrito en los estatutos de
la Institución Nobel,de los cuales U.S.se servirá encontrar adjunto
un ejemplar en frances.-

Será preciso ceñirse exactamente a lo que allí se indica,por-
que antes del procedimiento de decidir si un autor obtendrá o nó el
premio,la propuesta es sometida a un examen minucioso,con el fin de
determinar si el proponente tiene la calificación necesaria y en caso negativo la propuesta es desestimada,fuera de quien fuere.
Como U.S.verrá de los estatutos que remito,los proponentes pueden
ser - fuera de ciertas academias nombradas - tambien " LOS MIEMBROS
DE LAS SECCIONES LITERARIAS DE OTRAS ACADEMIAS,COMO TAMBIEN LOS
MIEMBROS DE INSTITUCIONES Y SOCIEDADES LITERARIAS ANÁLOGAS A LAS

3.

LEGACIÓN DE CHILE

CONF. No.1.   Estocolmo, 17-I-1928.

ACADEMIAS Y TAMBIEN LOS CATEDRÁTICOS DE ESTÉTICA,LITERATURA É HISTORIA
DE LAS UNIVERSIDADES."

Sin duda será fácil encontrar en Chile una autori-
dad competente,segun esas reglas,para proponer,ya sea a Gabriela Mistral u a otro autor chileno.

La autora italiana Grazia dell'Edda acaba de re-
cibir el premio Nobel aqui en Estocolmo por "sus notables obras literarias en sentido idealista " y me parece que la autora chilena que he
nombrado,tambien pudiera ser tomada en consideración por el Comité Nobel por el mismo motivo.

He hablado con uno de los miembros del comité que
especialmente se dedica al estudio de la literatura en lengua castella-
na,el Doctor en Filosofía Sr.Carl August Hagberg,quien posee a la per-
fección el español,es miembro corresponsal de la Real Academia de Bella
Letras de Barcelona y es un literato de nota en este pais. El me expresó el deseo que Gabriela Mistral le escribiera,enviándole una o varias de sus obras y me dijo que le gustaría hacer la traducción al idioma sueco de alguna novela o serie de noveletas de ella,pero nó de poesía.

Si U.S.encontrara conveniente comunicar lo ante-
rior a la autora,ella me podría remitir su carta y la obra destinada
al Doctor C.A.Hagberg,para que yo lo hiciera llegar a manos del mismo.

Dios guarde a U.S.

Anexo: 1 ej.de los estatutos de la Institución Nobel.

Memorandum de la Legación de Chile en Suecia, en referencia a la posible
postulación de Gabriela Mistral al Premio Nobel, 17 de enero, 1928.

*Memorandum from the Chilean Representation in Sweden, regarding the
posible candidacy of Gabriela Mistral to the Nobel Prize. January 17th, 1928.*

Oficio 1928. Vol 1123 – Fondo Histórico Ministerio de Relaciones Exteriores de Chile
Historical Archives of the Ministry of Foreign Affairs of Chile.

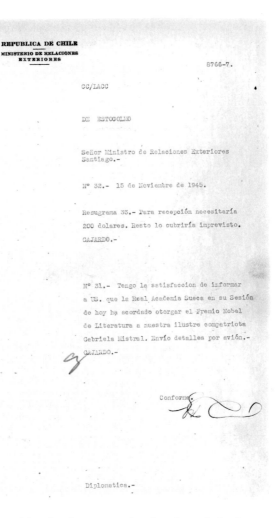

Memorandum del Embajador Enrique Gajardo, solicitando fondos para recibir a Gabriela Mistral en Estocolmo, 15 de Noviembre, 1945.

Memorandum from Ambassador Enrique Gajardo requesting funds to receive Gabriela Mistral' in Stockholm. November 15th, 1945.

Oficio 1928. Vol. 1123 - Fondo Histórico Ministerio de Relaciones Exteriores de Chile. *Historical Archives of the Ministry of Foreign Affairs of Chile.*

MINISTERIO DE RELACIONES
EXTERIORES   9340.-

LC/d.

DE ESTOCOLMO

Señor Ministro de Relaciones Exteriores.-
Santiago.-

33.- Noviembre 30 de 1945.-

Estando practicamente terminada Conferencia
Marítima, he regresado Estocolmo preparar recibimie
to Gabriela Mistral que llegará 7 Diciembre vapor
sueco Ecuador.- Ministerio de Relaciones Exteriores
y Fundación Nobel enviará representante a Gotemburg
Mi secretaria la recibirá a bordo del vapor.- Feste
jos adquirirán proporciones brillantes e interés po
Gabriela Mistral y Chile crecerán de día en día.-
Hoy visité Ministro de Relaciones Exteriores a fin
de invitarlo recepción en esta Legación e interpre-
tándo a US., expresé satisfacción nuestro Gobierno
y país ante distinción conferida Gabriela Mistral.-
Ministro de Relaciones Exteriores me declaró que de
cisión Academia le era muy grata y había sido recibida en Suecia con especial satisfacción.- Agrade-
cí efusivamente.- GAJARDO.-

Conforme

Diplom.
Informaciones.-

Memorandum del Embajador Enrique Gajardo, notificando gestiones para
el arribo de Gabriela Mistral a Estocolmo, 30 de Noviembre, 1945.

*Memorandum from Ambassador Enrique Gajardo notifying of arrangements
being made for Gabriela Mistral's arrival in Stockholm; November 30th, 1945.*

Oficio 1928. Vol. 1123 - Fondo Histórico Ministerio de Relaciones Exteriores de Chile
Historical Archives of the Ministry of Foreign Affairs of Chile.

REPÚBLICA DE CHILE
MINISTERIO DE RELACIONES
EXTERIORES

9632-33-34.

EB/d.

DE ESTOCOLMO

Señor Ministro de Relaciones Exteriores.-
Santiago.-

Diciembre 9 de 1945.-

35.- Contesto a US. su telegrama n° 40.- De inmediato he hecho gestiones del caso ante Legación Noruega quienes han telegrafiado a Oslo.- Creo que
también podría ayudar Ministro Wessel que está acre
ditado en Noruega y acaba de llegar de ese país des
pués de asistir_____ Rey de Noruega.- GAJARDO.-

36.- Me refiero a su telegrama n° 37 y 41.- Sociedad Aspegren acepta gustosa encargo y espera antece
dentes pro,etidos para fijar fecha de partida del
ingeniero.- GAJARDO.-

37.- Hoy llegó Gabriela Mistral.- Recibimiento ha sid
muy cordial.- Me encarga saludar a S.E. el Presiden
te de la República y a US. y agradecer todo lo hech
para hacer posible su viaje.- GAJARDO.-

Conforme

Política Comercial.
Diplom.

Memorandum del Embajador Enrique Gajardo, notificando arribo de
Gabriela Mistral a Estocolmo, 9 de Diciembre, 1945.

*Memorandum from Ambassador Enrique Gajardo notifying Gabriela Mistral's
arrival in Stockholm; December 9th, 1945.*

Oficio 1928. Vol. 1123 - Fondo Histórico Ministerio de Relaciones Exteriores de Chile
Historical Archives of the Ministry of Foreign Affairs of Chile.

Gabriela Mistral a bordo del vapor Ecuador rumbo a Estocolmo, 1945.
Gabriela Mistral on board the steamship Ecuador en route to Stockholm, 1945.

Archivo fotográfico histórico del Ministerio de Relaciones Exteriores de Chile - 2561.
Historical photographic archive of the Ministry of Foreign Affairs of Chile - 2561.

Gabriela Mistral ingresa a la ceremonia.
Gabriela Mistral arrives to the ceremony.

Archivo fotográfico, Biblioteca Nacional de Chile
Photographic Archives of the National Library of Chile.

Hjalmar Gulberg presenta a Gabriela Mistral.
Hjalmar Gulberg introduces Gabriela Mistral.

Archivo Fotográfico, Biblioteca Nacional de Chile
Photographic Archives of the National Library of Chile.

Gabriela Mistral regresa a su asiento después de recibir el Premio Nobel.
Gabriela Mistral returns to her seat after receiving the Nobel Prize.

Archivo Fotográfico, Biblioteca Nacional de Chile.
Photographic Archives of the National Library of Chile.

Gabriela Mistral con invitados en el Banquete Nobel.
Gabriela Mistral and guests at the Nobel Banquet.

Archivo Fotográfico, Biblioteca Nacional de Chile.
Photographic Archives of the National Library of Chile.

El *Mercurio* de Santiago, 16 de noviembre, 1945.
El Mercurio *de Santiago, November 16, 1945.*

Artículo publicado en referencia al
Premio Nobel de Gabriela Mistral.
*Article published regarding the Nobel
Prize to Gabriela Mistral.*

Biblioteca Virtual, Miguel de Cervantes.

Revista Vea, número
publicado para la semana
del 14 de noviembre,
1945 alude a un cable
con la noticia de Gabriela
Mistral como la posible
elegida para el Premio
Nobel de Literatura.

Vea *magazine, issue
published for the week
of November 14, 1945,
refers to a telegram with
the news that Gabriela
Mistral was the possible
winner of the Nobel Prize
in Literature.*

Homenaje a Gabriela Mistral de Lily Garafulic.
Homage to Gabriela Mistral by Lily Garafulic.

© Archivo familias – *Archive families:* Garafulic Litvak & Garafulich-Grabois.
Museo de Arte Colonial San Francisco, Chile – *Saint Francis Colonial Art Museum, Chile.*

Gabriela Mistral a través de los años
Gabriela Mistral through the years

VIII

VIII

Sobre las editoras | *About the Editors*

MARJORIE AGOSÍN

Es Luella Lamer Slaner Professor de Estudios Latino Americanos en Wellesley College [Wellesley, MA], en donde ha enseñado por casi tres décadas. Es una poeta galardonada; activista por los Derechos Humanos e Investigadora. En el año 2000, el Gobierno de Chile la condecoró con la Medalla de Honor Gabriela Mistral y en 1995, Naciones Unidas le otorgó un premio por liderazgo. Desde el año 2001, es miembro de la Academia Chilena de Letras y recibió el premio Fritz Reidlich de la Escuela de Medicina de la Universidad de Harvard. Es una prolífica autora y poeta. Una de sus obras recientes, *Viví en el Cerro Mariposa*—una novela para jóvenes—recibió el premio Pura Belpré otorgado por la Asociación Americana de Bibliotecas. Ha editado numerosas colecciones sobre mujeres Latino Americanas entre ellas, *La viajera audaz*, ensayos sobre Gabriela Mistral.

Is the Luella Lamer Slaner Professor of Latin American Studies at Wellesley College [Wellesley, MA], where she has taught for nearly three decades. She is an award winning Poet, Human

Rights Activist and Scholar. In 2004, the Government of Chile awarded her the Gabriela Mistral Medal of Honor and in 1995 the United Nations presented her with a leadership award. Since 2001, she is a member of the Chilean Academy of Letters and is the recipient of the Fritz Reidlich Award presented by Harvard Medical School. She is a prolific poet and author. Among her most recent works, I lived in Butterfly Hill—a Young-Adult novel—received the Pura Belpré Award given by the American Library Association. She has edited numerous collections about Latin American Women Writers among them The Audacious Traveler *essays on Gabriela Mistral.*

GLORIA GARAFULICH-GRABOIS

Graduada de la Universidad de Chile; también estudio en New York University. En Seton Hall University es editora ejecutiva de dos importantes revistas académicas, *The Chesterton Review* (inglés) y *The Lonergan Review* (inglés); es editora de las ediciones en español, italiano, portugués y francés de la *Chesterton Review*; las revistas cubren temas de literatura, teología, filosofía, economía y educación. Es miembro de la Academia Croata de América. Ha dedicado gran parte de su vida al trabajo en las areas de filantropía y voluntariado concentrándose en relaciones internacionales, temas relacionados con la mujer, niños y todas las disciplinas de las artes incluyendo curatorías. Es directora de Gabriela Mistral Foundation, Inc.; ha estudiado e investigado la obra de Gabriela Mistral y ha traducido muchas de sus poesías, prosa y correspondencia; también ha traducido escritos de la obra de G. K. Chesterton. Es la fundadora y directora internacional del Capítulo Chileno del *Museo Nacional de la Mujer en las Artes*, basado en Washington DC. Es miembro del consejo honorario de una organización médica sin fines de lucro y es directora de proyecto en una iniciativa

en Ghana. Es productora y directora de los documentales: "Gabriela Mistral: Su vida, su legado" (inglés y español); "Lily Garafulic: en sus propias palabras; Lily Garafulic…una vida"; "Una conversación con Beritta Sjöberg".

Is a graduate of the University of Chile, and also studied at New York University. She is Managing Editor of two major academic journals The Chesterton Review *(English) and* The Lonergan Review; *and Editor of the Spanish, Italian, Portuguese and French editions of* The Chesterton Review; *the journals cover subjects such as: literature, theology, economics and education. She is also member of the Croatian Academy of America. She has had a life-long commitment to philanthropy and volunteerism, in the areas of international relations, women's and children's issues and all disciplines in the arts including curatorial work. She is Director of the Gabriela Mistral Foundation, Inc. She has studied and has extensively translated the poetry, prose and correspondence of Gabriela Mistral, as well as the writings by G. K. Chesterton. Is the Founder and International Director of the Chapter in Chile of the* National Museum of Women in the Arts *based in Washington DC. She serves on the Honorary Board of a medical non-profit organization and is a Project Director of a special initiative in Ghana. She has produced and directed the documentaries "Gabriela Mistral: her life, her legacy" (English and Spanish versions); "Lily Garafulic: in her own words," "Lily Garafulic…a life," and "A conversation with Beritta Sjöberg."*

Contribuidores | *Contributors*

DORIS ATKINSON

Es la sobrina de Doris Dana, amiga, albacea y heredera de Gabriela Mistral. Se graduó de Mount Holyoke College y más tarde recibió su maestría en ingeniería. En 2006 se retiró de su trabajo para dedicarse por completo a trabajar en la herencia de su tía, que incluía la propiedad literaria de Gabriela Mistral, realizando el catastro del material y la identificación de la entidad apropiada para el destino final del Legado Mistraliano. En reconocimiento a sus esfuerzos y entrega de este valioso material al Patrimonio de Chile, en el año 2007 el Gobierno de Chile le otorgó el Premio Bernardo O'Higgins— el más alto honor del país para los no ciudadanos. Reside en Massachusetts con su compañera Susan Smith, quien fue fundamental en el trabajo y proceso de la devolución y donación del legado de Mistral a Chile.

Is the niece of Doris Dana, Gabriela Mistral's friend, executor and heir. She graduated from Mount Holyoke College and later received her master's degree in engineering. In 2006 she left her job to work full time on her aunt's estate, which included

the literary estate of Gabriela Mistral. This work included gathering the material and identifying appropriate institutions to be the final beneficiary of Mistral Estate. In recognition of her efforts to bring this valuable material to the Patrimony of Chile, in 2007 the Chilean government awarded her the Bernardo O'Higgins Medal—the country's highest honor for non-citizens. She lives in Massachusetts with her partner Susan Smith who was instrumental in the work of returning the Mistral legacy to Chile.

JAIME CAMPOS FONSECA, Hno. | Brother

Es sacerdote franciscano, licenciado en Teología pastoral en la Universidad Católica de Chile. Actualmente es director del Museo de Arte Colonial de San Francisco de Santiago donde se exhibe un facsímil de la medalla del Premio Nobel de Literatura y del pergamino otorgado a Gabriela Mistral junto con otros objetos que le pertenecieron; y es también director del Fondo Franciscano Hermana Gabriela Mistral, cuyo objetivo es gestionar los fondos provenientes de los derechos de autor de la poeta con el fin de ir en ayuda de los niños de Montegrande.

Is a priest of the Franciscan Order, he holds a degree in Pastoral Theology from the Catholic University of Chile. Currently, he is Director of the Saint Francis Colonial Art Museum where a copy of Gabriela Mistral's Nobel medal and diploma are on permanent display as well as other personal objects; as well the director of the Gabriela Mistral Franciscan Fund, established to collect and distribute the royalties of the works of the poet to benefit the children of Montegrande.

JONATHAN COHEN

Es traductor de poesía latinoamericana e investigador de la literatura inter-americana. Ha traducido obras de Ernesto Cardenal, Enrique Lihn, Pedro Mir y Roque Dalton, entre otros. Es autor de obras seminales sobre Pablo Neruda (*Neruda in English*, 1980) y Muna Lee (*A Pan-American Life*, 2004). Su último libro es la recopilación de traducciones por William Carlos Williams de la poesía en lengua española, *By Word of Mouth* (2011).

Is translator of Latin American poetry and scholar of Inter-American Literature. Has translated works of Ernesto Cardenal, Enrique Lihn, Pedro Mir and Roque Dalton among others. He is the author of seminal works on Pablo Neruda (Neruda in English, *1980*) *and Muna Lee* (A Pan-American Life, *2004*). *His latest book is a compilation of William Carlos Williams's translations of Spanish-language poetry entitled* By Word of Mouth (*2011*).

THEODORO ELSSACA

Poeta, narrador, ensayista y artista visual, sus obras han sido traducidas a varias lenguas. Entre sus últimas obras se encuentran: *El espejo humeante–Amazonas* (Fundación IberoAmericana, 2005); *Travesía del Relámpago, antología poética* (Ediciones Vitruvio, Madrid, 2013); Fuego contra hielo (Editorial Verbum, Madrid, 2014); *Santiago bajo cero*, edición bilingüe (Bibliotheca Universalis, Bucarest, 2015). Entre otros, recibió el Premio Mihai Eminescu, por la prosa, durante el primer Festival Internacional de Cracovia, 2013. Primer Premio Poetas de Otros Mundos, 2014, otorgado por el Fondo Poético Internacional, en España.

Poet, narrator, essayist and visual artist, his works have been translated to different languages. Among his latest works are: El espejo humeante-Amazonas *(Fundación IberoAmericana, 2005);* Travesía del Relámpago, *a poetic anthology (Ediciones Vitruvio, Madrid, 2013);* Fuego contra hielo *(Editorial Verbum, Madrid, 2014);* Santiago bajo cero, *a bilingual edition (Bibliotheca Universalis, Bucharest, 2015). Among other recognitions he was the recipient of the "Other World Mihai Award", granted by the International Poetry Fund in Spain.*

CECILIA MOREL MONTES

Es orientadora familiar y licenciada en Relaciones Humanas y Familia. Debido a su gran vocación social ha trabajado en diversas organizaciones en beneficio de las personas más necesitadas: Casa de la Juventud, programas de dignificación para jóvenes encarcelados y en la Fundación Mujer Emprende. Integró la Comisión de Justicia y Paz del Arzobispado de Chile. Durante el gobierno de su marido, el presidente Sebastián Piñera (2010-2014), presidió las siete fundaciones de la Dirección Sociocultural de la Presidencia; creó el programa Elige Vivir Sano y se destacó por su labor humanitaria y cultural. En 2014 recibió el Premio de la Fundación Gabriela Mistral. Actualmente trabaja en la Fundación Chile Vive Sano, entidad destinada a continuar en la lucha contra la obesidad y el sedentarismo.

Is a Family Counselor and holds a degree in Family and Human Relations. Following her great social vocation, she has worked in various non-profit organizations for the benefit of those in need: Youth House, programs that dignify young people incarcerated and "Mujer Emprende Foundation." She was a member of the Justice and Peace Commission of the Archdioceses

of Chile. During her husband's presidency—Sebastian Piñera (2010-2014)—she was Director of seven foundations under the auspices of the Socio-Cultural Directorate of the Presidency. She founded "Choose to Live Healthy" program and was noted for her humanitarian and cultural work. In 2014, she received the Gabriela Mistral Foundation Humanitarian Recognition. At present, she works at Chile Lives Healthy Foundation, an organization focused in continuing the fight against obesity and sendentarism.

DAVID UNGER

Novelista y traductor Guatemalteco. Aunque escribe solamente en inglés y reside en Estados Unidos, su país natal le otorgó en el año 2014, el Premio Nacional de Literatura Ángel Asturias. Su quinta novela *The Mastermind* (Nueva York: Akashic Books, 2016), fue publicada por Planeta México en Julio 2015 bajo el título de *El manipulador*. En el año 2013 publicó *El precio de la fuga* (Guatemala: F y G Editores), y en el año 2012 CIDCLI publicó en México, su libro infantil *La Casita*; en el año 2011 publicó dos novelas: *Para Mí, Eres Divina* (Random House Mondadori, México) y *El precio de la Fuga* (Nueva York: Akashic Books. También es autor de *Ni chicha, ni limonada* (Guatemala: F y G Editores) y *Life in the Damn Tropics* (Wisconsin University Press, 2004). Unger ha sido invitado especial en los festivales del libro en San Juan, Miami, Los Angeles, Ciudad de Guatemala, Oaxaca, Bogotá, Lima, La Paz, and Guadalajara.

Guatemalan-born novelist and translator, although he writes exclusively in English and lives in the United States in 2014, his native country, awarded him the Angel Asturias National Prize in Literature. His fifth novel, The Mastermind (New York:

Akashic Books, 2016) was published in July of 2015 by Planeta México under the title El manipulador. El precio de la fuga *(Guatemala: F y G Editores) was published in 2013; and in 2012 CIDCLI published in Mexico,* La Casita, *a children's book. In 2011 he published two novels:* Para Mí, Eres Divina *[In My Eyes, You Are Beautiful](Random House Mondadori, Mexico) and* The Price of Escape *(New York: Akashic Books). He is also the author of* Ni chicha, ni limonada *(Guatemala: F y G Editores), and* Life in the Damn Tropics *(Wisconsin University Press, 2004). Unger has been a featured writer in book festivals in San Juan, Miami, Los Angeles, Guatemala City, Oaxaca, Bogotá, Lima, La Paz, and Guadalajara.*

PEDRO PABLO ZEGERS BLACHET

Es Licenciado en Literatura con mención en Literatura General por la Universidad de Chile. Ex Director del Museo Gabriela Mistral de Vicuña. Actualmente, Director del Archivo del Escritor de la Biblioteca Nacional de Chile, Encargado del Legado de Gabriela Mistral y Secretario de Redacción de la revista *Mapocho* de la misma institución. Ha dedicado gran parte de su labor como investigador a la obra y vida de Gabriela Mistral, de donde han surgido numerosos proyectos, tanto editoriales como de difusión, editando más de trece libros, entre los que cabe destacar: *Poesía religiosa, Gabriela Mistral* (2013); *La Francia de Gabriela Mistral,* (2013); *Pensando en América, Gabriela Mistral* (2013); *Reino animal: prosa y poesía infantil de Gabriela Mistral,* 3 tomos (2014); *Yin Yin, el sobrino de Gabriela Mistral* (2015), *Poética de la educación* (2015 en prensa). Autor de numerosas colaboraciones sobre el tema en revistas nacionales y extranjeras y ha participado en numerosos congresos en las Américas, Europa y Estados Unidos. También es autor y co-autor de estudios y recopilaciones de

escritores chilenos, como Martín Cerda, Rosamel del Valle, Eduardo Anguita, Alberto Rojas Jiménez, Luis Oyarzún, Juan Guzmán Cruchaga y Vicente Huidobro.

Holds a degree in Literature with a major in General Literature from the University of Chile; and is the former Director of the Gabriela Mistral Museum in Vicuña. At present is director of the Author's Archives at the National Library of Chile where he is responsible for the Mistral Legacy/Archives and is Managing Editor of Mapocho *magazine published by this entity. Has dedicated a great part of his work study and research the life of Gabriela Mistral, which has resulted in a number of different editorial and promotional projects; has edited more than thirteen books among which it is important to note:* Religious Poetry, Gabriela Mistral *(2013);* The France of Gabriela Mistral *(2013);* Thinking about America, Gabriela Mistral *(2013);* Animal Kingdom: Gabriela Mistral's children's prose and poetry, 3 volumes *(2014);* Yin Yin, the nephew of Gabriela Mistral *(2015),* Poetry of education *(upcoming 2015). Author of numerous collaborations on this topic for national and international magazines. Has participated in numerous conferences held in the Americas, Europe and the United States. He is author and co-author of studies and collections of other Chilean writers such as: Martín Cerda, Rosamel del Valle, Eduardo Anguita, Alberto Rojas Jiménez, Luis Oyarzún, Juan Guzmán Cruchaga and Vicente Huidobro.*

EVA ZETTERBERG

Es licenciada en Antropología de las Universidades de Wisconsin (US) y Estocolmo (Suecia), con concentración en Estudios Latino Americanos, Religiones Comparativas y Sociología. Fue miembro del Parlamento Regional de Estocolmo (1988-1991), del Parlamento Nacional (1991-2002) y Portavoz Adjunto (1998-2002). Ha sido Embajadora en Nicaragua (2003-2008), Chile y Perú (2009-2014); a partir de Mayo 2015 es la Presidenta de la Rama Sueca de Operación 1325 trabajando en una resolución de Naciones Unidas sobre la importancia de la mujer en conflictos armados y su prevención. Desde enero 2015, es presidenta del Instituto Sueco Chileno de Cultura en Suecia. Durane su designación en la Embajada de Chile, tuvo un importante rol en la promoción e impacto de Mistral en Suecia.

Holds degrees in Anthropology from the Universities of Wisconsin and Stockholm with concentrations in Latin American Studies, Comparative Religions and Sociology. She was a member of Stockholm's Regional Parliament (1988-1991), and National Parliament (1991-2002), Deputy Speaker (1998-2002). She has been Ambassador in Nicaragua (2003-2008) and Chile and Peru (2009-2014); as of May 2015 is the President of the Swedish Branch of Operation 1325 working on a United Nations resolution underlining the importance of women in armed conflicts and prevention), and as of January 2015 is the President of the Swedish Chilean Institute of Culture in Sweden. During her time as Ambassador in Chile, she had an important role in promoting Mistral's impact in Sweden.

About the Foundations

GABRIELA MISTRAL FOUNDATION, INC.

Founded in 2007, the Gabriela Mistral Foundation, Inc., is a 501 (c) 3 not for profit organization incorporated in the State of New York. Its mission is to continue the legacy of Gabriela Mistral. In particular, her love and care for the children and seniors in need of her native Chile. For this purpose, the Foundation promotes and celebrates the life and work of the poet's literary and humanitarian achievements, and by delivering programs and projects with and to organizations that make an impact in the quality of life of those in need.

ELQUI VALLEY FOUNDATION

Named after the breathtaking Elqui Valley of Chile, the beloved first home of Gabriela Mistral, this private foundation is dedicated to providing opportunities through the funding of scholarships and supporting community projects. In addition, the foundation has provided substantial disaster relief aid in Chile and in other parts of the world. Since its inception in 1999, the Elqui Valley Foundation has centered its mission on providing the empowering gift of education and in this manner it honors the legacy of Gabriela Mistral.

Sobre las fundaciones

GABRIELA MISTRAL FOUNDATION, INC.

Fundada en el año 2007, *Gabriela Mistral Foundation, Inc.*, es una organización 501 (c) 3 sin fines de lucro, incorporada en el Estado de Nueva York. Su misión es continuar el legado de Gabriela Mistral.En particular, su amor y dedicación a los niños y adultos mayores en necesidad de su país, Chile. Con este propósito, la Fundación promueve y celebra la vida, obra y logros literarios y humanitarios de esta gran poetisa; y entrega programas y proyectos con y a organizaciones que hacen un impacto en la calidad de vida aquellos en necesidad.

ELQUI VALLEY FOUNDATION

Toma su nombre del hermoso Valle de Elqui en Chile, que fue el primer hogar de Gabriela Mistral. Esta fundación privada se dedica a proveer oportunidades educacionales y asistencia a proyectos comunales. La fundación también ha otorgado asistencia a los damnificados de desastres naturales en Chile y en otros lugares del mundo. Desde su incepción en 1999, *Elqui Valley Foundation* ha enfocado su misión en el otorgamiento de oportunidades educacionales y de esta manera honra el legado de Gabriela Mistral.

Referencias | *References*

AGUIRRE CERDA, Pedro—1879-1941

Político, educador y abogado chileno, fue Presidente de la República de Chile de 1938-1941.

Chilean politician, educator and attorney, was President of the Republic of Chile from 1938-1941.

ALCAYAGA ROJAS, Petronila—1845-1929

Madre de Lucila. Modista de profesión, falleció en la ciudad de La Serena. Muchos de los poemas de Gabriela expresan el amor por su madre y conmemoran su muerte.

Lucila's mother, a seamstress, died in the city of La Serena. Many of Gabriela's poems speak of the love for her mother and commemorate her death.

AMUNÁTEGUI SOLAR, Gregorio—1868-1938

Rector de la Universidad de Chile, 1923-1924.

Rector of the University of Chile, 1923-1924.

ANDES, Los

Ciudad en la Provincia de Valparaíso, fue fundada Santa Rosa de Los Andes en 1791. Durante su estadía en esta ciudad Gabriela Mistral

escribió parte de los poemas incluidos en su primera colección *Desolación* (1922).

City in the Province of Valparaíso was founded in 1791 as Santa Rosa de Los Andes. It was during her stay in this city that Gabriela Mistral wrote some of the poems included in her first collection Desolación *(1922).*

ANTOFAGASTA

Ciudad porteña en el norte de Chile—capital de la Provincia de Antofagasta—está a 1.100 km. de Santiago.

Port City in the North of Chile—capital of the Antofagasta Province—is 1.100 km. from Santiago.

BARRANCAS

Comuna al noroeste de Santiago, es ahora parte de la comuna de Pudahuel en la Región Metropolitana de Santiago.

Community to the Northwest of Santiago, is now part of the community of Pudahuel in the Santiago Metropolitan Region.

BERGSON, Henri-Louis—1859-1941

Importante filósofo francés, tuvo gran influencia en la primera mitad del siglo veinte. Recibió el Premio Nobel de Literatura en 1927.

Major French philosopher, was especially influential in the first-half of the twentieth century. Was awarded the Nobel Prize in Literature in 1927.

BERNANOS, Georges—1888-1948

Escritor católico francés y soldado en la Primera Guerra Mundial. Recibió el premio de la Academia Francesa por su libro *El diario de un cura de campo* (1936).

French Catholic writer and soldier in World War II. Won the Grand Prix of the French Academy for his book The Diary of a Country Priest *(1936).*

BOÖK, Fredrick—1883-1961

Académico sueco, profesor de literatura e historia, crítico literario y escritor.

Swedish academic, Professor of Literature and History, literary critic and writer.

BUFFON

Ver: Leclerc, George-Louis, Conde de Buffon.

See: Laffite, George-Louis, Comte de Buffon.

CANTERA, La

En la época de Gabriela Mistral, La Cantera era una pequeña aldea en el sector este de la ciudad de Coquimbo.

In Gabriela Mistral's time, it was a small village to the East of the City of Coquimbo.

CERRILLOS

Poblado de la antigua mina Pique de Tamaya—"Cerrillos de Tamaya" está ubicada en el departamento de Ovalle, Valle de Limarí, en la provincia de Coquimbo.

Small village of the old Pique de Tamaya mine—the village of "Cerrillos de Tamaya" is located in the Department of Ovalle in the Limari Valley of the Coquimbo Province.

CHAIN, Ernst Boris, Sir—1906-1979

Bio-químico alemán de ciudadanía británica. En 1945, compartió el Premio Nobel de Medicina con Alexander Fleming y Howard Florey [Baron Florey OM FRS FRCP], por su trabajo en el desarrollo de la penicilina.

German Bio-Chemist of British citizenship. In 1945, shared the Nobel Prize in Medicine with Sir Alexander Fleming and Sir Howard Walter Florey [Baron Florey OM FRS FRCP], for their work in the development of penicillin.

COMPAÑIA BAJA
Sector ubicado en el norte de la ciudad de La Serena.
Area located to the North of the City of La Serena.

CONSTITUCIÓN, La
Periódico de la ciudad de Ovalle.
Newspaper of the City of Ovalle.

COQUIMBITO
Gabriela Mistral vivió en esta localidad—cerca de la ciudad de Los Andes—durante el tiempo que fue maestra en el Liceo de Niñas de Los Andes, 1912–1918.
Gabriela Mistral resided in this village, near the city of Los Andes, while teaching at the Los Andes Girls High School from 1912-1918.

COQUIMBO
Ciudad porteña, vecina a ciudad de La Serena.
Port city next to the city of La Serena.

COQUIMBO, El
Periódico regional de La Serena en donde se publicaron los primeros escritos—poemas y prosa—bajo la firma de Lucila Godoy y los seudónimos: Alguien, Alma y Soledad. En la edición de fecha 23 de julio, 1908 se publicó el poema "Del pasado", firmado por Gabriela Mistral.

Regional newspaper in La Serena where from 1904 to 1914 her first writings—poems and prose—were published under the name of Lucila Godoy and the pseudonyms: Alguien (Someone), Alma (Soul) and Soledad (Loneliness). In the July 23rd, 1908 edition, her poem "Del pasado" ("From the Past") was published. It was signed Gabriela Mistral.

COSTA, Alfonso

Uno de los fundadores y presidente de la Academia Carioca de Letras. En agosto 1941, envió carta de nominación a favor de Gabriela Mistral a la Academia Sueca.

President of the Brazilian Academy of Letters. In August 1941, he sent a nomination letter to the Swedish Academy in favor of Gabriela Mistral.

COUTO, Ribeiro—1898-1963

Rui Esteves Ribeiro de Almeida Couto, fue un periodista, magistrado, diplomático, poeta, y escritor brasilero; quien también fue miembro de la Academia Brasilera de Letras. Gabriela Mistral le dedicó el poema "País de la Ausencia", publicado en *Tala* (1938).

Rui Esteves Ribeiro de Almeida Couto, was a Brazilian journalist, magistrate, diplomat, poet and writer who was also a member of the Brazilian Academy of Letters. Gabriela Mistral dedicated the poem "Land of Absence," published in Tala *(1938) to him.*

CURIE, Marie—1867-1934

Física y química polaca, de ciudadanía francesa. Fue pionera en la investigación de radioactividad.

Polish born, French citizen, physicist and chemist, was a pioneer in radioactivity research.

D'ORS, Eugenio—1881-1954

Escritor, ensayista, periodista, filósofo y crítico de arte español. Escribió en catalán y en español.

Spanish writer, essayist, journalist, philosopher and art critic. He wrote in Catalán and Spanish.

DANA, Doris—1920-2006

Escritora estadounidense, secretaria y compañera de Gabriela Mistral. En su testamento, Mistral la designó representante y albacea de su obra.

Northamerican writer, was Gabriela Mistral's secretary and companion. In her will, Mistral designated her as her literary executor.

DARÍO, Rubén—1867-1916

García Sarmiento, Félix Rubén, conocido como Rubén Darío, fue un poeta nicaragüense, inicio el movimiento de literatura Hispano-Americana conocido como modernismo que

García Sarmiento, Félix Rubén, known as Rubén Darío, was a Nicaraguan poet who initiated the Spanish-American literary movement known as modernism.

DETHOREY, Ernesto—1901-1992

Periodista y traductor español; embajador de la cultura hispana en Suecia.

Spanish journalist and translator; ambassador of the Hispanic culture in Sweden.

DIAGUITAS

Pueblo en el Valle de Elqui cercana a Montegrande. Los diaguitas son un grupo indígena del norte Chico de Chile y del noroeste de Argentina.

Village in the Elqui Valley near Montegrande. The Diaguitas are native indigenous people of the norte Chico of Chile and Northwest of Argentina.

DE MIOMANDRE, Francis—1880-1959

Novelista y traductor de la lengua española al francés.

French novelist and translator from Spanish into French.

DE MONTOLIU, Manuel—1877-1961

Autor y estudioso español. Autor de numerosos artículos y ensayos centrados en la literatura española y catalana.

Spanish author and scholar. Wrote numerous articles and essays on the theme of Spanish and Catalonian literature.

DE ONÍS, Federico—1885-1966

Crítico literario y miembro de la facultad de la Universidad de Columbia [NY] Español, fue profesor de español y Literatura y director del Instituto de las Españas. Su interés en la obra de Gabriela Mistral tuvo un rol clave para que el Instituto de las Españas publicara en 1922, la primera colección de Mistral titulada *Desolación*.

Spanish literary critic and member of the faculty at Columbia University [NY], was Professor of Spanish and Literature as well as Director of Instituto de las Españas. His interest in the work of Gabriela Mistral was key for the Institute's 1922 publication of Mistral's first collection entitled Desolación.

DONOSO, Armando—1886-1946

Ensayista, periodista y crítico literario chileno. Miembro del Jurado en los "Juegos Florales" de 1914.

Chilean essayist, journalist and literary critic, was a member of the Jury at the 1914 "Juegos Florales."

DUHAMEL, Georges—1884-1996

Escritor y médico francés. Durante la Primera Guerra Mundial perteneció a la Armada Francesa. Miembro de la Academia Francesa.

French author and physician, during World War I was part of the French Army. He was a member of the French Academy.

EDWARDS BELLO, Joaquín—1887-1968

Escritor y periodista chileno. En 1926, Gabriela Mistral fue nombrada su reemplazante como delegada de Chile ante el Instituto de Cooperación Intelectual en Francia en 1926.

Chilean writer and journalist. In 1926, Gabriela Mistral was appointed as his replacement as the Delegate of Chile to the Institute of Intellectual Cooperation in France.

ELEGANCIAS Magazine

Revista francesa publicada en Paris bajo la dirección de Rubén Darío.

French magazine published in Paris under the direction of Rubén Darío.

ELQUI, Valle de | *Valley*

Originalmente conocido como el "Valle de Coquimbo", está ubicado 100 km. al interior de La Serena.

Originally known as the "Coquimbo Valley," is located at 100 km. inland from La Serena.

ESCUDERO, Alfonso

Académico chileno, autor de *La Prosa de Gabriela Mistral*, (*Anales* de la Universidad de Chile, 1957).

Chilean academic, author of The Prose of Gabriela Mistral, *(Anales de la Universidad de Chile, 1957).*

ESCUELA NORMAL DE LA SERENA
LA SERENA NORMAL SCHOOL

Fundada en 1874 para formar maestras de enseñanza primaria.

Founded in 1874 to train primary school teachers.

FERGUSSON, Erna—1888-1964

Escritora, historiadora y cuentista norteamericana.

Northamerican writer, historian and storyteller.

FLEMING, Alexander, Sir—1881-1955

Biólogo, farmacólogo y botanista escocés. Durante la Primera Guerra Mundial tuvo el rango de capitán en el Cuerpo Médico Militar. En 1945 compartió el Premio Nobel de Medicina con Sir Ernst Boris Chain y Sir Howard Walter Florey [Baron Florey OM FRS], por su trabajo en el desarrollo de la penicilina.

Scottish biologist, pharmacologist and botanist, during World War I, had the rank of Captain of the Army Medical Corps. In 1945, he shared the Nobel Prize in Medicine with Sir Ernst Boris Chain and Sir Howard Walter Florey [Baron Florey OM FRS], for their work on the development of penicillin.

FLOREY, Howard Walter, Sir [Baron Florey OM FRS FRCP]
—1898-1968

Farmacólogo y patólogo australiano. En 1945, compartió el Premio Nobel de Medicina, con Sir Ernst Boris Chain y Sir Howard Walter Florey—Baron Florey OM FRS por su trabajo en el desarrollo de la penicilina.

Australian pharmacologist and pathologist. In 1945 shared the Nobel Prize in Medicine with Sir Ernst Boris Chain and Sir Alexander Fleming for their work on the development of penicillin.

FRANK, Waldo—1889-1967

Novelista, historiador, crítico literario y social norteamericano, tuvo una estrecha amistad con Gabriela Mistral.

Northamerican novelist, writer, literary and social critic, had a close friendship with Gabriela Mistral.

GAJARDO VILLARROEL, Enrique— 1899-?

Diplomático de carrera, fue Embajador de Chile en Suecia en 1945 cuando Gabriela Mistral recibió el Premio Nobel

Career diplomat was Ambassador of Chile in Sweden in 1945 when Gabriela Mistral received the Nobel Prize.

GALDAMES GALDAMES, Luis—1881-1941

Abogado, profesor, historiador y político chileno. Como decano de la Facultad de Filosofía y Ciencias de la Educación de la Universidad de Chile, en noviembre 1939, escribió carta de nominación— firmada también por Yolando Pino Saavedra—a favor de Gabriela Mistral a la Academia Sueca.

Chilean attorney, professor, historian and politician. As the Dean of the Faculty of Philosophy and Educational Sciences, in November 1939, he wrote nomination letter, co-signed by Yolando Pino Saavedra—in favor of Gabriela Mistral to the Swedish Academy.

GARAFULIC, Lily—1914-2012

Lilia Justina Garafulic Yankovic, escultora y académica chilena. Le fue comisionada a crear la base para la medalla del Premio Nobel.

Lilia Justina Garafulic Yankovic, Chilean sculptor and academic of Croatian descent. She was commissioned to create the base to display the Nobel Prize Medal.

GODOY MENDOZA, Juan Miguel—*Yin Yin*—1925-1943

Sobrino de Gabriela Mistral, a quien ella llamó "Yin" o "Yin Yin". Sus padres fueron la española Marta Mendoza y Carlos Miguel Godoy Vallejo—medio hermano de Gabriela. Al fallecer Marta, Carlos Miguel entregó la custodia permanente de Juan Miguel a Gabriela Mistral. A la edad de dieciocho años, Yin Yin se suicidó cuando Gabriela Mistral se desempeñaba en el cargo de Cónsul en Brasil.

Gabriela Mistral's nephew—who she called "Yin" or "Yin Yin." His parents were the Spanish born Marta Mendoza and Gabriela's half-brother, Carlos Miguel Godoy Vallejo. After Marta's death, Carlos Miguel gave permanent custody of Juan Miguel to Gabriela Mistral. At the age of eighteen, Yin Yin committed suicide during Gabriela Mistral's diplomatic assignment as Consul in Brazil.

GODOY VILLANUEVA, Juan Jerónimo—1856-1911

Padre de Lucila, fue maestro de escuela, tocaba la guitarra y escribía algunos versos. A los veintisiete años se casó en 1888, con Petronila Alcayaga Rojas, una viuda quince años mayor, con una hija—Emelina Molina Alcayaga de catorce años. Unos de sus poemas, dedicado a su amigo José I. Rojas, titulado "A La Serena" fue publicado en la edición de fecha 18 de marzo, 1884 en el periódico *El Coquimbo*, de La Serena.

Lucila's father was a schoolteacher; he played the guitar and wrote some verses. In 1888, at the age of twenty-seven, he married Petronila Alcayaga Rojas, a forty-two year old widow with a fourteen year old daughter—Emelina Molina Alcayaga. One of his poems, entitled "To La Serena," and dedicated to his friend José I. Rojas, was published in the March 18th edition of the newspaper El Coquimbo de La Serena.

GONZÁLEZ MARTÍNEZ, Enrique—1871-1951

Poeta mexicano, Embajador de la República de México en Chile (1922), cuando Gabriela Mistral recibió la invitación del Ministro de Educación de México, José Vasconcelos, a participar en la Reforma Educacional. Gabriela Mistral le dedicó el poema "Ruth", publicado en *Desolación* (1922).

Mexican poet, was Ambassador of the Republic of Mexico in Chile (1922) when Gabriela Mistral received the invitation from the Minister of Education from Mexico, José Vasconcelos to participate in the Educational Reforms. Gabriela Mistral dedicated her poem "Ruth," published in Desolación *(1922) to him.*

LA SAGA DE GÖSTA BERLING | GÖSTA BERLING's SAGA

La primera novela de la escritora Sueca, Selma Lagerlöf publicada en 1891.

The first novel of Swedish author Selma Lagerlöf published in 1891.

GOULAND DE LA LAMA, Matilde—1910-1998

Traductora espanola residente en Estocolmo, Suecia. Trabajó en el Instituto Ibero-Americano de Suecia. Amiga cercana de Ernesto Dethorey.

Spanish translator. Moved to Stockholm. She worked at the Ibero-American Institute in Sweden. A close friend of Ernesto Dethorey.

GULLBERG, Hjalmar—1858-1960

Escritor y poeta sueco, traductor de los dramas griegos al idioma sueco. Desde 1940, miembro de la Academia Sueca, asumio el sillo dejado vacante por Selma Lagerlöf. Hizo la traducción de una selección de poemas de Gabriela Mistral, publicados en una pequeña antología "Poema del Hijo", en *Bonniers Litterära Magasin.*

Swedish writer, poet and translator of Greek dramas into Swedish. He became a member of the Swedish Academy in 1940, and occupied the seat left vacant by Selma Lagerlöf. Translated a selection of Mistral's poems into Swedish, which were published in 1941 in the form of a small anthology entitled "The Son's Poem," (Poema del hijo) in Bonniers Litterära Magasin.

GUSTAV V, Rey | King—1858-1950

Rey de Suecia desde 1907 hasta 1950. El 10 de diciembre de 1945 hizo entrega del Premio Nobel de Literatura a Gabriela Mistral.

Was King of Sweden from 1907 to 1950. On December 10ᵗʰ, 1945 he presented the Nobel Prize in Literature to Gabriela Mistral.

GUZMAN MATURANA, Manuel—1876-1941

Profesor de Castellano, poeta chileno, editor de *Libros de Lectura*, para los cuales Gabriela Mistral contribuyó con poemas y cuentos.

Spanish language teacher, poet and editor of Libros de Lectura *(Reading Books), to which Gabriela Mistral contributed poems and stories.*

HAGEN, Bill

Secretario de la Cancillería de Suecia in 1945.

Secretary at the Ministry of Foreign Affairs in Sweden in 1945.

HALLSTRÖM, Per—1886-1960

Autor, escritor de cuentos-cortos, dramaturgo, poeta y miembro de la Academia Sueca.

Swedish author, short-story writer, dramatist, poet and member of the Swedish Academy.

HAMMARSKJÖLD, Hjalmar—1862-1953

Politico, investigador y ministro, miembro del Parlamento y primer ministro de Suecia.

Swedish politician, scholar, cabinet minister, Member of Parliament and Prime Minister of Sweden.

HUASCO, Valle | Valley

Situado en el norte de Chile—al sur del Desierto de Atacama—en la Provincia de Huasco, es conocido como el "Jardín de Atacama".

Located in the North of Chile—South of the Atacama Desert in the Huasco Province is known as "Atacama's Garden."

HUEMUL, Población | *Development*

Construido en 1914, fue un barrio obrero y la primera ciudad satélite en el sector sur de Santiago. Durante el periodo que fue directora del Liceo N° 6 de Niñas, compró una casa en este sector ubicada en la calle Waldo Silva 2132—la única propiedad que tuvo en la ciudad de Santiago.

Built in 1914, this working class neighborhood was the first satellite city in the Southern edge of Santiago. During the time she was the Principal at N° 6 School for Girls, Gabriela Mistral purchased a home in the area located at Waldo Silva Street 2132—the only property she owned in the city of Santiago.

IDEA, La

Revista publicada en la ciudad de La Serena.

Magazine published in the city of La Serena.

INSTITUTO DE LAS ESPAÑAS

Fundado en 1920 en la Universidad de Columbia en Nueva York, el instituto tuvo un importante rol en el intercambio intelectual de España y Latino América con los Estados Unidos. Bajo la dirección de Federico de Onís, el Instituto publicó en 1922 la primera edición de *Desolación*.

Founded in 1920 at Columbia University in New York, the institute played an important role in the intellectual exchange between Spain and Latin America with the United States. While under the direction of Federico de Onís, the institute published the first edition of Desolación *in 1922.*

JUEGOS FLORALES

Celebración organizada por la Federación de Estudiantes de la Universidad de Chile que se realizaba en Santiago, Chile. En su primera edición, en 1914, Gabriela Mistral obtuvo la máxima distinción por su poema "Los sonetos de la muerte".

Springtime celebration organized by the Student Federation of the University of Chile was held in Santiago, Chile. In its first edition, in 1914, Gabriela Mistral was awarded a maximum distinction for her poem "The Sonnets of Death."

KAMLIN, Ragnar
Embajador de Suecia en Brasil, 1945.
Ambassador of Sweden in Brazil, 1945.

LECLERC, George-Louis—1707-1788
Conde de Buffon | *Comte de Buffon*
Naturalista, autor, matemático, cosmólogo y escritor enciclopédico francés.
French naturalist, author, mathematician, and encyclopedic writer.

LAGERLÖF, Selma—1858-1940
Escritora sueca y la primera mujer en recibir el Premio Nobel de Literatura en 1909.
Swedish author. In 1909, became the first female writer to be awarded the Nobel Prize in Literature.

LEOPARDI, Giacomo—1798-1837
Giacomo Taldegarde Francesco di Sales Saverio Pietro Leopardi, poeta, filósofo, ensayista y filólogo italiano.
Giacomo Taldegarde Francesco di Sales Saverio Pietro Leopardi, was an Italian poet, philosopher, essayist and philologist.

LINDBERGH, Charles—1902-1974
Aviador, autor, inventor, oficial militar y activista social norte-americano. Realizó el primer vuelo transatlántico en 1927.
Northamerican aviator, author, inventor, military officer and social activist. He made the first solo transatlantic flight in 1927.

LINDBERGH (Morrow), Anne—1906-2001

Autora y aviadora norteamericana. Sus libros y artículos cubrieron desde la poesía a la no-ficción incluyendo el rol de la mujer en el siglo veinte. Esposa de Charles Lindbergh.

Northamerican author and aviator. Her books and articles spanned from poetry to non-fiction; including the role of women in the twentieth century. Esposa de Charles Lindbergh.

LINDGREN, Astrid—1907-2002

Escritora sueca de ficción y guiones de cine; también conocida por su serie de libros infantiles.

Swedish fiction and screenplays; she is best known for her children's book series.

MAGALLANES MOURE, Manuel—1878-1924

Poeta, dramaturgo y periodista chileno. Miembro del jurado en los Juegos Florales de 1914.

Chilean poet and playwright. Was a member of the jury in the 1914 Juegos Florales.

MARÍN, Ricardo

Alcalde de la ciudad de Vicuña. En septiembre 1925, declaró a Gabriela Mistral "Hija Predilecta de la ciudad".

Mayor of the City of Vicuña. In September 1925, awarded Gabriela Mistral the distinction of "Favorite Daughter of the City."

MATTE, Jorge

Ministro de Educación de Chile, en 1927 nombró a Gabriela Mistral representante de Chile ante el Instituto de Ciencias Internacionales de Paris.

Minister of Education in Chile, in 1927 appointed Gabriela Mistral to be the representative of Chile at the Institute of International Science in Paris.

MAURIAC, François Charles—1885-1970

Novelista, dramaturgo, crítico, poeta y periodista francés, miembro de la Academia Francesa; recibió el Premio Nobel de Literatura en 1952.

French novelist, dramatist, critic, poet and journalist, was a member of the French Academy. In 1952 he was awarded the Nobel Prize in Literature.

MISTRAL, Frédéric—1813-1914

Escritor francés y lexicógrafo de la lengua occitana del sur de Francia; recibió el Premio Nobel de Literatura en 1914.

French writer and lexicographer of the Occitan language of the South of France. He was awarded the Nobel Prize in Literature in 1914.

MOLINA ALCAYAGA, Emelina—1874-1947

Hermanastra de Lucila Godoy Alcayaga, fue maestra de profesión y tuvo un importante rol en la educación y vocación de Lucila. Fue un gran apoyo para Gabriela en los primeros años en el que estuvo ausente de Chile. Gabriela Mistral le dedicó el poema "La maestra rural". En 1901, Emelina se casó con José de la Cruz Barraza (+1906) y tuvo dos hijas: Marta Amelia quien falleció al nacer y Graciela Amalia nació en 1903. En la edición de fecha 25 de Octubre 1904, se publica en el periódico *El Coquimbo* de La Serena, el poema "En la siesta de Graciela", firmado por Lucila Godoy A., el día 22 de octubre, 1904.

Lucila Godoy Alcayaga's half-sister was a schoolteacher and had an important role in the education and vocation of Lucila. Emelina was a great support for Gabriela during the first years she was away from Chile. Gabriela Mistral dedicated the poem "The Rural Teacher" to her. In 1901, Emelina married José de la Cruz Barraza (+1906) and had two daughters: Marta Amelia who died at birth and Graciela Amalia born in 1903). In the October 25th edition of La Serena's newspaper El Coquimbo, *Gabriela publishes a poem "In Graciela's Nap," signed as Lucila Godoy A., dated October 22nd, 1904.*

MOLLE, El

Pequeña localidad ubicada a orillas del Río Elqui, entre las ciudades de La Serena y Vicuña en el Valle de Elqui.

Small village located on the Elqui River, halfway between the cities of La Serena and Vicuña.

MONTEGRANDE

Pequeña localidad al interior del Valle de Elqui en la comuna de Paihuano. Gabriela Mistral vivió en Montegrande durante su infancia con su madre y su hermana Emelina, de los cuatro a los once años. A pesar de que Gabriela Mistral nació en la cercana ciudad de Vicuña, siempre considero a Montegrande como el lugar más cercano a ella y del que tuvo el "único y el más dulce recuerdo de su infancia". Gran parte de su obra está inspirada en Montegrande. Su última voluntad fue ser enterrada en Montegrande y que todos los derechos de su obra en Latino América fueran destinados en beneficio de los niños de su amado Montegrande por medio del Fondo establecido por la Orden Franciscana de Chile. En 1979, Montegrande fue declarado monumento histórico.

Small village to the interior of the Elqui Valley in the community of Paihuano. Gabriela Mistral lived in Montegrande with her mother and sister Emelina during her childhood, from the ages of four to eleven. Although Gabriela was born in neighboring Vicuña, she always considered Montegrande to be the place closest to her heart, the place where she had "the only and sweetest memory of my childhood." A great part of her work is inspired in Montegrande. Her last will was to be buried in Montegrande and to donate all the proceeds of her publications in Latin America to benefit the children of Montegrande through a Fund established by the Franciscan Order of Chile. In 1979, Montegrande was declared Historical Monument.

MORALES BELTRAMI, Raúl—1906-1946

Político y médico chileno. En los años 30 fue editor del periódico *La Hora* de Concepción; fue Ministro del Interior y Jefe de Gabinete, durante el gobierno del Presidente Juan A. Ríos y Diputado (1933-1941). En 1944 fue nombrado Embajador de Chile en Brasil.

Chilean politician and physician, in the 1930s was editor of La Hora, *a newspaper published in the Southern city of Concepción. He was Minister of the Interior and Chief of Staff during the government of President Juan A. Rios, and a member of the House of Representatives from 1933-1941. In 1944, was appointed Ambassador of Chile in Brazil.*

MUJICA LÁINEZ, Manuel—1910-1984

Novelista, ensayista y crítico de arte argentino, miembro de la Academia Argentina de Letras y de la Academia de Bellas Artes. Fue enviado especial a Estocolmo del diario *La Nación* de Argentina para cubrir la ceremonia de entrega del Premio Nobel 1945.

Argentinian novelist, essayist and art critic was a member of the Argentinian Academy of Letters and the Academy of Fine Arts. In 1945, he was special envoy from the daily Argentinean newspaper La Nación, *to Stockholm to cover the Nobel Prize ceremony.*

NOBEL, Alfred—1833-1896

Químico, ingeniero, innovador y fabricante de armamentos sueco. Inventó la dinamita.

Fundador del Premio Nobel en 1896, al dejar la mayor parte de su herencia para establecer este premio.

Swedish chemist, engineer, innovator and arms manufacturer. Invented dynamite. Founded the Nobel Prize in 1896 by leaving most of his fortune for the endowment of the Nobel Prize.

NORTE Y SUR Revista | *Magazine*

Órgano oficial de la Dirección General de la Asociación de Empleados Ferroviarios, vigente entre los años 1927-1946. Hay otra revista *Norte y Sur*, de creación literaria y artística con solo tres números, de 1913.

Official publication of the General Directorate of the Association of Railroad Employees, published from 1927-1946. There is another Norte y Sur *magazine, for literature and the arts that only published three editions in 1913.*

OCAMPO, Victoria—1890-1979

Escritora, crítica e intelectual argentina; editora de la más importante revista literaria latinoamericana, *Sur*. Fue la primera mujer miembro de la Academia de Letras Argentina.

Argentinian writer, critic and intellectual, was editor of Sur—*the most important Latin American literary magazine; and the first woman to be admitted to the Argentinian Academy of Letters.*

OVALLE, Departamento de | Department of

Ciudad en la comuna de Ovalle y la capital de la Provincia de Limarí en el norte de Chile.

City in Ovalle and the capital of the Limarí Province in the North of Chile.

PAIHUANO

Esta municipalidad pertenece al Valle de Elqui.

This municipality is located in the Elqui Valley.

PANULCILLO

Pueblo al interior del Departamento de Ovalle en el Valle de Limarí.

Village to the interior of the Department of Ovalle in the Limarí Valley.

PRADO, Pedro—1886-1952

Poeta chileno, fundador del grupo Los Diez e integrante de la generación del '20, su poesía surgió del modernismo rubendariano y el nacionalismo.

Chilean poet, founder of the group Los Diez (The Ten) and member of the 20's generation; his poetry comes from the rubendariano modernism (Rubén Darío) and nationalism.

PENUMBRAS

Revista publicada en la ciudad de La Serena.

A magazine published in the City of La Serena.

PINO SAAVEDRA, Yolando—1901-1992

Doctor en filosofía, académico, profesor, escritor, folclorista chileno y miembro de la Academia Chilena de la Lengua. Como secretario de la Facultad de Filosofía y Ciencias de la Educación de la Universidad de Chile, escribió carta de nominación—firmada con el decano Luis Galdames—en favor a Gabriela Mistral al Premio Nobel de Literatura en noviembre de 1939.

Chilean doctor in philosophy, academic, professor, folklorist and member of the Chilean Academy of Letters. As Secretary of the Faculty of Philosophy and Educational Sciences, he wrote nomination letter, co-signed by the Dean Luis Galdames—in favor of Gabriela Mistral as a candidate for the Nobel Prize in Literature in November 1939.

POMÈS, Mathilde—1886-1977

Poeta, crítica literaria y traductora francesa. Hizo la traducción de la primera colección de poemas de Gabriela Mistral al idioma francés.

French poet, literary critic and translator. She translated Gabriela Mistral's first collection of poems to the French language.

PUNTA ARENAS

Es la ciudad más al sur de Chile ubicada en la región de Magallanes y la Antártica chilena 3.000 km. de la capital, Santiago.

The Southernmost city in Chile in the Magallanes and Antarctic regions of Chile, 3.000 km. from the capital, Santiago.

REFORMA, La

Periódico de la ciudad de La Serena.

Newspaper of the city of La Serena.

RESIDENCIA DE PEDRALBES | *PEDRALBES RESIDENCY*

Residencia en Cataluña, España que albergó a los niños huérfanos de la Guerra Civil Española.

Residence in Catalonia, Spain that housed the orphan children of the Spanish Civil War.

RIVAS VICUÑA, Manuel—1880-1937

Político, diplomático y escritor chileno.

Chilean politician, diplomat and writer.

RIVADAVIA

Pequeña localidad en el Valle de Elqui. El tren Ramal La Serena-Rivadavia—conocido también como el *Tren Elquino*—conectaba las localidades de La Serena, Vicuña y Rivadavia.

Small village in the Elqui Valley. The train line Ramal La Serena-Rivadavia—also known as Tren Elquino—*connected the cities of La Serena, Vicuña and Rivadavia.*

ROCUANT, Miguel Luis—1877-1948

Escritor, poeta y diplomático chileno, fue miembro del jurado en los "Juegos Florales" de Santiago en 1914. En su carrera diplomática llego a desempeñarse como Subsecretario de Relaciones Exteriores.

Chilean writer, poet and diplomat, was a member of the jury in the 1914 "Juegos Florales" in Santiago. In his diplomatic career he rose to be Undersecretary of Foreign Affairs.

RODIG, Laura—1901-1972

Pintora y escultora chilena, fundadora de la Asociación de Pintores y Escultores de Chile. Fue secretaria y acompañó a Gabriela Mistral en su viaje a México en 1922.

Chilean painter, sculptor, founded the Chilean Association of Painters and Sculptors; was Gabriela Mistral's Secretary and accompanied her to Mexico in 1922.

SANTIAGO

La capital de la República de Chile, fundada en 1541, es la ciudad más grande de Chile está ubicada en el valle central de Chile, rodeada por la Cordillera de Los Andes y la Cordillera de la Costa.

The capital of the Republic of Chile was founded in 1541, it is the largest city in Chile; it sits in the central valley of Chile surrounded by the Cordillera de los Andes Mountain range and the Chilean Coastal Range.

SERENA, La

Fundada en 1544, es la segunda ciudad más antigua de Chile, ubicada a 478 km. al norte de Santiago. En esta ciudad se encuentra la "Casa Las Palmeras," (Avenida Francisco de Aguirre 300), casa que Gabriela Mistral compro en 1925. Actualmente acoge a La Casa de la Cultura.

Founded in 1955, is the second oldest city in Chile. It is located 478 km. to the North of Santiago. "Casa Las Palmeras" is located in this city (300 Francisco de Aguirre Avenue). It is the house that Gabriela Mistral purchased in 1925. At present, it houses a Cultural Center.

SILVA, Víctor Domingo—1882-1960

Poeta, novelista, cuentista, dramaturgo, periodista y diplomático chileno. Premio Nacional de Literatura de Chile, 1953.

Chilean novelist, storyteller, playwright, journalist and a diplomat. Was awarded the 1954 National Prize in Literature of Chile.

SOHLMAN, Ragnar—1870-1948

Ingeniero químico, ejecutivo sueco. Fundador de la Fundación Nobel. Trabajo como asistente de Alfred Nobel, quien lo nombro co-albacea de su testamento.

Swedish chemical engineer and executive. Founder of the Nobel Foundation. Worked as an assistant to Alfred Nobel who appointed him co-executor of his will.

SOTO AYALA, Luis Carlos—1886-1955

Poeta de la ciudad de Coquimbo, editor de *Literatura Coquimbana: estudios biográficos i críticos sobros los literatos que ha producido la provincia de Coquimbo* (1908).

Chilean poet from the city of Coquimbo; editor of Coquimbana Literature: biographical and critical studies of the literary figures from the Province of Coquimbo, (1909).

SUCESOS, Revista | *Magazine*
Revista ilustrada de actualidades de Valparaíso, vigente entre los años 1903-1932.
Valparaíso's illustrated news magazine, published from 1903-1932.

THEORELL, Axel Hugo Theodor—1903-1982
Científico sueco, ganador del Premio Nobel de Medicina en 1955.
Swedish scientist and recipient of the Nobel Prize in Medicine in 1955.

TRIBUNA, La
Periódico de la ciudad de La Serena.
Newspaper of the city of La Serena.

UNAMUNO, Miguel de—1862-1936
Poeta, filósofo, novelista y ensayista español; conocido también como "don Miguel, el Vasco".
Spanish poet, philosopher, novelist and essayist; also known as "don Miguel, the Basque."

UNIÓN, La
Pueblo al interior del Valle de Elqui, ahora conocido como Pisco Elqui—en donde el Padre de Lucila, Jerónimo Godoy Villanueva, fue profesor.
Village to the interior of the Elqui Valley—now known as Pisco Elqui—where Lucila's father, Jerónimo Godoy Villanueva, was a teacher.

URETA CARVAJAL, Romelio
Empleado de ferrocarriles con quien Lucila tuvo una relación amorosa.
Railroad employee with whom Lucila had a sentimental relation.

VALÉRY, Paul—1871-1945
Ambroise-Paul-Toissant-Jules Valéry; poeta, ensayista y filósofo francés.

Ambroise-Paul-Toissant-Jules Valéry; French poet, essayist and philosopher.

VASCONCELOS, José—1882-1959

Escritor, filósofo y político mexicano. Fue nombrado Ministro de Educación de México en 1914. En 1921 estableció la Secretaria de Educación Pública y en 1922, invitó a Gabriela Mistral a viajar a México y participar en la reforma educacional y establecimiento de bibliotecas públicas.

Mexican writer, philosopher and politician. In 1914 was appointed Minister of Education of Mexico. In 1921 he established the Department of Public Education, and in 1922, he invited Gabriela Mistral to travel to Mexico to participate in the educational reform and establishment of public libraries.

VELASCO GALDÓS, Adela

Escritora ecuatoriana, amiga y gran impulsora de la candidatura de Gabriela Mistral al Premio Nobel.

Ecuadorean writer, friend and great proponent of Gabriela Mistral to the Nobel Prize.

VICUÑA

Ciudad natal de Lucila Godoy Alcayaga. La ciudad más grande del Valle de Elqui.

Lucila Godoy Alcayaga's birth place. The largest city in the Elqui Valley.

VOZ DE ELQUI, La

Periódico regional de Vicuña en donde Lucila publicó sus primeros escritos, 1905-1906.

Su primer escrito se publicó con el seudónimo "Ecos". En futuros escritos sus aportes aparecen bajo los seudónimos de "Alguien" y Lucila Godoi y Alcayaga.

Regional newspaper in Vicuña where Lucila published her first writings, 1905-1906. Her first publication is under the pseudonym "Echoes." Subsequent writings are under the pseudonyms of "Alguien" (Someone) and Lucila Godoi y Alcayaga.

WÄGNER, Elin—1882-1949

Elin Matilda Elisabet Wägner, escritora, periodista, feminista, maestra, ecologista y pacifista sueca. Miembro de la Academia Sueca, en 1945 nominó a Gabriela Mistral al Premio Nobel de Literatura.

Elin Matilda Elisabet Wägner, was a Swedish writer, journalist, feminist, teacher, ecologist and pacifist. Member of the Swedish Academy, in 1945, she nominated Gabriela Mistral to the Nobel Prize in Literature.

ZIG ZAG, Revista | Magazine

Revista chilena publicada de 1905-1964.

Chilean magazine published from 1905-1961.

ZWEIG, Stefan—1881-1942

Escritor austriaco-judío, refugiado en Brasil. Stefan y su segunda esposa, Charlotte Altmann, se suicidaron en Brasil en 1942. Este triste evento afecto profundamente a Gabriela y a Juan Miguel (Yin Yin).

Austrian-Jewish writer, refugee in Brazil. Stefan and his second wife, Charlotte Altmann committed suicide in Brazil in 1942. This sad event profoundly affected Gabriela and Juan Miguel (Yin Yin).

Referencias fotos portadillas
Photo References Chapter Covers

Introducción | *Introduction*
Vista del Valle de Elqui – *View of the Elqui Valley.*

Premio Nobel | *Nobel Prize*
Vista de Estocolmo – *View of Stockholm.*

Poemas | *Poems*
Cubiertas: *Desolación, Ternura y Tala.*
Book Covers: Desolation, Tenderness *and* Tala.

Prosa | *Prose:* Agustín Goenaga
Rodeo Chileno, Región de la Araucanía.
Chilean Rodeo, Araucania Region.

Contribuciones | *Contributions:* Jacqueline Unanue
Detalle: "Mi Antigua Tierra, 'Valle de Elqui II'", acrílico en canvas.
Detail: "My Ancient Land, 'Elqui Valley II,'" acrylic on canvas.

Epilogo | *Afterword:* Agustín Goenaga
Vista de Vicuña, Valle de Elqui, Chile.
View of Vicuña, Elqui Valley, Chile.

Fotografías | *Photographs:* Agustín Goenaga
Mural: Escuela Lucila Godoy Alcayaga, Vicuña, Chile.
Mural: Lucila Godoy Alcayaga, Vicuña, Chile.

Referencias | *References:* Agustín Goenaga
Valle de la Luna, Volcán Licancabur, Desierto de Atacama, Chile.
Valley of the Moon, Lincancabur Volcano, Atacama Desert, Chile.

Agradecimientos | *Acknowledgements*

Las editoras agradecen a las personas e instituciones que han alentado y apoyado esta iniciativa y con cuyo apoyo la publicacion de este libro ha sido posible.

The editors are grateful to the individuals and organizations we have encouraged and supported this initiative and with whose support the publication of this book has been possible.

Con el generoso apoyo de | *With generous support from the*

ELQUI VALLEY FOUNDATION

Patrocinadores | *Sponsors*

Mr. Tim Kingston, New York, NY

Con la colaboración de | *With the collaboration of*

Fondo Franciscano Hermana Gabriela Mistral, Chile
Elena Manríquez Dagnino, Chile
Jacqueline Nanfito, US
Red Cultural & Universidad Finis Terrae, Chile
Revista *Atenea*, Universidad de Concepción, Chile
Joel Rosenthal & Liliana Hermosilla-Rosenthal, US
Jacqueline Unanue, US

Permisos | *Permissions*

Agradecemos al Fondo Franciscano Hermana Gabriela Mistral de la Orden Franciscana de Chile por otorgar permiso para la publicación de los poemas y escritos incluidos.

We are grateful to Fondo Franciscano Hermana Gabriela Mistral of the Franciscan Order of Chile for issuing permission to publish the poems and writings included in the book.

Fotografías cortesía de | *Photographs courtesy of*

Agustin Goenaga

Ministerio de Relaciones Exteriores,
Archivo Fotografico Histórico
*Historical Photographic Archives of the Ministry
of Foreign Affairs of Chile*

Biblioteca Nacional de Chile, Archivo del Escritor
National Library of Chile, Writer's Archive

Biblioteca Nacional de Chile, www.memoriachilena.cl
National Library of Chile, www.memoriachilena.cl

Academia Sueca, Archivo Nobel, Suecia
The Swedish Academy, The Nobel Archives, Sweden

Museo de Arte Colonial San Francisco, Chile
Saint Francis Colonial Art Museum, Chile

*I thank you on this day, and all the days for allowing me to gather
the beauty of the earth, as water that is taken with our lips, and,
for the richness of the sorrow I am able to carry in the depth of my
heart, and not die.*

*To believe you can hear me I have lowered my eyes and I discarded
the morning, thinking that at this hour, evening is upon you.
And to tell you the rest, as my words are broken,
I become silent...**

Gabriela Mistral

* Lectura para Mujeres, *1923.*

Gracias en este día y en todos los días por la capacidad que me diste de recoger la belleza de la tierra, como un agua que se recoge con los labios, y también por la riqueza de dolor que puedo llevar en la hondura de mi corazón, sin morir.

Para creer que me oyes he bajado los párpados y arrojo de mi la mañana, pensando que a esta hora tú tienes la tarde sobre ti. Y para decirte lo demás, que se quiebra en las palabras, voy quedándome en silencio...*

Gabriela Mistral

* *Lectura para Mujeres,* 1923.

Publicado por | *Published by*

Gabriela Mistral
FOUNDATION

Con el generoso apoyo de | *With generous support from*

ELQUI VALLEY
FOUNDATION

Gabriela Mistral Foundation, Inc.
100 Park Avenue, Suite 1600, New York, NY 10017
info@gabrielamistralfoundation.org
www.gabrielamistralfoundation.org